Philippe Lejeune

L'autobiographie en France

DEUXIÈME ÉDITION

ARMAND COLIN

La première édition de cet ouvrage a été publié
SOUS LA DIRECTION DE ROBERT MAUZI,
professeur à l'Université de Paris IV

Première édition : Librairie Armand Colin, 1971

ISBN 2-200-21890-7

ARMAND COLIN • 34 BIS, RUE DE L'UNIVERSITÉ • 75007 PARIS

SOMMAIRE GÉNÉRAL

Avant-propos

Ce petit livre, écrit en 1971, est une introduction à l'étude de l'autobiographie. À cette époque, il n'existait pas en France d'étude d'ensemble sur le sujet. J'avais le sentiment de partir de zéro, comme quelqu'un qui débarque sur une île inexplorée. Il fallait que je me pose des questions élémentaires certes, mais fondamentales : qu'est-ce qu'une autobiographie, en quoi est-ce différent d'un roman, d'un journal intime, de mémoires ? Depuis quand cela existe-t-il ? Pourquoi y a-t-il tant de discours pour, et surtout tant de discours contre ? Est-ce mal de raconter sa vie ? Est-il même *possible* de la raconter ?...

Depuis 1971, bien des réponses ont été apportées, on le verra en consultant la bibliographie. Mais les questions restent, et il est bon de se les poser soi-même. Si je devais réécrire aujourd'hui ce livre, sans doute le ferais-je autrement. Peut-être ai-je appris bien des choses qui me feront paraître naïves, ou dépassées, mes assertions d'alors ? Eh bien non. « Je le ferais encore si j'avais à le faire. » Tant et si bien que ce livre sera reproduit à l'identique, avec une information actualisée. Une théorie peut être dépassée, une idéologie, démodée. Mais l'interrogation, je l'espère, garde ses vertus, et l'étudiant d'aujourd'hui pourra refaire avec moi ce trajet de découverte.

Le livre se compose de quatre parties.

Une partie de réflexion : trois chapitres vont interroger successivement la définition du genre, son histoire, sa problématique et ses enjeux. Je trace à grands traits une vue cavalière du paysage autobiographique, à partir de mes lectures. Il s'agit de mettre en place de grandes questions, de trouver les axes qui les organisent, pour pouvoir s'orienter. Après quoi, chacun se fraiera son propre chemin.

Deux parties d'information. En 1971, dresser un répertoire d'une centaine d'autobiographies, donner une bibliographie étaient une nouveauté. C'est toujours d'actualité en 1998, mais en un quart de siècle, tant de choses ont changé ! On a assisté à une véritable explosion de l'écriture autobiographique, et le discours critique a pris son essor : non, aujourd'hui, on ne part plus de zéro. Aussi ces parties ont-elles été entièrement recomposées. Le Répertoire, après avoir mis à jour l'information sur l'histoire du genre, dresse un tableau développé de la production contemporaine. La Bibliographie, établie selon une logique nouvelle, entre en résonance avec les chapitres initiaux, mais pourra aussi ouvrir sur des problèmes auxquels je ne pensais guère en 1971 : l'expression « multimédia » du moi, de la peinture au cinéma ou à la bande dessinée, l'intérêt pour les récits de vie en sciences humaines (de la psychologie à l'anthropologie), et l'autobiographie comme pratique ouverte à tout le monde.

Enfin, une partie anthologique. Mon idée est de donner d'abord à lire une série de « pactes autobiographiques », de Rousseau à François Nourissier. Les autobiographes tentent de séduire leur lecteur, il est intéressant de voir comment ils s'y prennent, mais il est aussi profitable de les écouter : ils sont les meilleurs pédagogues d'un genre dont ils connaissent bien les ressources et les pièges. Le préambule des *Confessions* (manuscrit de Neuchâtel) est un vrai manifeste révolutionnaire, d'une révolution qui n'a peut-être pas fini de s'accomplir... Le second volet de l'anthologie ouvre le débat entre partisans et adversaires du genre et essaie de situer les rapports entre autobiographie et psychanalyse. Cette anthologie établie en 1971 pourra être prolongée par le lecteur s'il le désire : le répertoire et la bibliographie devraient lui en donner les moyens.

Un dernier mot : aujourd'hui, je m'exprime en « je » ; en 1971, il était plus normal, plus courtois peut-être, de dire « nous », et c'est donc à nous que je cède maintenant la parole.

Juin 1998.

PREMIÈRE PARTIE

Étude

Chapitre 1
Définition

1. Sens et limites de la définition

En essayant de constituer le répertoire que l'on trouvera plus loin, nous avons été amené à construire, par retouches successives, une sorte de modèle théorique de l'autobiographie. À ce modèle correspond un corpus d'œuvres qui posent au critique à peu près les mêmes problèmes. Nous le proposons comme une hypothèse de travail. Il ne s'agit pas de définir dans l'éternel « l'essence » d'un genre. L'autobiographie n'a rien d'éternel : c'est un phénomène propre à l'Europe occidentale, qui a à peine deux siècles d'existence ; elle n'a rien non plus d'essentiel : comme la plupart des « genres » littéraires, elle est simplement le lieu géométrique des textes répondant à certaines conditions de forme, de sujet, et de mode de production ; c'est donc une catégorie complexe et instable. Aussi est-il à peu près aussi difficile de donner une définition précise de l'autobiographie que de définir une catégorie comme le « baroque ». Pour obtenir quelque rigueur, on est amené à parler en termes généraux et absolus d'un phénomène dont on sait bien qu'il est historiquement très limité ; et à fonder en raison l'existence d'un corpus d'œuvres dont la constitution a eu lieu dans la plus grande confusion. On ne saurait échapper à cette contradiction entre la méthode de définition, et la nature de l'objet à définir : le mieux qu'on puisse faire est d'en rester conscient. C'est pourquoi avant de proposer notre définition, nous en soulignerons les limites :

▲ Plus la définition sera nette, plus elle a chance d'être inopérante, parce que le domaine exploré est flou. Bien évidemment, il n'existe pas d'« autobiographie pure », strictement conforme à notre définition. On verra plus loin que l'autobiographie se définit par des séries d'oppositions sur des plans différents ; aussi chaque œuvre réalise-t-elle, selon des proportions diverses, une sorte d'approximation du modèle théorique. D'autre part nous appliquons la définition dans l'absolu, sans tenir compte de l'évolution qui s'est produite depuis 1770. Or des distinctions comme celles des mémoires et de l'autobiographie, ou du roman autobiographique et de l'autobiographie, qui nous paraissent aujourd'hui assez nettes, ont pu pendant longtemps ne pas s'imposer aux lecteurs qui percevaient seulement comme un ensemble vague « la littérature où l'on parle de soi ».

▲ En plus des critères contenus dans la définition, nous serons amené à faire intervenir des critères de qualité. À la question : « Qu'est-ce qu'une autobiographie ? », s'ajoute souvent : « Qu'est-ce qu'une *bonne* autobiographie ? » Nous faisons intervenir une conception, peut-être personnelle, de ce que *doit* être une autobiographie. Ce glissement du jugement de fait au jugement de valeur semble presque inévitable dans un domaine où la valeur entre elle-même parmi les critères de définition, puisque le propre de l'autobiographie est d'arriver à manifester la personne comme valeur.

2. Définition

▲ *Définition : nous appelons autobiographie le récit rétrospectif en prose que quelqu'un fait de sa propre existence, quand il met l'accent principal sur sa vie individuelle, en particulier sur l'histoire de sa personnalité.*

Cette définition met en jeu des éléments qui appartiennent à trois catégories différentes :

1. La forme du langage :
   a) récit ;
   b) en prose.
2. Le sujet traité : vie individuelle, histoire d'une personnalité.
3. La situation de l'auteur :
   a) identité de l'auteur, du narrateur et du personnage ;
   b) perspective rétrospective du récit.

Est une autobiographie toute œuvre qui remplit à la fois les conditions indiquées pour chacune des catégories. On peut préciser cette définition en opposant l'autobiographie à d'autres genres littéraires voisins qui remplissent seulement une partie de ces conditions : les mémoires ne remplissent pas la condition de la catégorie 2, le roman autobiographique celle de 3a, le poème autobiographique celle de 1b, le journal intime celle de 3b. Mais ces distinctions sont plus faciles à faire en théorie qu'en pratique. Même en théorie, elles soulèvent bien des difficultés. Nous allons reprendre une à une les principales oppositions qui définissent l'autobiographie à la fois pour les préciser, et pour expliquer pourquoi nous avons été amené à exclure du corpus répertorié tel ou tel type d'écrits.

3. Opposition avec les mémoires

C'est l'opposition fondamentale qui a justifié la création d'un mot nouveau. Comme le dit le *Grand Dictionnaire universel du* XIXe *siècle* (tome I, 1866, article « autobiographie ») :

> Pendant longtemps, en Angleterre comme en France, les récits et souvenirs laissés sur leur propre vie par les hommes marquants de la politique, de la littérature ou des arts, prirent le nom de *mémoires*. Mais, à la longue, on adopta de l'autre côté du détroit l'usage de donner le nom d'*autobiographie* à ceux de ces mémoires qui se rapportent beaucoup plus aux hommes qu'aux événements auxquels ceux-ci ont été mêlés. L'*autobiographie* entre assurément pour beaucoup dans la composition des mémoires ; mais souvent, dans ces sortes d'ouvrages, la part faite aux événements contemporains, à l'histoire même, étant beaucoup plus considérable que la place accordée à la personnalité de l'auteur, le titre de mémoires leur convient mieux que celui d'*autobiographie*.

Cette définition peut être précisée. Dans les *mémoires,* l'auteur se comporte comme un témoin : ce qu'il a de personnel, c'est le *point de vue* individuel, mais l'objet du discours est quelque chose qui dépasse de beaucoup l'individu, c'est l'histoire des groupes sociaux et historiques auquel il appartient. Sauf dans le cas d'hommes de génie qui identifient audacieusement leur histoire personnelle à l'histoire de l'univers, il n'y a pas identité de l'auteur et du sujet traité. Dans *l'autobiographie*, au contraire, l'objet du discours est l'individu lui-même. Il ne s'agit pas seulement d'une question de *proportion* entre les matières intimes et les matières historiques. Certes, Larousse a raison de souligner que beaucoup d'œuvres comportent une partie de mémoires et une partie d'autobiographie : mais l'importance respective des deux parties n'est que la conséquence du *projet fondamental* de l'auteur. Il ne faut pas juger seulement des quantités, mais voir laquelle des deux parties est subordonnée à l'autre, si l'auteur a voulu écrire l'histoire de sa personne, ou celle de son époque.

Nous ne nous dissimulons pas qu'il est parfois difficile de trancher, surtout quand l'auteur déclare explicitement vouloir faire les deux à la fois (les *Mémoires d'outre-tombe* sont à la fois une autobiographie et des mémoires), ou pour des œuvres à l'accent personnel mais qui accordent une place importante à la chronique sociale. Néanmoins cette distinction nous amène à éliminer pratiquement tous les mémoires aristocratiques du XVIIe et du XVIIIe siècle, même ceux dans lesquels la forte personnalité de l'auteur transparaît (Retz), et l'énorme masse des mémoires politiques, militaires, littéraires, artistiques, écrits depuis la Révolution, livres de souvenirs, d'anecdotes, de chronique sociale, historique, professionnelle, etc.

Notre propos n'est pas d'inventorier des milliers de livres de souvenirs passionnants pour une histoire de la civilisation, mais peu éclairants sur l'histoire intime des personnes qui les ont écrits. Naturellement parfois le choix est malaisé à faire et nous allons évoquer ci-dessous un certain nombre de difficultés rencontrées, avec les solutions adoptées.

▲ Il arrive assez souvent dans les mémoires d'hommes politiques que le livre commence par un « récit de vocation », dans lequel l'auteur raconte son enfance de manière à faire comprendre comment il a acquis l'idée, ou l'idéal, qui lui a ensuite servi de guide dans son action. S'agirait-il donc d'une autobiographie, selon notre sens ? Seulement en apparence : car ce récit de vocation est en général assez conventionnel, très bref, et ne constitue qu'une sorte de hors-d'œuvre rituel, subordonné au projet principal, qui est le récit de l'action politique. C'est évident pour qui lit *Ma Vie* de Trostsky, dont le récit d'enfance est peu convaincant, alors que tout le reste du livre, à partir de ses débuts politiques, est structuré et passionnant. En France, on retrouve le même phénomène aussi bien chez Charles de Gaulle (*Mémoires de guerre, L'Appel*, 1954) qui consacre deux ou trois pages assez schématiques à son enfance, que chez les mémorialistes communistes comme Maurice Thorez (*Fils du peuple*, 1937) ou Jacques Duclos (*Mémoires*, tome I, 1968) dont les récits, plus développés, sont très conventionnels.

Mais les choses ne sont pas toujours aussi simples. Depuis la fin du XVIIIe siècle, il arrive assez souvent dans les mémoires aristocratiques, et dans des récits d'artistes, d'hommes d'action, que le récit d'enfance soit très développé et prenne un certain accent autobiographique, alors que toute la suite du récit est plutôt de l'ordre des mémoires ou de la chronique : on éprouve une incertitude de ce genre en lisant, par exemple, le début des *Mémoires de ma vie* (1958) de Charles de Rémusat. Nous avons choisi de faire figurer dans le répertoire seulement les premiers exemples de cette nouvelle tradition, pour illustrer l'apparition du récit d'enfance dans les *mémoires* à la fin du XVIIIe siècle : les *Mémoires* du Cardinal de Bernis, de Montlosier, d'Alexandre de Tilly, ou des récits d'artistes comme ceux de Mme Vigée le Brun et d'Hennequin, figurent à ce titre dans le répertoire.

▲ Le critique littéraire est tenté d'être plus indulgent quand le mémorialiste qu'il examine se trouve être homme de lettres. Mais on ne doit pas confondre des écrits dans lesquels se trouvent des renseignements utiles à l'histoire littéraire, avec une autobiographie. Non seulement nous avons éliminé tous les hommes de lettres qui se comportent comme de purs chroniqueurs (par exemple André Salmon, Maurice Martin du Gard, etc.), mais aussi les récits d'écrivains qui portent à la fois sur la vie littéraire de leur époque et sur la genèse et les circonstances de leur œuvre, que ce soient des textes relativement brefs comme *Ma Biographie* de Sainte-Beuve[1], ou les *Souvenirs autobiographiques et littéraires* de Roger Martin du Gard[2], ou des œuvres plus développées, comme les *Mémoires*

1. SAINTE-BEUVE, *Ma Biographie*, in *Nouveaux Lundis*, Michel Lévy frères, 1870, tome XIII, pages 1-47.
2. Publiés en tête du tome I de l'édition de ses *Œuvres*, Gallimard, Bibliothèque de la Pléiade, 1954.

(1873) de Paul de Kock ou les *Souvenirs et confidences d'un écrivain* (1958) de Jules Romains. La plupart des livres de ce genre n'ont rien d'intérieur, de personnel dans la perspective adoptée, et livrent simplement des matériaux aux futurs biographes : ils s'inscrivent dans la tradition des « récits de vocation et de carrière » qui s'est établie au XVIIe siècle (cf. chapitre suivant). Nous avons recueilli dans notre répertoire les premiers exemples de cette tradition (XVIIe et XVIIIe siècles) parce qu'ils permettent de mettre en perspective la naissance de la véritable autobiographie moderne, mais nous n'entendons pas continuer au-delà un inventaire encombrant, et, du point de vue de l'autobiographie, peu pertinent. Ajoutons seulement que ce genre a connu un nouveau développement depuis une vingtaine d'années avec ce qu'on pourrait appeler l'autobiographie « orale », dont la vogue date du développement des émissions culturelles à la radio : par exemple, les *Entretiens* d'André Breton avec André Parinaud (1952), les *Mémoires improvisés* de Claudel (1954), les différents entretiens accordés par Aragon, la série des « Entretiens avec… » de Georges Charbonnier, etc. Comme les ouvrages cités plus haut, il s'agit là d'œuvres utiles pour l'information, mais qui ne peuvent entrer dans notre catégorie « autobiographie » : elles sont orales, inorganisées en tant que récit, seulement à moitié personnelles dans leur conception (même si le schéma de l'interview est fait en commun), et toujours assez spécialisées.

Dans la catégorie, voisine, de l'autobiographie intellectuelle (récit de genèse d'une pensée, d'une méthode, d'une théorie), nous avons éliminé les œuvres dans lesquelles le biais personnel et le fil chronologique sont employés comme mode de présentation d'une œuvre scientifique ou philosophique, dont l'exposé constitue le gros de l'ouvrage : par exemple *Tristes Tropiques* (1955) de Claude Lévi-Strauss, ou *La Somme et le Reste* (1959) de Henri Lefèbvre.

▲. Une fois écartés tous les récits qui par leur contenu et par leur perspective demeurent extérieurs à l'histoire de la personnalité, il reste encore une énorme masse de livres de souvenirs réellement personnels, dont pourtant la plupart ne sont pas vraiment des autobiographies. C'est ici qu'intervient un nouveau critère, cette fois plus personnel, qui implique une esthétique de l'autobiographie. Elle n'est pas simplement un récit dans lequel prédominent les souvenirs intimes : elle implique un effort pour ordonner ces souvenirs et en faire une histoire de la personnalité de l'auteur. Le développement de l'autobiographie à la fin du XVIIIe siècle correspond à la découverte de la valeur de la personne, mais aussi à une certaine conception de la personne : la personne s'explique par son histoire et en particulier par sa genèse dans l'enfance et l'adolescence. Écrire son autobiographie, c'est essayer de saisir sa personne dans sa totalité, dans un mouvement récapitulatif de synthèse du moi. Un des moyens les plus sûrs pour reconnaître une autobiographie, c'est donc de regarder si le récit d'enfance occupe une place significative, ou d'une manière plus générale si le récit met l'accent sur la genèse de la personnalité.

Nous éliminons donc tous les récits qui portent sur un seul épisode de la vie de l'auteur, ou sur une période limitée de sa vie adulte, par exemple les *Souvenirs d'égotisme* de Stendhal (qui lui-même prit conscience de leur insuffisance et comprit qu'il fallait commencer par le récit des origines : cf. *Vie de Henry Brulard*), les récits de Saint-Exupéry, ou même des livres comme *Le Petit Ami* (1903) de Paul Léautaud ou le *Journal du voleur* de Jean Genet (1949), qui tous deux essaient, mais très brièvement, de rattacher à un souvenir d'enfance la chronique de leurs aventures. Nous avons aussi éliminé *L'Autobiographe* (1956) de Jean-Charles Pichon, parce que ce récit, tout en donnant de bons exemples de la rhétorique de l'aveu et du « discours autobiographique » (cf. chapitre 3), embrasse seulement cinq années de la vie de l'auteur et néglige les années d'enfance et d'adolescence[1].

En revanche nous retenons tous les récits qui essaient de cerner une vie dans sa totalité, ou du moins dans ce qu'elle a de plus profond et de plus déterminant, dans sa genèse : la plupart des chefs-d'œuvre de l'autobiographie en France s'arrêtent d'ailleurs une fois la formation de l'adolescence achevée (Stendhal, Gide) ou même au seuil de l'adolescence (Sartre). Il n'y a aucun doute que, techniquement, c'est le récit de la vie adulte qui est le plus difficile à mener de manière satisfaisante. Les souvenirs plus nombreux, moins classés ; les fluctuations et les changements imperceptibles (beaucoup plus fréquents que les « conversions » qui, elles, offrent une solide charpente dramatique au récit) ; la tentation (et quelquefois la nécessité) de devenir mémorialiste pour justifier ou expliquer son action ou les modifications de sa vision du monde ; et, il faut bien le dire, l'incertitude sur le sens et l'unité de cette vie adulte – tout concourt à rendre cette seconde partie du récit beaucoup plus délicate. À notre avis, c'est sur ce point qu'on pourrait trouver une nette supériorité aux autobiographies anglaises : ce qui fait leur force, c'est qu'elles essaient d'embrasser toute la vie et de l'organiser autour d'un projet central et de ses transformations, aboutissant à des synthèses puissantes comme celles de B. Russell, de Wells, de J.C. Powys, dont on trouve difficilement l'équivalent en France.

Si nous avons été amené à admettre beaucoup de récits qui ne dépassent pas l'adolescence, cela ne veut pas dire que tout récit de souvenirs d'enfance entre dans l'autobiographie : encore faut-il que ce récit soit centré sur l'expérience intime de l'enfant, et qu'au moins implicitement un lien solide soit établi entre cette enfance et la vie qui l'a suivie, qu'elle soit le premier acte d'une histoire. Aussi avons-nous éliminé beaucoup

1. J.-Ch. Pichon avait auparavant écrit une version « romancée » de ses souvenirs d'enfance (*Les Confessions de Jean Désanges*, Grasset, 2 vol., 1946-1947).

de « récits d'enfance », dont la pertinence par rapport à l'histoire de l'adulte ne nous semblait pas assez nettement établie : soit que l'auteur se présente comme simple mémorialiste du « bon vieux temps » (Maurice Genevoix, *Au Cadran de mon clocher*, 1960), soit qu'il prenne occasion de son récit pour étaler assez gratuitement une verve facile (Sacha Guitry, *Si j'ai bonne mémoire*, 1934), soit que, sur un plan réellement intime et sérieux, il limite son évocation à un aspect de son enfance, il est vrai privilégié, la relation avec la mère (Albert Cohen, *Le Livre de ma mère*, 1954). L'ensemble « autobiographie » recoupe donc un autre ensemble, celui des « souvenirs d'enfance », mais sans le recouvrir en entier.

L'autobiographie ne peut donc pas être simplement un agréable récit de souvenirs contés avec talent : elle doit avant tout essayer de manifester l'unité profonde d'une vie, elle doit manifester un *sens,* en obéissant aux exigences souvent contraires de la fidélité et de la cohérence. Raconter toute sa vie est impossible. L'autobiographie repose sur des séries de choix : celui déjà fait par la mémoire, et celui que fait l'écrivain sur ce que la mémoire lui livre. Sont retenus et organisés tous les éléments qui ont un rapport avec ce que l'auteur pense être la ligne directrice de sa vie. Les plus belles autobiographies sont celles qui arrivent à concilier cette pertinence, qui a chance d'être facteur de simplification, de schématisation, avec la richesse et la variété des expériences vécues. Deux dangers guettent l'autobiographie : le relâchement de la pertinence, le récit devenant une simple promenade à travers des souvenirs éparpillés ; l'excès de pertinence qui transforme le récit en démonstration sèche et artificielle. De ces deux dangers, le premier est bien sûr le plus fréquent. D'autre part il faut établir un équilibre délicat, dans l'organisation du récit, entre l'unité de sens et la présence affective du « vécu » (ou du souvenir), – et, dans le ton, entre l'explication et l'évocation. Le récit autobiographique semble en effet être un composé de roman et d'essai : aux extrêmes du genre on trouverait d'un côté la narration pittoresque et suggestive, dont les exemples les plus nets se trouvent être, juste à l'extérieur des limites que nous avons tracées, les récits de Jules Vallès ou de Colette ; de l'autre côté, l'analyse abstraite et systématique dont Julien Benda a donné le modèle. Presque tous les autobiographes essaient de trouver une voie moyenne entre ces deux extrêmes. Des récits d'enfance comme ceux de Rousseau (premier livre des *Confessions*) ou de Sartre (*Les Mots*) réalisent un bon équilibre : le récit d'apparence libre et vivante est en fait fondé sur une théorie du développement de la personnalité très solide. Le lecteur averti reconnaît, derrière le récit de Rousseau, les analyses des *Discours* et de l'*Émile* sur le passage de l'état de nature à l'état de société, et, d'une manière plus profonde, le mythe de l'âge d'or et le passage progressif à l'âge de fer ; derrière le récit de Sartre, les analyses de la situation de l'écrivain bourgeois dans *Qu'est-ce que la littérature ?* On pourrait être tenté d'en conclure que ces récits sont « artificiels », que l'adulte impose rétrospectivement à son enfance des schémas qui la trahissent, etc. Mais les analyses des grands ouvrages théoriques ne venaient-elles pas elles-mêmes d'une méditation fondée sur l'expérience personnelle ? Comme le remarquait Valéry, « il n'est pas de théorie qui ne soit un fragment, soigneusement préparé, de quelque autobiographie[1] ». Si l'autobiographie a un aspect théorique, c'est que la théorie qui la précédait était elle-même d'inspiration autobiographique...

Il y a donc un *art* de l'autobiographie. Nous n'exigeons pas des récits qu'ils soient des chefs-d'œuvre de cet art (notre répertoire tiendrait alors sur un demi-feuillet), mais qu'ils s'inscrivent dans la perspective de cet art, qu'ils en respectent la visée fondamentale, même si, dans la pratique, ils sont imparfaits. La plupart des critiques de langue anglaise ont essayé, d'une manière ou d'une autre, de définir les règles de cet art. On en trouvera la formulation la plus amusante dans l'ouvrage de Lillard, qui l'a condensée en une série de « recettes » du genre « *comment faire une bonne autobiographie* », répertoriant les défauts à éviter, et les qualités à cultiver[2].

4. Opposition avec le roman

Cette opposition est importante, mais très délicate à établir. Et si l'on insiste trop sur elle, on court le risque de masquer la parenté profonde des deux genres (en fait l'autobiographie est un cas particulier du roman, et non pas quelque chose d'extérieur à lui), et de tomber dans la mythologie naïve de la sincérité.

L'autobiographie se présente pratiquement toujours comme un récit écrit à la première personne, dans lequel il y a identité entre le *narrateur* et le *protagoniste*. En intitulant son autobiographie *Moi je*, en même temps qu'il caractérise avec humour une étape de son évolution, Claude Roy désigne le type normal du récit autobiographique, c'est-à-dire le récit personnel[3]. Comme le « je » implique un « tu », ce type de récit mime une communication avec la personne à qui s'adresse le récit : dans l'étude de l'autobiographie, il est important de déterminer *qui* est cet *interlocuteur* (imaginaire) auquel le récit s'adresse, et quel type de relation le narrateur entretient avec lui (de la séduction au défi) ; ce qui mène

1. Paul Valéry, *Œuvres*, Gallimard, Bibliothèque de la Pléiade, 1957, tome I, p. 1320.
2. Richard G. Lillard, *American Life in Autobiography, a Descriptive Guide,* Stanford University Press, 1956, pp. 6 à 13.
3. La seule exception, parmi les textes modernes que nous avons répertoriés, est *Le Traître*, d'André Gorz, qui utilise de manière très personnelle l'emploi alterné de la première et de la troisième personnes, à la fois pour éviter le caractère solennel du « je », et pour mettre à distance son passé (le personnage devenant « il »), mais aussi son présent et son écriture elle-même (le narrateur devenant « il »).

à l'analyse des types de discours et des tons, et pose la question de la fonction du discours autobiographique dans la personnalité de l'auteur (voir ci-après chapitre 3). Mais l'emploi du récit personnel ne suffit pas à définir l'autobiographie. Une foule d'autres récits l'utilise, et en particulier, à s'y méprendre, le roman autobiographique. De même que le roman utilise couramment la forme épistolaire, et la forme du journal intime, il se sert abondamment, depuis le XVIIIe siècle, du récit personnel. Comment distinguer l'autobiographie du roman autobiographique ? Il faut bien l'avouer, si l'on reste sur le plan de l'analyse interne du texte, il n'y a *aucune différence*. Tous les procédés que l'autobiographie emploie pour nous convaincre de l'authenticité de son récit, le roman peut les imiter, et les a souvent imités.

La différence est donc *externe* : il faut pour l'établir faire intervenir la connaissance d'éléments extérieurs au texte. Dans l'autobiographie, on suppose qu'il y a identité entre l'*auteur* d'une part, et le *narrateur* et le *protagoniste* d'autre part. C'est-à-dire que le « je » renvoie à l'auteur. Rien dans le texte ne peut le prouver. L'autobiographie est un genre fondé sur la confiance, un genre… « fiduciaire », si l'on peut dire. D'où d'ailleurs, de la part des autobiographes, le souci de bien établir au début de leur texte une sorte de « pacte autobiographique », avec excuses, explications, préalables, déclaration d'intention, tout un rituel destiné à établir une communication directe.

À la lumière de ces distinctions, voici la méthode que nous avons employée pour trier les textes, les admettre dans notre répertoire ou les en rejeter :

4.1. *Le pacte autobiographique est nécessaire*

Nous n'admettons que les auteurs qui demandent eux-mêmes à être admis… La déclaration d'intention autobiographique peut s'exprimer de différentes manières, dans le titre, dans le « prière d'insérer », dans la dédicace, le plus souvent dans le préambule rituel, mais parfois dans une note conclusive (Gide), ou même dans des interviews accordées au moment de la publication (Sartre) : mais de toute façon cette déclaration est obligatoire. Si un auteur ne déclare pas lui-même que son texte est une autobiographie, nous n'avons pas à être plus royaliste que le roi. Nous n'avons aucune raison de nous transformer en limier pour traquer une vérité personnelle à travers toutes les œuvres de fiction. Peu nous importe la part de vérité personnelle qui entre par exemple dans la plupart des romans autobiographiques du XIXe siècle, que ce soit *Adolphe, Volupté, La Confession d'un enfant du siècle, Mémoires d'un fou* ou *Dominique* : ce sont des romans, dont les auteurs ne nous affirment pas que c'est là strictement leur histoire personnelle. Nous pourrions être aussi tenté d'inclure dans le répertoire la trilogie de Jules Vallès, une des plus grandes œuvres d'inspiration autobiographique du XIXe siècle : mais malgré la transparence de l'histoire et du ton, il n'existe à aucun endroit de pacte autobiographique ; comme si Vallès entendait se garder de toutes les contraintes qu'implique ce pacte. Libre à nous de voir Jules Vallès derrière Jacques Vingtras : mais lui ne s'est engagé à rien. D'ailleurs on sait qu'il a donné une seconde version, celle-là explicitement autobiographique, de la période de sa vie qui correspond au *Bachelier*, dans les *Souvenirs d'un étudiant pauvre* (publiés en 1930).

Pour une raison analogue, nous avons été amené à ne pas inclure dans le répertoire les récits de Colette (dont pourtant l'inspiration autobiographique est évidente), dans la mesure où un tel pacte n'existait pas, et où Colette n'a jamais écrit d'autobiographie suivie. Bien plus, Colette elle-même, on le sait, s'est refusée à écrire ses mémoires, alléguant qu'elle n'aimait pas à parler d'elle-même... On a essayé de tirer de ses œuvres une « autobiographie » (Robert Phelps, *Autobiographie tirée des œuvres de Colette*, 1966). Cette tentative ne nous semble avoir aucun rapport avec l'autobiographie ; si le choix avait été fait par Colette, le cas eût été différent ; mais ici la composition est l'œuvre d'un tiers, et le titre aussi ; nul ne saurait conclure un pacte autobiographique à la place d'autrui.

4.2. *Le pacte autobiographique n'est pas suffisant*

C'est ici que le critique se transforme en limier. Pour établir s'il s'agit bien d'une autobiographie, il faut connaître, par d'autres sources d'information, la vie de l'auteur. Comme la plupart des autobiographes sont connus pour avoir réalisé quelque chose avant d'écrire leur vie, on n'a en général aucune peine à distinguer les textes qui sont le fruit d'un *projet* autobiographique, et ceux qui sont œuvres de fiction. Dans cette enquête, nous essayons de juger l'*intention* de l'auteur, sans nous arrêter à chicaner sur l'exactitude littérale et historique du récit. Ces jugements d'intention sont parfois délicats. Que penser d'écrits présentés comme autobiographies, par exemple les *Souvenirs de jeunesse* de Ch. Nodier ou les *Filles du feu* de Gérard de Nerval, récits consacrés à un aspect limité de la vie sentimentale, très arrangés et très travaillés, et dans lesquels les auteurs ne se soucient d'aucune exactitude mais cherchent à recomposer leur vie affective dans sa vérité profonde ? Mais la difficulté s'estompe quand on rapproche ces textes du roman de Proust : tous trois pensaient au fond que ces fictions étaient plus près de la vérité que ne l'eût été une véritable autobiographie. Proust n'a jamais prétendu (au contraire) que *À la recherche du temps perdu* fût une autobiographie. Nous ne classerons aucune de ces fictions dans notre répertoire.

Le jugement est plus difficile quand on a peu d'informations extérieures au texte. Un lecteur d'aujourd'hui reste perplexe devant des récits comme ceux d'Abel Hermant (*Confessions d'un enfant d'hier*, 1903 ; *Confessions d'un homme d'aujourd'hui*, 1904), qui ont tous les caractères internes d'une autobiographie. Encore peut-il se renseigner sur

Hermant. Mais quand il s'agit de parfaits inconnus, comme Alexis Thenesol (*Didier, autobiographie*, 1866), on en est réduit à accorder ou refuser sa confiance de manière purement subjective et arbitraire.

Une fois mis de côté tous les romans autobiographiques patents, on peut être amené à mettre en doute l'authenticité des textes et à refuser sa confiance pour deux types de raisons : soit que l'on soupçonne l'autobiographie d'être écrite par un autre que l'intéressé ; soit que l'on prétende que le récit fait par l'intéressé est trop éloigné de la « vérité ».

▲ *L'autobiographie apocryphe* : le cas est peu fréquent à l'époque moderne, mais plus courant au XVIIe et au XVIIIe siècle, dans la rédaction des *mémoires*. Dans des textes à tendance autobiographique de cette époque, la mention « écrit par lui-même » doit éveiller autant la suspicion que l'intérêt. On sait par exemple que les mémoires de Pontis ont été « recueillis » par Pierre Thomas Du Fossé, c'est-à-dire, dans une certaine mesure, écrits par lui. À l'époque moderne, le pis qui arrive est qu'une veuve abusive récrive à sa manière le texte de son mari, comme le fit Mme Michelet pour le *Mémorial*.

▲ *L'autobiographie mensongère* : beaucoup plus souvent le public a tendance à récuser comme « autobiographie » des récits où l'autobiographe en prend trop à son aise avec ce que le public croit être la vérité : on dresse la liste des erreurs, des omissions, des « déformations », etc., que l'autobiographe aurait commises, et l'on est tout près de ne voir dans son texte qu'une forme d'affabulation ou de mythomanie. Jacques Voisine a relevé avec humour l'exemple donné par le *Dictionnaire de l'Académie française* (1878) pour illustrer le mot autobiographie : « Les autobiographies sont souvent mensongères... » C'est ce qu'insinue G. Picon quand il déclare que l'*Histoire de ma vie* de G. Sand est « le plus romanesque de ses romans[1] ». Une mise au point s'impose : ce qui distingue l'autobiographie du roman, ce n'est pas une impossible exactitude historique, mais seulement le *projet*, sincère, de ressaisir et de comprendre sa propre vie. C'est l'existence d'un tel projet qui importe, et non une sincérité à la limite impossible. Autant il est naturel d'exiger d'un autobiographe le projet de dire la vérité, autant il est naïf de lui reprocher de ne pas y être arrivé, pour deux raisons. La première raison, c'est qu'il n'est pas sûr qu'une telle vérité existe indépendamment de celui qui la cherche, et indépendamment des types de discours qu'on emploie. La seconde raison, c'est que ce qui nous intéresse dans l'autobiographie, c'est la perspective dans laquelle, arrivé à un certain âge, un homme envisage le déroulement et le *sens* de sa vie ; – et comme cette perspective est le résultat de son histoire, elle nous renseigne autant sur celle-ci que le ferait un récit minutieux mais non orienté.

1. *Encyclopédie de la Pléiade, Histoire des Littératures*, tome 3, 1958, p. 1188.

Le paradoxe de l'autobiographie, c'est que l'autobiographe doit exécuter ce projet d'une impossible sincérité en se servant de tous les instruments habituels de la fiction. Il doit croire qu'il y a une différence fondamentale entre l'autobiographie et la fiction, même si en fait, pour dire la vérité sur lui-même, il emploie tous les procédés romanesques de son temps. Nous parlions plus haut de la valeur « fiduciaire » de l'autobiographie : le mot s'applique avant tout à l'auteur lui-même, qui doit être le premier à croire à sa tentative.

Aussi n'écarterons-nous pas des récits comme ceux de Rétif, de G. Sand ou d'A. Dumas sous prétexte qu'ils romancent leur vie : ils sont persuadés qu'ils racontent leur vie, et qu'elle était comme cela. Mais nous écarterons, cela n'est que justice, les mythomanes avoués qui ne croient pas à l'autobiographie, qui ne sont pas dupes et qui inventent à plaisir, comme par exemple Céline ou Cendrars. Cendrars déclare dans *L'Homme foudroyé* à propos d'un de ses personnages : « Il faut savoir prendre les gens comme ils sont. Les mensonges font aussi partie de la personnalité[1]. » Ce qui s'applique aussi à lui. Et il y a beaucoup de vrai dans cette opinion. Mais c'est justement la lucidité de Cendrars à l'égard du mensonge et de la fiction dans l'autobiographie qui le rend tout à fait inapte à l'autobiographie telle que nous la concevons. À partir du moment où l'autobiographe a conscience que la déformation est révélatrice, il se met à déformer pour être *très* révélateur… C'est la logique machiavélique du « juge pénitent » imaginé par Camus :

> Qu'importe, après tout ? Les mensonges ne mettent-ils pas finalement sur la voie de la vérité ? Et mes histoires, vraies ou fausses, ne tendent-elles pas toutes à la même fin, n'ont-elles pas le même sens ? Alors, qu'importe qu'elles soient vraies ou fausses si, dans les deux cas, elles sont significatives de ce que j'ai été et de ce que je suis. On voit parfois plus clair dans celui qui ment que dans celui qui dit vrai. La vérité, comme la lumière, aveugle. Le mensonge, au contraire, est un beau crépuscule, qui met chaque objet en valeur[2].

La pratique de l'autobiographie suppose une croyance plus candide dans la possibilité de dire la vérité sur soi, ou du moins une lucidité qui n'aille pas jusqu'au cynisme, comme celle d'un Renan admettant : « Ce qu'on dit de soi est toujours poésie », dans la préface des *Souvenirs d'enfance et de jeunesse*, mais cherchant à ressusciter ses souvenirs dans leur vérité.

Ces oppositions bien tranchées, fondées sur l'*intention* de l'auteur, sont capitales pour la définition de notre corpus. Mais si nous sommes en droit d'exiger de l'autobiographe ce projet de sincérité, nous avons

1. Cité par Jean-Claude Lovey dans *Situation de Blaise Cendrars*, Neuchâtel, La Baconnière, 1965, p. 106. Le chapitre V de la première partie de cette étude contient une analyse intéressante des rapports de Cendrars avec l'autobiographie.
2. A. Camus, *La Chute* (1956), Gallimard, Folio, 1998, pp. 125-126.

le devoir de ne pas être dupe de l'opposition sincérité/fiction qu'il suppose. Nous devrons toujours garder à l'esprit que l'autobiographie n'est qu'une fiction produite dans des conditions particulières.

5. Opposition avec les vers

L'autobiographie est un récit *en prose*. On pourra naturellement trouver arbitraire cette restriction. Nous savons, certes, les difficultés qu'il y a à définir prose et vers, sur le plan théorique. Mais dans la pratique, personne ne s'y trompe. De toute façon, notre distinction ne repose pas sur des considérations techniques de forme (il est évident qu'un récit, qu'il soit en prose ou en vers, est toujours un récit et n'est pas plus ni moins fictif dans un cas que dans l'autre), mais sur des considérations *psychologiques* : une des données fondamentales de l'autobiographie (cf. ci-dessus : *opposition avec le roman*), c'est que son auteur a l'intention de dire « la vérité » (opposée à la fiction) ; nous savons bien que cette « vérité », il la dit avec tous les moyens de la fiction. Mais il faut que le lecteur puisse avoir l'impression de vraisemblance, de témoignage, qui est le propre du récit en prose, qu'il soit autobiographique ou non, alors que le récit en vers porte déjà à simple lecture les « signes extérieurs » de la fiction et de l'art, du moins pour un lecteur de l'époque moderne, et empêche le lecteur d'entrer dans le jeu autobiographique.

Dans la pratique, d'ailleurs, très rares sont les œuvres en vers qui soient présentées comme des autobiographies. Le cas le plus célèbre est le *Prélude* de Wordsworth (dont le titre complet est *The Prelude, or the Growth of a Poet's Mind, an Autobiographical Poem*), que certains critiques anglais, comme Roy Pascal, admettent comme autobiographie, alors que d'autres, comme Shumaker, l'excluent. Les raisons de l'admettre peuvent être prises en considération : le sous-titre du poème, la perspective évidemment « génétique » fidèle à l'esprit même de l'autobiographie, le fait que Wordsworth ait formulé ce qu'on pourrait appeler le postulat de l'autobiographie : « The child is father of the man. » Mais il semble que la principale raison qui ait poussé Roy Pascal à l'admettre soit le désir de trouver dans la littérature anglaise une œuvre qui puisse être mise en parallèle avec celle de Rousseau ou celle de Goethe, et de masquer le fait qu'en Angleterre la première génération d'autobiographes n'a produit que des œuvres de second plan.

En France, depuis l'époque romantique, bien sûr, d'innombrables poèmes ont été écrits sur le mode personnel dans des perspectives plus ou moins autobiographiques, mais sans qu'aucun poète ait prétendu qu'un recueil publié par lui était son autobiographie, au sens où nous l'entendons. Une exception de taille, pourtant : les *Contemplations* de Victor Hugo, dont la *Préface* souligne à la fois l'analogie avec les *Mémoires d'outre-tombe* (« Ce livre doit être lu comme on lirait le livre d'un mort ») et la nature autobiographique (« Qu'est-ce que les *Contemplations* ? C'est ce qu'on pourrait appeler, si le mot n'avait quelque prétention, *Les Mémoires d'une âme* »). Le recueil est effectivement composé de manière génétique et synthétique, présentant l'accomplissement d'une destinée, réunissant dans un mouvement dramatique très réussi tous les aspects d'une vie. Selon les critères employés par Roy Pascal à propos de Wordsworth, les *Contemplations* seraient le type même de l'autobiographie. Pour nous, il n'en est rien. Ce ne sont pas les arrangements, les lacunes, tout l'artifice inhérent à ce genre de tentative qui nous font rejeter les *Contemplations* (car alors il faudrait aussi exclure Chateaubriand et bien d'autres…), mais tout simplement la forme même de l'œuvre (recueil de pièces écrites en vers), qui empêche qu'elle soit lue comme un récit autobiographique. C'est pour cette même raison que nous ne retenons pas non plus, par exemple, le beau *Roman inachevé* (1956) d'Aragon, quoiqu'il soit dans son contenu à la fois livre de souvenirs et d'itinéraire spirituel.

6. Opposition avec les autres formes de littérature intime

Enfin l'autobiographie se distingue aisément des autres formes de la littérature intime comme la lettre, l'essai ou l'autoportrait, et le journal intime.

▲ Avec la *correspondance privée*, l'autobiographie a peu de choses en commun. Certes, on pourrait imaginer une conjonction des deux genres, c'est-à-dire une autobiographie sous forme de lettres, un homme écrivant à un ami, lettre après lettre, les étapes de sa vie. Ce n'est le cas d'aucun des textes répertoriés. On pourrait citer l'exemple de Rousseau, envoyant en quatre lettres successives son autoportrait à M. de Malesherbes. Mais ce n'est pas une autobiographie en forme, et Rousseau, écrivant à M. de Malesherbes, gardait malgré tout le projet de se communiquer au public. La lettre, adressée en général à un unique destinataire, ou à un groupe très restreint, est un acte privé. L'autobiographie, elle, songe toujours à la publication, sous une forme ou sous une autre, immédiate ou différée. Écrirait-on de si longs récits, sans l'espoir d'être lu par un public ? Aussi le seul rapprochement que l'on puisse faire est, non point avec la correspondance privée, mais avec la pratique de la « lettre ouverte », écrite en principe à l'intention d'une personne ou d'un groupe déterminés, mais offerte en réalité à la lecture de tous. Un certain nombre d'autobiographies se présentent ainsi sous forme d'une immense « lettre ouverte » adressée à un correspondant plus ou moins fictif. Stendhal s'imagine au début de la *Vie de Henry Brulard* qu'il va écrire une lettre à un ami. D'autres, comme G. Simenon ou Fr. Nourissier, écrivent à l'intention de leurs enfants, mais publient ce récit bien avant que leurs enfants soient en état de le lire – ou même de lire…

▲ *Différence avec l'essai et l'autoportrait* : l'autobiographie est avant tout un *récit*, qui suit dans le temps l'*histoire* d'un individu, alors que l'essai ou l'autoportrait (par exemple *La Difficulté d'être*, 1947, de Jean Cocteau) sont avant tout des tentatives de synthèse, dans lesquelles le texte s'ordonne logiquement, selon une série de points de vue, ou selon les étapes d'une analyse, et non pas chronologiquement. Nous disons bien « avant tout » : car dans la pratique, l'autobiographie peut naturellement comporter beaucoup d'analyse, mais subordonnée au récit. Et si l'essai ou l'autoportrait font intervenir une perspective génétique ou historique, c'est également de manière secondaire. Il s'agit donc de déterminer si la structure *principale* du texte est narrative ou logique.

C'est pour cela qu'il est impossible de classer dans l'autobiographie les *Essais* de Montaigne, malgré l'ampleur des éléments autobiographiques rassemblés, la pratique et le goût de l'introspection, et le projet explicitement formulé dans l'avis « *Au lecteur* » de se peindre lui-même. Ce serait d'ailleurs singulièrement réduire cette œuvre, et se tromper sur sa nature, comme on se trompe en la réduisant à l'œuvre d'un moraliste[1]. L'autoportrait comme on le pratique au XVIIe siècle (par exemple celui de La Rochefoucauld), les notes de Montesquieu sur lui-même[2], et même les *Dialogues* de Rousseau, ne sont pas des autobiographies. La différence apparaît clairement quand un même auteur a pratiqué les deux genres, comme c'est le cas pour Rousseau, ou, plus près de nous, pour Julien Benda, ou pour Jouhandeau[3].

Naturellement, certaines œuvres posent des problèmes de classement, parce qu'elles semblent à mi-chemin entre l'autoportrait et l'autobiographie. C'est le cas de *Un Petit Bourgeois* (1963) de Fr. Nourissier, dont la composition volontairement lâche et parcellaire combine la technique de l'autoportrait (brefs essais par « rubrique ») et la perspective rétrospective. L'ensemble produit sur le lecteur un effet de flottement qui correspond aux incertitudes de l'auteur sur sa personnalité et sur le sens de sa vie. Le cas du *Traître* (1958) d'André Gorz est différent : à première lecture, ce texte a une allure d'essai, à cause de l'importance que prend la réflexion sur l'histoire de la personnalité dans la première et la dernière

1. Sur ce problème, voir l'essai de Jean-Yves POUILLOUX : *Lire les* Essais *de Montaigne*, Maspero, 1969.
2. MONTESQUIEU, *Mes Pensées*, n° 4, in *Œuvres complètes*, Seuil, Collection l'Intégrale, 1964, pp. 853-856.
3. À côté de son autobiographie (*La Jeunesse d'un clerc*, 1936 ; *Un Régulier dans le siècle*, 1938), Benda a écrit un essai sur lui-même intitulé *Exercice d'un enterré vif* (1947). Jouhandeau a pratiqué toutes les formes connues dans la littérature intime : essai (*Essai sur moi-même*, 1947), journal intime (*Les Journaliers*, publiés depuis 1961) et autobiographie (les six volumes du *Mémorial*).

parties ; mais le récit proprement dit, très structuré, développe chronologiquement l'histoire des principales étapes de la personnalité. Il s'agit donc d'une autobiographie dans laquelle le « discours autobiographique » (cf. ci-après chapitre 3) prend presque autant de place que le récit proprement dit.

▲ *Différence avec le journal intime :* l'autobiographie est avant tout *un récit rétrospectif et global*, qui tend à la synthèse, alors que le journal intime est une écriture quasi contemporaine et morcelée, qui n'a aucune forme fixe. Ce sont deux formes diamétralement opposées de l'écriture intime, mais elles peuvent être complémentaires. Un certain nombre d'auteurs ont, au cours de leur vie, pratiqué les deux, tenant leur journal un certain temps, et, à un moment donné, écrivant (ou essayant d'écrire) une autobiographie. Par exemple : Constant, Stendhal, Vigny, Michelet, G. Sand, Loisy, Gide, J. Green, Jouhandeau, etc. On se reportera sur l'opposition des deux genres à l'analyse d'A. Girard[1]. Peut-être la fin de son analyse (p. 19) est-elle un peu forcée : on peut douter que le « mémorialiste » et « l'intimiste » tels qu'il les définit se rencontrent à l'état pur dans la réalité. Mais surtout il est hasardeux de conclure d'un type d'écriture à un type de personnalité : si la chose peut avoir une certaine vraisemblance en ce qui concerne le journal intime, pratiqué pendant de longues années, elle paraît plus curieuse pour l'autobiographie, écrite en général dans l'âge mûr, qui ne saurait à elle seule définir un type de personnalité homogène, que l'on puisse opposer globalement à l'intimiste. Les choses sont sans doute moins simples.

Dans la pratique, la distinction du journal intime et de l'autobiographie n'offre aucune difficulté. Le seul cas qui puisse se présenter est celui d'une superposition des deux genres, un journal intime rassemblant au jour le jour les matériaux d'une autobiographie, comme par exemple le journal que tint Louis-Claude de Saint-Martin de 1789 à 1803 (*Mon Portrait historique et philosophique*, publié en 1961). Saint-Martin, sous l'influence de Rousseau, en même temps qu'il notait les faits présents, rassemblait tous ses souvenirs (remontant jusqu'à sa petite enfance) pour servir de matériaux à une autobiographie qu'en fait il ne composa pas.

L'autobiographie et le journal intime ont deux « points de contact » possibles :

• L'autobiographe peut organiser son récit de manière à faire apparaître le *temps de l'écriture* (à la fois insertion des événements contemporains de l'écriture, et journal de l'œuvre) parallèlement au temps de l'histoire racontée. Le procédé a été découvert par Rousseau, exploité théâtralement par Chateaubriand, spirituellement par Stendhal, et il est au cœur de la tentative autobiographique de Michel Leiris. Ce procédé, conforme à l'esprit de l'autobiographie, met en évidence la tension entre le passé

1. A. Girard, *Le Journal intime*, PUF, 1963, pp. 16-19.

et le présent qui est perceptible dans toutes les autobiographies réussies. Dans *L'Emploi du temps*, Michel Butor a donné, sur le plan de la fiction romanesque, une sorte de « modèle » idéal de ce type de construction.
• En sens inverse, l'autobiographie peut essayer de faire revivre le passé en insérant des morceaux du journal intime qu'il tenait à l'époque. L'emploi discret de ce procédé peut être émouvant, surtout s'il sert à marquer, par contraste, combien on a évolué. Mais employé à forte dose, il est d'un effet désastreux, brise la perspective rétrospective et correspond à une sorte d'abdication de l'autobiographe (cf. par exemple Simone de Beauvoir citant longuement dans *La Force des choses* le journal qu'elle tenait en 1946). Il est rare que l'alliance des deux perspectives se révèle heureuse : c'est pourtant le cas de *Et nunc manet in te*, dans lequel Gide fait précéder la publication des passages inédits de son journal concernant sa femme, d'un bilan rétrospectif de ses relations avec elle.
▲ Enfin, on peut situer l'autobiographie... par rapport à elle-même : en principe, de même qu'un homme ne meurt qu'une fois, il n'écrit qu'*une seule* autobiographie. C'est ce qui rend particulièrement solennel et émouvant l'acte autobiographique, alors que le journal, au contraire, est fondé sur un perpétuel recommencement, et que l'essai peut également se refaire. Quand on commence à écrire sa vie, on sait que l'on va donner une forme définitive et un sens à tout ce que l'on avait jusque-là laissé de mouvant et d'incertain dans son passé, et que ce récit une fois écrit il sera difficile de le recomposer autrement. Aucune approche fraîche et directe du passé ne sera plus possible, on ne pourra plus le voir qu'à travers le récit qui en aura été fait. Il y a donc une sorte de virginité ou de disponibilité qu'on ne retrouvera jamais. Il a existé, certes, des autobiographies « en évolution », ce sont les plus vivantes et les plus passionnantes – celles dans lesquelles on voit, au cours de l'écriture, la position du narrateur se modifier par rapport à ce qu'il raconte. Mais il n'y a pratiquement pas d'exemple d'autobiographie « double ». On cite souvent en Angleterre le cas du *Prélude* de Wordsworth, dont la première version, achevée en 1805, et non publiée, fut lentement retravaillée et modifiée jusqu'en 1850, – la comparaison des deux versions éclairant l'évolution de Wordsworth. Mais il s'agit de retouches apportées à un *même* texte, et non pas de deux textes différents. En France, on pourrait citer les deux versions que Loisy a données de sa jeunesse (en 1913 et en 1927) ; mais elles sont pratiquement identiques, et les *Mémoires* de 1927 ont été écrits simplement pour étoffer et compléter *Choses passées*, absolument pas pour le modifier. Il peut arriver qu'un auteur ait, à de nombreuses années d'intervalle, essayé deux fois de cerner sa destinée dans des essais d'autobiographie ; mais dans ce cas il n'emploie pas la même méthode, utilisant une fois le récit d'enfance dans l'ordre chronologique, et l'autre fois embrassant son passé dans une méditation plus large : c'est ce que firent Romain Rolland et Jean Guéhenno, qui commencèrent par des médita-

tions synthétiques sur leur destinée avant de composer, plus tard, un récit d'enfance dans les formes. On pourrait penser aussi aux différentes tentatives de François Mauriac ; mais, dans son cas, il s'agit plutôt de contourner l'autobiographie sans entrer dans le vif du sujet. Visiblement obsédé par l'autobiographie, Mauriac n'a pu se résoudre ni à écrire la sienne, ni à renoncer à l'écrire : d'où la prolifération d'écrits marginaux autour d'un récit central qu'il n'a jamais fait : *Commencements d'une vie* est un prélude, les *Mémoires intérieurs* une diversion, et les *Nouveaux Mémoires intérieurs* une méditation autobiographique en marge du récit éludé.

Le seul exemple d'une autobiographie multiple serait-il l'œuvre de Michel Leiris ? Il vaudrait mieux parler ici d'« autobiographie permanente ». Après avoir publié en 1939 *L'Âge d'homme*, insatisfait, il a éprouvé à la fois le besoin de recommencer et de continuer son autobiographie, en la transformant en une sorte de manière de vivre, en une conduite. Cela lui a été possible parce qu'il se servait assez peu du récit chronologique traditionnel : l'exploration mythologique et poétique de son passé reste en fait toujours « ouverte ». Aussi les conclusions de *L'Âge d'homme* et de *Fibrilles* sont-elles peu convaincantes et bien évidemment provisoires. Michel Leiris a tellement identifié sa vie à sa tentative autobiographique qu'avoir fini son autobiographie lui est chose impensable et impossible. En ce sens on peut dire que Michel Leiris écrit son autobiographie avec la mentalité d'un auteur de journal intime, même s'il n'en emploie pas la technique.

7. Publication et lecture

Tout ce que nous venons de dire définit l'autobiographie en tant que *texte écrit* ; une histoire de l'autobiographie ne saurait se borner là. Ce qui l'intéresse, c'est l'ensemble du phénomène littéraire, le circuit de l'écriture à la publication et à la lecture, aboutissant, par imitation, de nouveau à l'écriture. L'histoire de l'autobiographie commence au moment où un tel circuit s'établit, c'est-à-dire dans la seconde moitié du XVIIIe siècle. Ce nouveau type d'écrit change profondément la nature de la communication littéraire, puisqu'il la transforme en une communication *personnelle*. Il n'y a aucun doute sur la date précise de la naissance de l'autobiographie en France, et même en Europe : c'est l'année 1782 avec la publication des six premiers livres des *Confessions* de Rousseau.

7.1. *Publication*

Dans notre répertoire, nous essaierons chaque fois que cela sera possible de dater la *composition* de l'autobiographie, et bien sûr sa *publication*. Non seulement il arrive souvent que la publication soit posthume, mais aussi que, pour des raisons diverses, elle ait lieu très longtemps après la mort de l'auteur, soit parce qu'il s'agit d'œuvres inachevées, comme c'est le cas pour Constant, Michelet ou Vigny, par exemple, soit qu'il s'agisse d'auteurs oubliés comme c'est le cas pour J.G. Wille ou Ch. Bonnet. Une étude sur le modèle de celle qu'Alain Girard a faite pour la publication des journaux intimes[1] serait sans doute moins révélatrice, parce que, pour le journal intime, il s'agit d'une sorte de début absolu à la fin du XVIIIe siècle, alors que l'autobiographie est apparue d'abord comme une forme particulière du genre des mémoires, pour lesquels il existait depuis de longues années des traditions de publication et de lecture. D'autre part le contenu et l'orientation très divers des autobiographies font que les comparaisons sont difficiles. Mais l'histoire de la publication peut avoir un grand intérêt sur le plan psychologique : c'est le cas pour les écrits autobiographiques de Gide. Pour *Si le grain ne meurt*, l'acte de publication a duré six ans (1920-1926), Gide ayant organisé une sorte de « publication privée », de diffusion confidentielle de son œuvre : édition tirée à douze exemplaires, publications d'extraits, puis de 1924 à 1926 stockage de la première édition, avant la publication définitive de l'œuvre en 1926.

Autant que la date, le *mode* de publication peut être significatif. L'invention du feuilleton, par exemple, en permettant de diffuser auprès d'un public étendu un texte avantageusement payé à l'auteur, a pu avoir une influence sur le style et sur la longueur de certaines autobiographies romantiques : celles de Lamartine, de G. Sand, d'A. Dumas furent écrites *pour* être d'abord publiées en feuilleton.

Les rééditions (ou, le plus souvent, l'absence de réédition) sont également révélatrices de la lecture réelle de l'œuvre.

Aussi intéressante serait à connaître la publication des *traductions* d'autobiographies étrangères, soit anciennes (par exemple la première traduction française de la *Vie* de Cellini en 1822), soit surtout contemporaines. Dans la mesure où l'opinion prévalait que l'autobiographie était un genre spécifiquement britannique, on aimerait savoir quelle connaissance réelle lecteurs et auteurs français pouvaient avoir des autobiographies anglaises.

7.2. *Lecture*

Une fois ces faits établis, il faudrait étudier l'histoire de la *lecture* des autobiographies (depuis la réception critique lors des premières éditions) et constituer une bibliographie à la fois des études consacrées à chaque autobiographie, mais aussi au phénomène autobiographique dans son ensemble. Dans ce panorama critique, la place d'honneur devrait être

1. A. GIRARD, *Le Journal intime*, PUF, 1963, pp. 59-92.

réservée à la lecture des *Confessions* de Rousseau[1]. Non point parce que, sur le plan littéraire, c'est probablement la plus réussie des autobiographies françaises, mais parce que, historiquement, sa publication a créé une sorte de traumatisme, a éveillé beaucoup de vocations et a servi pendant un siècle de point de référence. De plus, Rousseau a créé, en France, une sorte d'« image de marque » de l'autobiographie, l'associant à l'idée d'exhibitionnisme et de provocation, d'impudeur et d'orgueil, suscitant une réaction « moralisante » hostile au genre, dont il semble que l'équivalent n'existe pas en Angleterre ou en Allemagne, où les premières grandes autobiographies n'avaient créé aucun scandale.

Cette histoire de la lecture prendrait tout son intérêt si l'on étudiait particulièrement les lectures faites par des gens qui devaient à leur tour devenir auteurs d'autobiographie. Il ne s'agit pas d'une banale question d'*influence*, mais des conditions mêmes de *production* d'une autobiographie : l'idée même d'écrire le récit de sa vie et les moyens employés se transmettent de génération en génération.

Publication et lecture nous amènent donc à tenir compte, dans la définition de l'autobiographie, de l'ensemble du phénomène littéraire, et à délimiter le champ *historique* dans lequel notre définition peut fonctionner.

1. A. Monglond a évoqué l'accueil fait aux *Confessions* en 1782 dans son ouvrage sur *Le Préromantisme français* (voir bibliographie). Jacques Voisine a étudié : *Jean-Jacques Rousseau en Angleterre à l'époque romantique. Les écrits autobiographiques et la légende*, Didier, 1956. Mais il n'existe encore, semble-t-il, aucune histoire de la lecture des écrits autobiographiques de Rousseau en France. (En 1998, la situation a changé : voir la section « Lecture » dans la bibliographie.)

Chapitre 2

Histoire

La définition donnée au chapitre précédent présente l'autobiographie dans l'abstrait et dans l'absolu : il resterait à étudier le développement historique du genre. Notre intention n'est pas d'écrire une telle histoire, mais de nous interroger sur les *problèmes de méthode* qu'elle poserait et de proposer ensuite quelques *points de repère*.

1. Problèmes de méthode

1.1. *Quand commence l'histoire de l'autobiographie ?*

1.1.1. L'illusion rétrospective

Il est tentant d'écrire l'histoire de l'autobiographie à partir du modèle défini, en suivant l'exemple des autobiographes eux-mêmes, qui envisagent toute leur vie comme devant aboutir à leur personnalité actuelle. Cette reconstruction rétrospective se comprend dans le cas d'un individu qui cherche à consolider sa personnalité présente en établissant ses sources, en se constituant une tradition, en remodelant son passé à l'usage du présent. Mais l'historien doit éviter de tomber dans le piège de l'illusion rétrospective. Il doit s'abstenir d'appliquer des concepts hors de leur champ historique d'application et de traquer « signes annonciateurs » ou « géniaux précurseurs » jusque dans les époques les plus lointaines.

Si Georg Misch a pu consacrer sept volumes à l'histoire de l'autobiographie dans l'Antiquité et au Moyen Âge (*Geschichte der Autobiographie*, 1949-1967), c'est qu'il entendait par « autobiographie » n'importe quelle manière de parler de soi. Mais au sens strict où nous prenons le mot, il serait dérisoire de vouloir faire remonter l'histoire de l'autobiographie en deçà des années 1760. Certes, il s'est écrit en France, avant cette date, un certain nombre de récits qui peuvent sembler avoir des rapports avec l'autobiographie. Mais deux raisons s'opposent à ce qu'on réunisse des phénomènes disparates pour en faire une « histoire de l'autobiographie » :

▲ L'autobiographie se définit autant par sa *lecture* que par son écriture : elle ne devient un phénomène pertinent au point de vue de l'histoire de la civilisation et de l'histoire littéraire qu'à partir du moment où à la production correspond une consommation, où il y a un public. Or, la majorité des textes « autobiographiques » antérieurs à 1760 ont été publiés avec un ou deux siècles de retard (à partir du XIXe siècle) ; ceux qui ont été publiés ont été très peu lus, d'abord parce qu'ils étaient médiocres littérairement, ensuite parce qu'aucun intérêt spécial ne s'attachait à la lecture des vies des particuliers, et que l'on n'appréciait les mémoires qu'à proportion de l'intérêt historique, politique ou social des événements racontés. C'est seulement vers 1750, en Angleterre comme en France, qu'on a vraiment manifesté de la curiosité pour la vie des particuliers écrite par eux-mêmes : en 1755 paraissent en même temps les *Mémoires* de Mme de Staal et une réédition des *Mémoires* de Marolles. Il se produit une sorte d'effervescence autobiographique qui annonce le véritable début de l'autobiographie moderne.

▲ Les oppositions par lesquelles se définit l'autobiographie moderne ne sont guère pertinentes avant la fin du XVIIIe siècle. Employer la catégorie de « l'autobiographie » pour classer des textes antérieurs, c'est donc s'exposer d'une part à des erreurs de lecture (faussant les textes pour les faire entrer dans nos catégories), et d'autre part à une erreur globale sur la littérature de cette époque. L'existence d'une véritable histoire de la personnalité, le sentiment de l'originalité, ou même simplement la distinction entre biographie et autobiographie sont des notions modernes.

Aussi préférons-nous, à propos des textes écrits avant 1760, employer le terme de « préhistoire » de l'autobiographie pour bien marquer notre réticence. C'est à titre de *témoins* de cette préhistoire que nous avons inséré dans notre répertoire tous les livres qui y précèdent les *Confessions* de Rousseau et quelques-uns de ceux qui les suivent. Il faut y voir des jalons, des termes de comparaison, mais non pas des sources.

Sur un point important, le rapport de la biographie et de l'autobiographie, on saisira mieux les pièges de l'illusion rétrospective.

1.1.2. La biographie et l'autobiographie

Faire un tri dans les écrits biographiques du XVIIe et du XVIIIe siècles, en distinguant les simples biographies des « vies » réellement écrites par les intéressés eux-mêmes, est une opération dont le sens fait problème. La distinction entre « écrit par un autre » et « écrit par lui-même » n'avait pas exactement le même sens qu'aujourd'hui. La mention « écrit par lui-même », qu'elle fût véridique ou mensongère, indiquait en général l'authenticité de la source, donnait une garantie d'exactitude factuelle, mais ne désignait point, comme nous pourrions le supposer, l'originalité du point de vue ou le reflet d'une vision personnelle irremplaçable. L'auteur est le premier à en avoir conscience. Il ne cherche pas à exprimer et à éterniser sa subjectivité : le plus souvent, il entend seulement donner un certain nombre d'informations que la nature des choses fait qu'il est le seul à pouvoir connaître, et dont il sait qu'elles sont susceptibles d'intéresser ses contemporains ou sa proche postérité. En fait, il se comporte comme *l'informateur* d'un futur et éventuel biographe, pour lequel il rassemble et organise des matériaux : ainsi, les religieux écrivent presque toujours « à la demande de leurs supérieurs », leur récit devant être utilisé comme œuvre d'édification pour la communauté, ou comme matériau de quelque hagiographie ; les hommes de lettres, de leur côté, écrivent en pensant aux notices de dictionnaires, ou à la rituelle « vie » de l'auteur placée en tête d'une édition ou d'une réédition de ses œuvres : si Charles Bonnet a écrit sa vie, c'est parce qu'on lui avait demandé les éléments d'une notice biographique, et qu'il s'est pris au jeu. Épargnant du travail au futur compilateur ou hagiographe, l'« autobiographe » suit la méthode que celui-ci aurait suivie, il adopte instinctivement les cadres, les catégories, les habitudes de style de la biographie. Il intériorise les contraintes de la biographie traditionnelle, sans guère tirer profit de la situation pourtant différente qui est la sienne. Aussi l'usage de « recueillir » les mémoires des gens et de les arranger quelque peu ne choque-t-il personne. Presque tous les « autobiographes » du XVIIe et du XVIIIe siècles écrivent leur vie comme si « je » était un autre, dans des schémas de récit où l'identité du narrateur ne change rien à la perspective.

1.1.3. Un nouveau modèle biographique

Plutôt donc que de traquer des « signes annonciateurs » dans la tradition mémorialiste, l'historien devra s'interroger sur les causes de la transformation qu'on observe à partir de 1760. Il semble que l'autobiographie moderne soit née le jour où l'on a pris conscience du fait que la situation de l'autobiographe lui permettait non seulement de remplir avec exactitude un questionnaire préétabli, mais, s'il le voulait, d'inventer une nouvelle manière de questionner sa vie et de changer la structure et le contenu du récit. C'est seulement à ce moment-là que l'autobiographie a cessé d'être une « variété » de la biographie pour, d'une certaine manière, s'opposer à elle. On conçoit donc que, autant que le contenu, ce soit la forme qui définisse l'autobiographie : l'originalité de l'autobiographe apparaît dans les structures narratives et intellectuelles et dans le style du récit, dans la faculté qu'il a de transmettre sa vision du monde.

Mais cette découverte du point de vue original qui définit l'autobiographie (par exemple à la première génération, chez Rousseau, Rétif ou Mme Roland), s'explique par l'apparition, au début du XVIIIe siècle, d'*une nouvelle forme de la biographie*, à savoir le roman autobiographique à la première personne, qui met l'accent sur l'*apprentissage* et sur la sensibilité, et spécule sur le goût de l'authentique qui se manifeste dans le public. Cette influence du roman pseudo-autobiographique est capitale : Rousseau et Rétif sont romanciers avant d'être autobiographes, et bien sûr lecteurs de romans avant d'être romanciers, comme tout le monde.

Contrairement à ce que nous affirmions dans une première approximation plus haut, l'autobiographie moderne n'est donc pas née *en rupture avec la biographie traditionnelle* (d'ailleurs, même après Rousseau et jusqu'à aujourd'hui, il continue à y avoir des autobiographes qui se comportent comme de simples biographes), mais simplement *à la suite de l'apparition d'une nouvelle forme biographique* (roman autobiographique). Elle est donc fondamentalement dépendante de la biographie : l'individu ne parle jamais de lui-même qu'en se servant de types de discours déjà en usage dans le récit biographique de son temps, que ce soit hagiographie, chronique ou roman. Cela ne veut pas dire que l'autobiographie soit un genre fatalement imitateur et stérile. Dans le cas du discours romanesque, en particulier, l'utilisation est extrêmement féconde, parce que le roman d'expérience *mimait* sur le plan de la fiction une situation d'intériorité, qui est en réalité la situation même de l'autobiographe : l'écriture autobiographique authentique peut alors devenir féconde et créatrice et l'emporter en intérêt et en découverte sur le roman autobiographique qui lui a donné naissance. Mais il est important de voir que là aussi l'authenticité a commencé à être mimée dans le roman avant d'être récupérée et intériorisée par les autobiographes : l'autobiographe n'a pu devenir lui-même qu'en imitant des gens qui imaginaient ce que c'était qu'être autobiographe. Singulier jeu de miroir, qui montre que la sincérité s'apprend, que l'originalité s'imite, et qu'il s'agit non pas du génie de quelques individus, mais d'une transformation générale de la notion de personne à travers l'apparition, dans une société, d'un nouveau type de récit.

1.2. *Comment écrire une histoire de l'autobiographie ?*

Une fois située l'origine de l'autobiographie, reste à savoir comment écrire son histoire. Les critiques anglais qui se sont intéressés à l'autobiographie, comme Roy Pascal (*Design and Truth in Autobiography*, 1960) ou Wayne Shumaker (*English Autobiography*, 1954), ont essayé d'éluder le problème : après une étude chronologique de la préhistoire du genre, ils organisent leur étude sans tenir compte du temps, consacrant des chapitres aux différents types d'autobiographies, ou aux différentes techniques de récit, choisissant à chaque fois les exemples qui leur semblent significatifs, le plus souvent parmi les œuvres du XIXe siècle. On voit en effet tout ce qui peut décourager le critique : l'histoire du genre est trop brève (à peine deux siècles), le nombre d'œuvres trop faible, les œuvres elles-mêmes trop diverses, inégales en qualité, en longueur et en perspective, pour que l'on puisse mener diachroniquement une analyse pertinente, sur un corpus clairsemé et hétéroclite. D'autre part le critique aura peur, une fois quittés les sommets du genre, de s'enliser dans une masse de textes au fond très médiocres. De toutes ces réticences bien compréhensibles, une seule semble pleinement justifiée : il est exact qu'il existe différentes « lignées » de récit, que nous essaierons de présenter plus bas. Mais cela n'empêche pas d'écrire une histoire, que l'on pourrait concevoir sous les aspects suivants :

1.2.1. Genèse de la notion

Il s'agirait de passer de la perspective abstraite de notre modèle théorique, à l'étude de la genèse de cette idée depuis le XVIIIe siècle. Cette étude suppose non seulement le dépouillement de tous les textes de notre répertoire, et des textes critiques qui leur ont été consacrés, mais aussi des genres connexes, et, de fil en aiguille, d'une grande partie de la littérature avoisinante. Le corpus que nous avons réuni est assez restreint à cause du caractère « moderne » de nos critères : mais il est impossible de limiter l'histoire de l'autobiographie à cette « tranche » coupée diachroniquement de manière peut-être arbitraire. Toute étude diachronique de l'autobiographie suppose d'abord une série d'études synchroniques, envisageant la relation des textes étudiés avec les textes par rapport auxquels ils fonctionnent (la tradition autobiographique antérieure, le langage romanesque en cours, l'ensemble des autres écrits de l'auteur, etc.), et étudiant les modes de lecture, de consommation de ces différents textes. Seule une large et minutieuse étude de ce type pourrait établir d'une part comment le genre autobiographique s'est différencié, dans l'esprit des auteurs et comment s'est constituée et développée la problématique du genre (cf. chapitre 3). Réduire l'histoire de l'autobiographie à une série de monographies consacrées à chaque œuvre importante du genre, en chapelet, serait absurde : ce n'est pas pour encourager ce type d'étude que notre répertoire a été établi. En réalité, l'histoire de l'autobiographie comme genre se concevrait plus aisément comme l'un des éléments d'une histoire de quelque chose qu'on pourrait appeler la « littérature personnelle ». À partir de là, une histoire littéraire aux méthodes renouvelées pourrait mener à la fois à une étude de civilisation et à une réflexion sur ce qu'on pourrait appeler le « récit commun ».

1.2.2. Le questionnaire implicite

Si nous avons classé dans le répertoire les œuvres d'après la date de *naissance* de l'auteur, c'est qu'il nous a semblé que dans ce domaine l'idée de « génération » telle qu'Henri Peyre a essayé de la mettre en pratique, prenait tout son sens [1]. Une lecture, même cursive, d'un certain nombre d'autobiographies, montre que les vies « intimes » des personnes d'une même génération ont tendance à se ressembler : passant d'un texte à l'autre, on a l'impression que c'est une même chose qui se dit à travers eux. Des gens nés en même temps, et le plus souvent dans des milieux analogues, ont toutes chances d'avoir eu à faire face aux mêmes

1 Henri PEYRE, *Les Générations littéraires*, Boivin, 1948.

problèmes : beaucoup d'autobiographes sont conscients de n'être pas des « cas uniques », comme Rousseau, mais des individus représentatifs, qui racontent, à travers leur histoire, celle de leur génération et de leur groupe social. La comparaison des œuvres autobiographiques devrait permettre de dégager, par-delà les différences individuelles, un fond commun important, en particulier dans les récits d'enfance et d'adolescence : la gamme des événements qui ont semblé pertinents à l'autobiographe (à l'enfant qu'il fut) permet de constituer une sorte de *récit-type*, dont il serait intéressant de voir comment il varie dans l'histoire. On aurait ainsi un témoignage portant non sur la réalité historique (on a pour cela d'innombrables documents beaucoup plus précis), mais sur l'*image* que l'individu se fait de sa propre histoire, et sur l'évolution de ce phénomène dans le temps. On pourrait esquisser une sorte d'histoire de la mythologie personnelle, en établissant le *questionnaire implicite* auquel répondent les autobiographes de chaque génération. On aura une idée de ce qu'est ce questionnaire en lisant, par exemple, la suite de questions très explicites que Roger Martin du Gard posa à Gide au moment où celui-ci terminait *Si le grain ne meurt* :

> *Quel enfant étiez-vous, pour vous-même, dans la solitude ?* Quelle sorte d'affection aviez-vous pour votre entourage ? Quels rêves d'avenir ? Quels troubles précis et successifs vous ont assailli de douze à seize ans ? Et ensuite ? Comment est née votre vocation littéraire ? Quelles étaient vos vanités d'enfant, vos engouements, vos sottises particulières ? Vos curiosités ? Vos initiations ? Vos songeries nocturnes ? et qu'en subsistait-il au réveil, que vous amalgamiez à votre vie du jour [1] ?

C'est à l'existence d'un questionnaire implicite, et à la modification de ce questionnaire par la vulgarisation de la psychanalyse, que François Mauriac fait allusion au début des *Mémoires intérieurs* [2] : c'est pour cela même qu'il refuse le pacte autobiographique, comme le refuse aussi Malraux au début des *Antimémoires* :

> J'appelle ce livre *Antimémoires*, parce qu'il répond à une question que les Mémoires ne posent pas, et ne répond pas à celles qu'ils posent [3].

L'étude de l'évolution dans le temps de ce questionnaire implicite, dont tout le monde admet l'existence, permettrait de nous arracher à l'évidence que le questionnaire actuel a pour chacun de nous, et de retrouver devant l'ensemble du phénomène une attitude plus distante. Dans cette

1 André Gide et Roger Martin du Gard, *Correspondance*, Gallimard, 1968, tome I, p. 158 (lettre de Roger Martin du Gard à André Gide, le 7 octobre 1920).

2 François Mauriac, *Mémoires intérieurs* (1959), in *Œuvres autobiographiques*, Gallimard, Pléiade, 1990, p. 369.

3 André Malraux, *Antimémoires* (1967), Folio, 1996, p. 20.

perspective, les œuvres médiocres littérairement ne seraient pas les moins révélatrices, parce qu'elles manifestent plus directement le modèle admis : et l'on verrait que c'est par la manière dont elles modifient le modèle que se signalent les grandes œuvres. Sans aller jusqu'à traiter l'ensemble des autobiographies comme un recueil de récits mythologiques collectés chez une tribu lointaine, on pourra se servir de ces analyses pour réfléchir à l'image de la personne dans notre civilisation.

1.2.3. Le récit commun

Si l'autobiographie se prête à ce type d'étude mieux que les autres formes du roman, c'est qu'elle est le roman que tout le monde s'imagine pouvoir écrire (« Ma vie, c'est un roman... »). Il y a une certaine naïveté dans cette croyance : on n'aurait qu'à raconter ce qu'on a vécu, « tout simplement ». De là vient le mépris pour l'autobiographie conçue non comme un récit littéraire, mais, si l'on peut dire, comme un « récit naturel ». Mais il y a là aussi un fond de vérité : à part quelques glorieuses exceptions, le récit autobiographique est en général proche des types de récit les plus traditionnels, ces modes de récit auxquels on est tellement habitué qu'on les prend non pour des récits, mais pour le reflet de la réalité. Le pacte autobiographique est peut-être, sur le plan explicite, un pacte moral de « sincérité » : mais cela se traduit le plus souvent par un pacte implicite de l'auteur avec le lecteur : l'engagement de ne pas trop s'éloigner du type de récit « vraisemblable ». Promettre de dévoiler la nature, c'est trop souvent accepter de se réduire au récit *vraisemblable* [1], tout écart par rapport à cette fiction qu'est le vraisemblable étant ressenti par le lecteur comme un passage du naturel à la... fiction.

Cette situation est favorable à une étude anthropologique, le « récit commun » reflétant ce que le groupe croit être la « nature » humaine ; mais sur le plan esthétique, c'est évidemment un handicap : tout se passe comme si *par définition* l'autobiographie était vouée à n'employer que des types de récit traditionnels, ou, disons, à n'employer un type de récit que lorsqu'il est devenu traditionnel. Par exemple le récit de Michel Leiris dans *La Règle du jeu* ne peut fonctionner comme autobiographie, aux yeux du lecteur, que parce que depuis cinquante ans le récit proustien a été assimilé. Et dans cinquante ans, peut-être ? le récit tel que le pratique Beckett aura-t-il été assimilé par un assez vaste public, pour qu'on puisse écrire une autobiographie avec cet instrument. L'autobiographie ne peut être le « laboratoire » du récit moderne : elle emploie des modèles de récit qui ont déjà fait leurs preuves. Pour s'en convaincre, il suffit de parcourir une étude comme celle de Michel Zéraffa, *Personne et personnage* (Klincksieck, 1969) : il y a bien peu de renouvellements de tech-

---

1 Sur le vraisemblable, voir le n° 11 de la revue *Communications* (1968). Le récit autobiographique pourrait fournir à des recherches de ce genre un matériau intéressant.

nique ou de vision dont l'autobiographie soit responsable. Nous retrouvons ici la situation de dépendance de l'autobiographie par rapport aux formes biographiques : aussi l'histoire de l'autobiographie ne peut-elle se concevoir qu'en relation avec l'histoire générale des formes du récit, du roman, dont elle n'est en fin de compte qu'un cas particulier.

1.2.4. L'écriture seconde

L'autobiographie est, dans l'histoire littéraire, un phénomène secondaire, dépendant de l'écriture romanesque déjà acceptée. Mais elle est aussi, dans l'histoire de chaque individu, une expérience seconde, c'est-à-dire un phénomène de *reconversion* au sein même de l'écriture. Pour écrire son autobiographie, il faut non seulement avoir déjà vécu (rares sont les autobiographies écrites par des jeunes gens) mais surtout il faut déjà avoir fait quelque chose dans sa vie pour réaliser sa personnalité sur le plan intellectuel, moral ou artistique. Certes, « l'âge de l'autobiographie » (comme on dit « l'âge de la retraire ») s'est sensiblement abaissé depuis un siècle : on n'attend plus la cinquantaine, comme Stendhal ; dès la trentaine, de jeunes écrivains comme M. Leiris, P. Emmanuel, André Gorz ou Fr. Nourissier ont entrepris d'écrire leur vie : et pour eux il ne s'agissait plus de faire le bilan d'une vie d'homme, mais de faire le point, de liquider le passé pour entrer vraiment dans l'âge d'homme. Mais ce rajeunissement ne change rien au fait qu'il s'agit d'une reconversion : l'autobiographie vient toujours après d'autres formes d'écriture. Après un premier temps de projection et d'élan créateur, vient le moment du retour sur soi. Comme le disait Valéry, « on commence par écrire ses désirs et l'on finit par écrire ses mémoires [1] ». L'autobiographie est la retraduction dans un langage personnel de quelque chose que l'on avait d'abord essayé de dire sur un plan plus général et objectif. Si nous soulignons cette évidence, c'est que la définition de l'autobiographie comme « récit de la vie » pourrait la faire concevoir comme une expression directe et première (analogue au journal intime, avec seulement un changement de situation dans le temps), alors qu'elle est toujours le récit de la genèse d'une œuvre, d'une vision du monde, d'une vie déjà accomplie et exprimée, et qu'elle consiste à faire la synthèse de la genèse et du résultat. De cette évidence on peut d'abord tirer une réflexion de méthode, ensuite un principe de classement.

Si notre répertoire a l'avantage de rapprocher des textes qui ont en commun d'être des autobiographies (et de suggérer qu'on pourrait étudier dans quelle mesure ces textes se sont engendrés les uns les autres dans une sorte « d'espace intertextuel » de l'autobiographie), il a l'inconvénient de les arracher à leur milieu naturel, à « l'organisme » dont ils font partie, à l'intérieur duquel ils fonctionnent. Il est évident que le texte des

1 Paul Valéry, *Œuvres*, Gallimard, Bibliothèque de la Pléiade, 1960, tome II, p. 569.

Confessions s'éclaire quand on le situe dans l'évolution qui mène de l'écriture théorique des *Discours* à l'écriture poétique et intime des *Rêveries*. Une étude de l'histoire de l'autobiographie devrait donc faire une analyse comparative de la *fonction* des textes dans la vie et la personnalité de l'auteur, des rapports de technique et de vision qu'il y a entre les textes autobiographiques et l'œuvre qui a précédé, etc. Il serait intéressant, dans le cas des romanciers, d'étudier si, une fois écrite leur autobiographie, il leur est encore possible de composer des romans. On a parfois l'impression (par exemple chez Simone de Beauvoir) que l'acte autobiographique dégage le texte fondamental que le romancier transposait jusque-là dans la fiction : « aveu » après lequel il devient impossible de « fabuler »… Mais la réalité est plus complexe. L'écriture autobiographique n'a pas tari chez Stendhal, Gide, Fr. Mauriac, J. Green, ou Fr. Nourissier et bien d'autres, la veine romanesque.

On voit d'autre part que, selon la nature du projet ou des réalisations auxquelles sa vie doit son unité et son intérêt, l'autobiographe se trouvera plus ou moins bien armé pour raconter sa vie, disposera d'une aptitude plus ou moins grande au récit ou à l'analyse. Aussi est-on amené à distinguer dans l'histoire de l'autobiographie plusieurs *lignées* de récits, en classant les auteurs d'après leur « spécialité d'origine » : romanciers, poètes, philosophes, religieux, artistes, etc. Ce classement permet de regrouper des œuvres qui posent des problèmes analogues : c'est lui que nous adopterons ci-dessous pour fournir quelques *points de repère* sur l'histoire du genre.

2. Points de repère

2.1. *Préhistoire : la tradition européenne*

Avant le XVIIe siècle, il n'existe en Europe que deux traditions d'écrits que l'on puisse rapprocher de l'autobiographie telle que nous la définissons : l'autobiographie religieuse, et certains textes « égotistes » de la Renaissance.

Les chefs-d'œuvre de l'autobiographie religieuse sont certainement les *Confessions* de saint Augustin (354-430) et la *Vie* de sainte Thérèse d'Avila (1515-1582) écrite par elle-même de 1561 à 1565. Cette tradition ne semble pas avoir produit en France de textes majeurs pendant le Moyen Âge, sinon le *De vita sua* de Guibert de Nogent, dans lequel l'imitation de saint Augustin est très sensible. Il semble difficile, en effet, de rattacher à l'autobiographie religieuse la belle *Histoire de mes malheurs* d'Abélard : c'est une histoire d'amour, en même temps que le récit d'une carrière mouvementée de dialecticien. Plein d'orgueil, Abélard a su présenter sa vie comme un destin, dans un récit clair, bien structuré, qui se lit comme un roman, ce qui est rarement le cas des autobiographies religieuses. Ce n'est qu'à partir du XVIIe siècle que l'autobiographie religieuse se développe en France : aussi l'évoquerons-nous plus bas.

L'optique des textes autobiographiques de la Renaissance est diamétralement opposée à celle des « confessions » chrétiennes. Ils s'inspirent plutôt de la sagesse antique, le souci égotiste l'emporte de beaucoup sur les préoccupations morales : il s'agit de se connaître tout entier (la psychologie n'est plus limitée aux cheminements de la grâce dans le processus de conversion), et de se proposer à l'admiration de ses semblables. Aussi ces textes ont-ils un accent plus moderne, qui rend très tentant l'anachronisme. Rousseau ne fait-il pas lui-même allusion à la *Vie* de Cardan ? Stendhal n'admirait-il pas Cellini ? Il faut pourtant voir que ces textes sont peu nombreux, qu'ils ont été publiés très tardivement [1], et que leur attitude commune est caractéristique de la Renaissance. Cellini et Cardan veulent démontrer qu'ils ont incarné à la perfection le type d'homme que leur époque admire : l'homme universel, à la fois homme d'action, et créateur intellectuel et artistique. Mais leurs livres sont très différents : la *Vie* de Cellini est une sorte de passionnant roman picaresque, qui ne pèche pas par excès d'introspection : on le lit avec plaisir, avec étonnement… La *Vie* de Cardan, elle, est bien loin d'être un chef-d'œuvre littéraire : elle est surtout intéressante comme témoignage d'un échec. Son projet, en effet, peut sembler étonnamment moderne : Cardan présente sa *Vie* comme le « nombril » de tous ses autres écrits : au soir d'une carrière pleine de travaux scientifiques et érudits, qui auraient dû suffire à lui assurer la gloire, il a été troublé par l'idée que cette gloire serait liée à son nom, et non pas réellement à la *personne* qu'il avait été, qu'il était le seul à connaître et dont il allait emporter le secret au tombeau. D'où le désir de dresser son autoportrait : mais comment ? Il a échoué parce qu'il lui manquait un modèle de récit utilisable. Son livre n'est pas un récit suivi, mais une sorte de bricolage maladroit, l'assemblage peu cohérent d'une cinquantaine de petits essais hétéroclites : il a simplement juxtaposé, en les appliquant à sa propre personne, tous les types de discours dont il avait connaissance : l'inventaire des traits physiques, le diagnostic médical, l'horoscope, le répertoire bibliographique, la méditation morale, etc. Il nous semble qu'il n'avait pas les moyens de son projet.

En France, on pourrait rattacher à ce type d'écrit les *Essais* de Montaigne. Comme chez Cardan, le projet semble très « moderne ». L'avertissement *Au lecteur* n'est-il pas un modèle de « pacte autobio-

---

1 Benvenuto CELLINI (1500-1571) a composé sa *Vie* de 1559 à 1563 ; elle n'a été publiée qu'en 1728, et traduite en français en 1822 ; édition récente aux Éditions Scala, 1996. Jérôme CARDAN (1501-1576) a composé en latin sa *Vie* en 1575-1776 ; elle a été publiée en 1643, en latin ; elle a été très rarement traduite en langue moderne (traduction en français par Jean Dayre en 1936, revue par Étienne Wolff pour une nouvelle édition chez Belin en 1992).

graphique » ? Montaigne y souligne le caractère égoïste, personnel de sa tentative, fondée sur l'instinct de conservation (survivre) ; la sincérité dont il fera preuve (substituer le moi naturel au moi social d'apparat) ; il avance l'idée, essentielle pour l'autobiographie, qu'il y aura *identité* entre lui et son livre. Mais *comment* réalise-t-il ce projet ? On voit bien que le texte des *Essais* n'a pas de rapport avec l'autobiographie telle que nous la définissons : il n'y a pas de récit suivi, ni d'histoire systématique de la personnalité. Autoportrait plutôt qu'autobiographie, il n'en a pas moins eu une grande importance pour l'histoire de l'autobiographie, proposant une image, qui est restée longtemps incomprise, de ce que pourrait être la littérature intime.

2.2. *Préhistoire : les lignées du récit en France*

Dans le répertoire, les œuvres sont classées chronologiquement. Mais cela ne doit pas donner l'idée qu'il y a une continuité entre les textes. Cette continuité n'existe qu'à l'intérieur de sous-groupes relativement homogènes :

2.2.1. L'autobiographie religieuse

Elle se développe en France à partir du XVIIe siècle. Il s'agit naturellement de catholiques (alors qu'à la même époque, en Angleterre, se développe dans le sillage des sectes puritaines une abondante production de récits de conversions et de révélations [1]). La publication de ces récits est toujours posthume. Elle peut avoir lieu peu de temps après la mort de l'auteur, lorsqu'il se trouve des éditeurs zélés et bien intentionnés : ce fut le cas des autobiographies écrites par les Messieurs de Port-Royal (Louis de Pontis et Jean Hamon), ou des « illuminées » dont P. Poiret recueillit et édita les *Vies* (Antoinette Bourignon et Mme Guyon) ; si l'on met à part les *Mémoires* de M. de Pontis qui créèrent un choc (mais sans rapport avec la religion), ces récits ne semblent pas avoir eu beaucoup de retentissement à l'époque. Dans les autres cas, la publication a eu lieu après 1850 et a pris un caractère « historique » : les seuls récits qui aient suscité quelque passion (et qui, s'ils avaient été publiés à l'époque, auraient sans aucun doute alimenté commentaires et polémiques) sont ceux de la fameuse « possession » de Loudun, celui de sœur Jeanne des Anges, publié en 1886 par des disciples du professeur Charcot et commenté comme un cas d'hystérie, et le récit de J.J. Surin, publié au contraire dans une perspective plutôt hagiographique.

1 En Angleterre, les plus célèbres sont les autobiographies de John Bunyan (*Grace Abounding to the Chief of Sinners,* 1666), de Richard Baxter (*Reliquiae,* 1696), ou au XVIIIe siècle, dans un style plus romantique, celle de John Newton (*Vie,* écrite en 1763). Sur l'autobiographie religieuse, telle que l'ont pratiquée les puritains britanniques, voir par exemple la préface de la récente édition de *Grace Abounding,* publiée par Roger Sharrock (Oxford, Clarendon Press, 1962, pp. XXVII-XXX).

Ces textes sont intéressants pour l'histoire de la vie religieuse ; ce sont aussi parfois de curieux documents psychologiques. Mais au point de vue de l'histoire de la civilisation profane, et de l'esthétique, ils décevront un lecteur moderne. Le récit est consacré presque exclusivement aux expériences spirituelles de l'adulte (les récits de formation sont embryonnaires et conventionnels, quand ils existent) ; le monde extérieur n'y apparaît presque jamais ; prière et méditation peuvent occuper autant de place que le récit qu'elles scandent et dont elles dégagent la signification : telle est la loi du genre. Même sur le plan de la spiritualité, aucun de ces textes n'arrive à la grandeur de la *Vie* de sainte Thérèse d'Avila. Si un lecteur moderne cherche non point le reflet de grandes épreuves spirituelles, mais un témoignage sur la vie profane de l'époque, il appréciera le récit de jeunesse du père Chaumonot, et surtout la *Vie* de Mme Guyon, qui est la seule à donner une certaine place au récit d'enfance et à la peinture de mœurs.

Au point de vue de l'histoire de l'autobiographie, il faut souligner qu'il s'agit d'un ensemble *autonome* : il n'a eu aucune influence sur la naissance de l'autobiographie moderne ; d'autre part, après la fin du XVIIIe siècle, cette tradition s'est continuée sans que l'autobiographie moderne ait eu, en sens inverse, grande influence sur elle.

2.2.2. Le récit de vocation (non religieuse)

Il faut mettre à part un texte unique en son genre, le *Discours de la méthode* de Descartes, qui se présente exactement comme une autobiographie intellectuelle : récit de formation, remise en question de tout l'acquis, recherche, révélation et définition d'une nouvelle manière de vivre et de penser. C'est peut-être le modèle de l'autobiographie dans la manière à la fois simple et puissante dont le récit explique comment une personnalité (intellectuelle) se construit en réaction contre le monde ambiant, mais aussi à cause de la place tout à fait à part que le *Discours* occupe dans la production de Descartes, fonctionnant non pas comme une œuvre théorique, mais comme un bilan personnel. Il suffit de lire les lettres de Descartes à Huyghens pour voir à quel point Descartes s'identifiait à son texte [1]. Il n'en reste pas moins qu'on pourra nous accuser d'anachronisme, dans la mesure où la lecture du *Discours* comme œuvre autobiographique est relativement récente, remontant à Paul Valéry [2].

La plupart des récits de vocation sont le fait d'hommes de lettres qui ne cherchent pas à rendre compte d'un itinéraire intellectuel, comme Descartes, mais à rassembler les éléments de leur biographie, traitant *de rebus ad eum pertinentibus* (de ce qui le concerne), comme le dit Huet.

1 DESCARTES, *Œuvres philosophiques*, I (*1618-1637*), Garnier, 1963, pp. 526-527.

2 Voir sur ce point André GIDE – Paul VALÉRY, *Correspondance*, Gallimard, 1955, p. 213 (lettre de Valéry, 25 août 1894), et les trois études de Valéry sur Descartes, in *Œuvres*, Gallimard, Bibliothèque de la Pléiade, 1957, tome I, pp. 788-854.

Le récit retrace les origines sociales, la première éducation (avec quelques scènes indiquant une vocation précoce ou quelque trait révélateur), les études, les lectures, la carrière, les œuvres, les rencontres… Au cours du XVIIIe siècle, le récit d'enfance et de vocation prend plus d'importance : mais l'orientation générale reste celle de la chronique privée plutôt que celle de l'autobiographie. Les principaux auteurs de cette lignée sont Huet, Jean Rou, Grosley et le genevois Charles Bonnet. On peut rattacher à cette lignée des récits d'artistes, comme celui du graveur d'origine allemande Jean-Georges Wille, qui est, semble-t-il, le premier grand récit de formation écrit par un artiste en France, et celui de Mlle Clairon, surtout intéressant à cause du petit récit de vocation, la suite étant une apologie très schématisée. C'est aussi dans cette lignée que s'inscrivent les récits de Duclos, de Marmontel, chez lesquels le récit d'enfance est plus élaboré. Cette lignée de récit peut paraître, à la fin du XVIIIe siècle, voisine de l'autobiographie, avec laquelle elle a des points communs. Mais il faut plutôt y voir la source d'une lignée parallèle à l'autobiographie : celle des souvenirs de carrière d'écrivain, qui va de Béranger et Paul de Kock jusqu'à Roger Martin du Gard et Jules Romains.

2.2.3. La chronique de vie privée à accent personnel

Enfin nous pouvons rechercher dans les mémoires du XVIIe et du XVIIIe siècle, des signes qui indiquent un glissement du « centre de gravité » de l'histoire vers l'individu : mais c'est au prix d'un certain anachronisme, nous l'avons vu. Les *Mémoires* de Marolles surprennent le lecteur moderne par leur propos très nettement égotiste (cf. son introduction « À mes proches »), et par l'intérêt tout à fait inhabituel à l'époque pour les souvenirs d'enfance et la nature. Mais c'est une œuvre naïve et inorganisée qui s'enlise vite dans la chronique. Les *Mémoires* de Campion ont plus de tenue, et les méditations sentimentales et morales de l'auteur ont pu amener son dernier éditeur, M. Fumaroli, à en souligner l'accent préromantique, et à le rapprocher de Rousseau.

On risque moins l'anachronisme en soulignant le succès que le public de 1676 fit aux *Mémoires* de Louis de Pontis (homme de guerre qui se retira à Port-Royal). Ces mémoires ont ceci de remarquable qu'ils sont écrits par un homme de second plan, qui tient une chronique de sa vie militaire dans une perspective plus personnelle qu'il n'est habituel. Il ne s'agit nullement d'une autobiographie, le centre d'intérêt reste le témoignage sur la vie militaire : mais éclairé non plus d'en haut, comme dans les mémoires des chefs militaires, mais dans une perspective de petite histoire et de vie vécue. Ce changement de perspective frappa les lecteurs, qui apprécièrent ce côté vécu, authentique, romanesque, au fond un peu comme ils appréciaient les *Lettres de la religieuse portugaise* ou les *Aventures burlesques* de Dassoucy. Il est agréable de voir les gens raconter leur vie comme un roman – guerrier, amoureux ou picaresque. Dans l'*Avertissement* de ses *Mémoires* en 1677, l'abbé Arnauld (qui fut lui-même militaire avant de devenir ecclésiastique) avoue que c'est après avoir lu les *Mémoires* de Pontis qu'il a décidé d'écrire les siens et souligne tout l'intérêt de ce type d'écrit : apologie du « petit bout de la lorgnette », si l'on peut dire. De ce succès (assez étonnant pour un lecteur moderne auquel la lecture de ces *Mémoires* n'apporte plus la même volupté) les contemporains ont tiré deux idées : que le témoignage d'un homme de second plan pouvait avoir un intérêt historique ; que le récit de la vie d'un particulier pouvait, s'il était bien fait, procurer au lecteur le même plaisir qu'un roman.

C'est justement un plaisir de ce genre que nous ressentons aujourd'hui à lire toute une série de chroniques privées, celles des *protestants émigrés* après la révocation de l'édit de Nantes. Ces récits écrits entre 1690 et 1730, destinés à un usage familial (rappeler aux générations futures l'origine et les tribulations de la famille), n'ont été publiés qu'à partir des années 1850-1860 par les historiens du protestantisme. Ils sont en général bien construits, organisés de manière dramatique autour des événements de 1685, mais présentent aussi une peinture intéressante de la vie familiale et de la destinée personnelle. On lit encore avec plaisir les *Mémoires* d'un gentilhomme normand comme Isaac Dumont de Bostaquet, ou ceux du pasteur Jacques Fontaine. La brusque rupture de l'exil leur a donné le sentiment du « jamais plus » ; les épreuves subies et surmontées les transformaient en héros de roman ; le ressentiment contre l'injustice et l'oppression leur inspirait le souci de bien établir la vérité et d'accuser l'oppresseur devant la postérité ; en même temps ils avaient le sentiment que ce qui leur arrivait dépassait leur cas individuel et prenait une valeur historique très générale. Tous ces éléments sont propices à la composition de récits personnels et structurés.

Les analyses précédentes portent sur des textes assez hétéroclites ; elles convergent pourtant vers un point : dans la mesure où le centre de gravité se déplace de l'histoire vers l'individu, c'est au moyen de l'emploi du langage romanesque de l'époque. Mais dans tous les exemples que nous avons cités, c'est un fléchissement relativement timide, et qui s'inspire de types de récit assez traditionnels. Le bouleversement de la technique romanesque qui annonce et rend possible l'autobiographie moderne, c'est, entre 1700 et 1750, la prolifération et le succès des romans *en forme de mémoires*. Ces romans habituent écrivains et lecteurs à lier l'emploi du récit à la première personne (perspective subjective) à l'histoire de la sensibilité individuelle et à la peinture des mœurs, éléments étrangers à presque tous les récits que nous avons énumérés plus haut : les auteurs de ces récits ne parlaient jamais de leur vie sentimentale intime, et ne se donnaient jamais la peine de dépeindre comment le monde leur était apparu, puisqu'ils supposaient connus les milieux où ils vivaient, et inintéressante la particularité de leur perspective. Nous possédons un bon témoignage de l'influence qu'a eue ce nouveau langage romanesque sur les mémoires : celui de Mme de Staal. Si on a lu ses *Mémoires* avec tant de plaisir en 1755, c'est peut-être à cause de leur intérêt historique (peinture de la cour de la duchesse du Maine), mais surtout parce qu'ils sont écrits un peu à la manière d'un roman de Marivaux : c'est l'histoire de l'ascension sociale, des aventures sentimentales d'une jeune fille pauvre, racontée d'une manière plaisante et vivante. Ce récit d'apprentissage du monde essaie de restituer au lecteur l'expérience vécue d'une âme sensible.

2.3. *Histoire : naissance de l'autobiographie*

L'autobiographie est apparue dans la seconde moitié du XVIIIe siècle, en même temps dans la plupart des pays d'Europe. C'est un phénomène général. En Allemagne, les premières autobiographies modernes naissent tout naturellement de la tradition piétiste, soit pour la prolonger, comme celle de J.H. Jung, soit pour la contester, comme celle de K.P. Moritz [1] ; en Angleterre, l'historien Gibbon, en Italie Alfieri, en Amérique Benjamin Franklin écrivent des autobiographies qui sont publiées peu de temps après leur mort [2]. Ceci pour ne citer que les œuvres les plus réussies. En France même, on prendra garde à ne pas réduire l'autobiographie au seul Rousseau. Dès les années 1760, on voit Charles Duclos ou le Cardinal de Bernis s'intéresser à leur enfance ; en 1762, Diderot propose à Sophie Volland une petite théorie de ce qui sera le journal intime [3]. Si, après 1780, l'exemple de Rousseau a suscité tant de vocations, c'est que le terrain était propice, la plupart des esprits mûrs pour cette entreprise. Cette éclosion des différentes formes de la littérature intime, comme le préromantisme en général, est liée à la transformation de la notion de *personne*.

C'est à cette époque qu'on commence à prendre conscience de la valeur et de la singularité de l'expérience que chacun a de lui-même. On s'aperçoit aussi que l'individu a une histoire, qu'il n'est pas né adulte. Cette découverte de l'historicité au sein même de la personnalité prend différentes formes : affectivement, elle peut s'accompagner de nostalgie, du désir de retour aux sources, au paradis perdu de l'enfance, sentiment pratiquement inexistant auparavant ; intellectuellement, elle entraîne une étude génétique de la personnalité. En même temps que l'autobiographie permet d'explorer ces richesses de la vie intérieure, elle remplit une autre fonction importante : elle reconvertit en valeur sociale l'ex-

---

1 J.H. JUNG (1740-1817), *Heinrich Stillings Jugend,* 1777 ; K.P. MORITZ (1757-1793), *Anton Reiser,* 1785-1790.

2 Edward GIBBON (1737-1794), *Memoirs,* 1796 ; ALFIERI (1749-1803), *Vita,* commencée en 1790 ; Benjamin FRANKLIN (1706-1790), *Memoirs,* 1815.

3 DIDEROT, *Lettres à Sophie Volland,* Club français du Livre, 1965, pp. 289-290 (lettre du 14 juillet 1762).

périence de soi vécue d'une certaine manière en marge de la société, elle extériorise l'intériorité et la manifeste à autrui. D'autre part, elle permet de retrouver l'éternel et la fixité par-delà le passage et l'évolution : en se mirant dans son histoire, l'individu ne cherche pas à établir sa contingence, mais sa nécessité, en assumant et en remodelant son passé. L'autobiographie manifeste donc une nouvelle situation de la personne, mais elle apporte aussi un remède à ce que cette situation pourrait avoir d'angoissant et de dissolvant. Elle remplit une fonction d'équilibre.

D'autre part, l'autobiographie établit un nouveau type de relation entre l'auteur et le lecteur : la lecture devient un phénomène de communion, le texte n'est plus que l'intermédiaire transparent qui sert à une communication de personne à personne. C'est là d'ailleurs un phénomène qui dépasse l'autobiographie et concerne une grande partie de la littérature romanesque et poétique : mais l'autobiographie en présente l'exemple le plus pur.

Cette nouvelle « situation » littéraire n'est devenue possible, selon G. Gusdorf, « que sous la condition de certaines présuppositions métaphysiques ». On pourrait ajouter que ces présuppositions métaphysiques elles-mêmes ne deviennent possibles que sous certaines conditions économiques et sociales. Une nouvelle conception de la personne se trouve apparaître en même temps que le début de la civilisation industrielle moderne et que l'arrivée au pouvoir de la bourgeoisie : ce n'est sans doute pas un hasard.

Rousseau n'a donc pas « inventé » le genre : mais il en a réalisé d'un seul coup presque toutes les virtualités. Il a écrit avec les *Confessions* non seulement la première des autobiographies, historiquement, puisque les *Confessions* ont été rédigées entre 1762 et 1770, mais probablement la plus audacieuse qui ait été écrite par rapport à la civilisation de l'époque. Cinq aspects fondamentalement nouveaux méritent d'être soulignés :

▲ Rousseau utilise de manière intensive les techniques romanesques pour faire revivre le passé : il ne s'agit plus de parler du passé, mais de le recréer ; d'autre part, il se sert de tous les procédés du récit personnel pour établir une gamme très complexe de relations avec le lecteur.

▲ Rousseau est un homme à la recherche de son identité. Il ne se contente pas de dire ce qu'il sait déjà sur lui-même, mais il attend de l'écriture autobiographique un renouvellement de la connaissance qu'il a de lui-même. L'écriture autobiographique est donc pour lui un acte plein de promesses, mais aussi plein de risques.

▲ Il découvre la place capitale de l'origine de la personnalité, et porte une attention passionnée à tous les commencements, à toutes les sources de son être. À lui seul, le livre I des *Confessions*, dans son projet comme dans sa méthode, bouleverse la conception que l'on se faisait de l'enfance et de son rôle dans la vie humaine.

▲ Il est à la recherche d'un nouveau modèle de la personnalité ; sa véritable audace dans ses confessions d'ordre sexuel ne se place pas tant sur le plan moral et social (franchissement d'un tabou), que sur le plan *intellectuel*. Il accorde de l'attention à des phénomènes jusque-là considérés comme négligeables (la sexualité enfantine) ou ridicules (l'auto-érotisme). Ce qui a tant gêné chez lui, ce n'est pas l'impudeur, c'est le sérieux. Ce n'est pas hasard si la psychanalyse trouve tant à dire sur les *Confessions*.

▲ Enfin il a élaboré une problématique de l'autobiographie en même temps qu'il en fondait la pratique. On verra, en lisant les textes recueillis dans l'Anthologie, qu'il n'a guère laissé à glaner à ses successeurs.

En portant d'un seul coup le genre à un haut degré de perfection, Rousseau en a infléchi l'histoire : désormais quiconque entreprend d'écrire sa vie pense à Rousseau, que ce soit pour l'imiter ou le condamner. On est obligé de se situer par rapport à lui.

2.4. *Histoire : les différentes lignées du récit*

Notre répertoire contient les textes d'environ cent quarante autobiographes postérieurs à Rousseau : pour la grande majorité, il s'agit d'*écrivains*, et parmi les écrivains, surtout de *romanciers*. Et la plupart des œuvres réussies sont l'œuvre d'écrivains déjà accomplis : cela est bien naturel. L'intérêt très légitime que l'on porte à des autobiographies de non-écrivains (religieux, artistes), a pour objet les expériences rapportées, plutôt que le récit, en général assez conventionnel.

2.4.1. Écrivains

Il est difficile d'introduire ici des divisions, dans la mesure où beaucoup d'autobiographes ont pratiqué plusieurs formes d'écriture avant d'en arriver à l'autobiographie. Mais c'est avec l'écriture romanesque que s'établissent des rapports privilégiés : l'histoire de l'autobiographie, nous l'avons dit, n'est qu'un cas particulier de l'histoire du roman. Aussi est-il très tentant de tirer parti de ces grandes « éditions bilingues », texte et traduction, que constituent les œuvres, d'un côté romanesque, de l'autre autobiographique, d'un même auteur : Rétif, Stendhal, G. Sand, Dumas, Gide, Green et bien d'autres peuvent se prêter à ces exercices. Le cas le plus amusant de récit bilingue est celui de Simenon, qui, à l'inverse de ce qui se fait d'habitude, a tiré un roman (*Pedigree*) de son autobiographie.

Pour un poète, l'autobiographie est un genre délicat : que raconter, comment donner, dans la prose suivie de ce genre traditionnel, une idée de ce qui fait que l'on est poète ? Il nous semble que Lamartine et Verlaine ont médiocrement réussi dans leur tentative. Quant aux autres grands poètes du XIXe siècle, ils ont tous éludé le problème. Victor Hugo s'est fait raconter « par un témoin de sa vie [1] ». Baudelaire, qui a tant pratiqué la littérature intime, n'a jamais été tenté par le récit en forme. Mallarmé n'a écrit qu'une brève notice biographique, à la demande de Verlaine [2] : il laisse entendre que le poète n'a d'autre histoire que celle de son écriture. Une histoire du poème, – c'est ce que Valéry a tant parlé de faire, mais il n'en a tracé que des esquisses : et à dire vrai, la philosophie tirée de cette histoire l'intéressait plus que l'histoire elle-même. Au XXe siècle, la seule œuvre autobiographique qui donne au lecteur une sorte d'équivalence de la création poétique est sans doute celle de Michel Leiris. D'autres poètes ont évoqué leurs souvenirs, qui font écho à leurs poèmes, comme P.-J. Jouve dans *En miroir* (1954) ou Jules Supervielle dans *Boire à la source* (1951), mais sans que ces attachants recueils constituent vraiment des autobiographies.

On pourrait délimiter, parmi les écrivains, un troisième groupe : celui des penseurs, essayistes, philosophes qui ont centré leur récit sur la genèse de leur pensée. À l'étranger, les chefs-d'œuvre du genre sont sans doute les récits de John Stuart Mill (*Mes mémoires, histoire de ma vie et de mes idées,* 1873), et de Giovanni Papini (*Un Homme fini,* 1912). En France, on ne voit presque aucun récit de ce genre au XIXe siècle, si l'on met à part les *Souvenirs d'enfance et de jeunesse* de Renan. Saint-Simon a laissé seulement quelques notes apologétiques [3] ; Proudhon, une brève ébauche de sa jeunesse en quelques pages [4] ; Taine, un roman autobiographique inachevé (*Étienne Mayran*) ; et Auguste Comte, Charles Fourier, rien. En revanche au XXe siècle, les récits d'Alain, de Benda, de Parain et de Sartre sont de bons exemples de l'autobiographie intellectuelle.

2.4.2. **Religieux**

Sur le plan de l'expérience religieuse, il existe en France une abondante production, mais très conventionnelle et dans laquelle ne se détache aucune œuvre de grande qualité. L'autobiographie spirituelle forme d'ailleurs une tradition très nettement séparée, pour laquelle la coupure que représente la fin du XVIIIe siècle dans l'autobiographie profane n'existe pas. De Mme Guyon à sainte Thérèse de l'Enfant-Jésus, il y a une sorte de continuité. Il est dommage que seules des personnalités de second

1 Sur *Victor Hugo raconté par un témoin de sa vie* (1863), voir la présentation de Jean-Luc Mercié, dans Victor HUGO, *Œuvres complètes,* édition chronologique publiée sous la direction de Jean MASSIN, Club Français du Livre, 1967, tome I.

2 Lettre à Verlaine, 16 novembre 1885 ; publiée en 1924 sous le titre *Autobiographie. Lettre à Verlaine* ; reproduite dans *Œuvres complètes,* Gallimard, Bibliothèque de la Pléiade, 1945, pp. 661-665.

3 *Œuvres de Claude-Henri de Saint-Simon,* Ed. Anthropos, 1966, tome I, pp. 64-88.

4 P.-J. PROUDHON, *Carnets,* M. Rivière et Cie, 1960, tome I, pp. 3-9, (« Mémoires sur ma vie »). D'autre part dans les *Confessions d'un révolutionnaire* (1849), il s'abstient délibérément de toute allusion à sa vie privée.

plan aient entrepris de se raconter. On aurait aimé avoir une autobiographie écrite par Lamennais, par Teilhard de Chardin, par Simone Weil. À la place de Lamennais, on ne trouve que Louis Veuillot ou Gratry. Simone Weil, qui a laissé tant de méditations intimes, a seulement esquissé son autobiographie spirituelle (voir la lettre IV dans *Attente de Dieu*, 1950) ; et ce ne sont pas les souvenirs d'un Marc Sangnier (*Autrefois*, 1937) qui pourront prendre figure d'autobiographie spirituelle. À la place d'une sainte Thérèse d'Avila, on trouve sainte Thérèse de l'Enfant-Jésus. Il faut avouer qu'on perd au change.

Il est d'usage de supposer que le protestantisme est plus favorable à l'introspection, à l'examen de conscience, que le catholicisme. Cet esprit protestant se manifeste de manière diffuse dans l'autobiographie profane, et les historiens du protestantisme croient pouvoir en reconnaître les manifestations de Rousseau à Gide, en passant par Benjamin Constant et Pierre Loti. Mais il n'y a pas en France, à proprement parler, d'autobiographie religieuse protestante.

2.4.3. Artistes

Sauf quelques cas exceptionnels (comme celui de Berlioz), les autobiographies d'artistes sont décevantes. Nous n'avons donné dans notre répertoire que les premiers exemples de cette lignée qui, en musique par exemple, se prolonge après Berlioz et Gounod, jusqu'à Igor Stravinsky (*Chroniques de ma vie,* 1935) ou Darius Milhaud (*Notes sans musique*, 1963). Certes, tous ces livres sont passionnants pour l'histoire de l'art, mais plutôt comme mémoires que comme autobiographies. L'artiste-autobiographe se heurte à plusieurs difficultés : l'écueil du récit de vocation, émouvant mais souvent stéréotypé ; ensuite l'écueil de la chronique, ou d'un récit malgré tout assez extérieur, qui concerne autant la lutte ou les échanges de l'artiste avec son milieu que le développement de sa personnalité artistique. Peut-être la forme du récit n'est-elle pas la mieux adaptée à la transposition de l'expérience musicale ou picturale. Dans le cadre de la littérature intime, il semble que le journal (cf. Delacroix, O. Redon, Maurice Denis) ou la correspondance (cf. Van Gogh) aient plus de chance de cerner l'essentiel. On regrette qu'un Fromentin, aussi doué pour la littérature psychologique que pour la peinture, n'ait pas laissé d'autobiographie. On peut pourtant imaginer ce que pourrait être une autobiographie centrée sur l'expérience esthétique, en lisant la brève mais très belle esquisse dans laquelle Odilon Redon retrace la formation de sa sensibilité et de sa vision picturale [1].

1 Ce texte, publié pour la première fois en 1909, est reproduit sous le titre « Confidences d'artiste » dans *À soi-même, journal (1867-1915),* J. Corti, 1961, pp. 7-29.

2.4.4. Non-spécialistes

Alors qu'il est très possible que quelqu'un n'ait écrit dans sa vie que son journal intime, mais en ait fait un chef-d'œuvre comme le fit Amiel, comme rêvent de le faire tant d'adolescents, il est pratiquement impossible que quelqu'un qui n'a pas l'expérience de la composition littéraire, et dont la vie ne s'est jamais exprimée par une création quelconque, écrive une autobiographie telle que nous l'avons définie. Il est donc assez improbable qu'il existe de bonnes autobiographies inédites écrites par des inconnus : ce seront le plus souvent des chroniques, des recueils de souvenirs, écrits assez platement, parce que l'inexpérience de l'expression amène fatalement à utiliser les moules existants.

Ces lignées de l'autobiographie posent des problèmes difficilement comparables, à cause de la divergence de leur projet. Certes elles emploient des formes de récit analogues : mais comme ces formes, traditionnelles par définition, se modifient assez lentement, elles offrent médiocrement prise à l'analyse historique. À dire vrai, c'est surtout la première lignée, celle des écrivains, qui suscite le plus d'intérêt chez le lecteur et pose le plus de problèmes au critique. Là, les formes du récit se transforment plus vite, les changements dans la conception de la personnalité se reflètent plus visiblement ; là aussi, l'audace et le défi auxquels l'autobiographie doit sa notoriété scandaleuse éclatent avec plus de vigueur. Tous les problèmes qui ont pu passionner le public, comme l'éthique de la sincérité qui s'est développée entre les deux guerres mondiales, ou, plus près de nous, l'application de la psychanalyse, se rapportent à cette lignée. C'est donc en nous référant surtout aux autobiographies d'écrivains que nous essaierons, dans le chapitre suivant, d'évoquer les *problèmes* que pose l'autobiographie moderne.

Chapitre 3

Problèmes

1. Le pacte autobiographique

S'interroger sur le sens, les moyens, la portée de son geste, tel est le premier acte de l'autobiographe : souvent le texte commence, non point par l'acte de naissance de l'auteur (je suis né le...) mais par une sorte d'acte de naissance du discours, le « pacte autobiographique ». En cela, l'autobiographe n'invente pas : les mémoires commencent rituellement par un pacte de ce genre : exposé d'intention, circonstances où l'on écrit, réfutation d'objections ou de critiques. Mais le rite de présentation a une fonction beaucoup plus importante pour l'autobiographe, puisque la vérité qu'il entreprend de dévoiler lui est personnelle, qu'elle est *lui* Écrire un pacte autobiographique (quel qu'en soit le contenu), c'est d'abord poser sa voix, choisir le ton, le registre dans lequel on va parler, définir son lecteur, les relations qu'on entend avoir avec lui : c'est comme la clef, les dièses ou les bémols en tête de la portée : tout le reste du discours en dépend. C'est choisir son rôle. Les textes réunis dans la première partie de l'anthologie permettent de voir les différents rôles possibles dans cette comédie de la prise de parole, de l'arrogance à la timidité (souvent mélangées), de la voix de théâtre (Chateaubriand) à la voix de salon (Renan), du didactisme à la confidence, mais aussi de la subtilité à la platitude. De toute façon, parler de soi ne va pas de soi... Depuis deux siècles qu'on écrit et qu'on lit des autobiographies, il ne semble pas qu'« on » se soit habitué à la situation. On a beau avoir lu des dizaines de pactes autobiographiques, il faut tout repenser quand il s'agit d'écrire le sien. L'autobiographie s'interroge donc fatalement sur elle-même ; elle invente sa problématique et la propose au lecteur.

Cette « conduite » affichée, cette interrogation sur ce qu'on fait, ne cessent pas une fois le pacte autobiographique terminé : tout au long de l'œuvre, la présence explicite (parfois même indiscrète) du narrateur demeure. C'est là ce qui distingue le récit autobiographique des autres formes du récit à la première personne : une relation constante y est établie entre le passé et le présent, et l'écriture y est mise en scène.

2. Le discours autobiographique

Ce discours, dans lequel le récit est enchâssé, comporte une série de figures auxquelles l'autobiographie peut difficilement échapper. Nous avons choisi de répertorier les lieux communs de cette rhétorique de la sincérité en analysant le premier volume de l'autobiographie de Julien Green, *Partir avant le jour* (1963[1]) : mais le résultat aurait été analogue si nous avions retenu les textes de Rousseau, de Gide ou de Sartre. Qu'on ne prenne donc pas l'inventaire ci-dessous pour une explication de l'œuvre de Green : ce serait en faire une caricature. Nous lui avons simplement emprunté des exemples d'un langage qui est depuis deux siècles celui de la plupart des autobiographes.

Dans la « mise en scène » de l'écriture, le narrateur établit deux types de distance : il se pose soit en face de son passé, soit en face de son écriture.

2.1. *Relation du narrateur avec le personnage* (c'est-à-dire surtout de l'adulte avec l'enfant)

Il y a deux situations possibles : l'identification ou la distanciation. Pour l'*identification*, tout peut se ramener à deux « figures » fondamentales : le *déjà alors* et le *encore aujourd'hui*. Le *déjà alors* fonctionne sur le plan intellectuel : il s'agit d'identifier toutes les sources de la personnalité, de faire l'inventaire des origines et des moments décisifs :

> Dans les demi-ténèbres où je plonge maintenant mon regard, je vois de petits événements sans rapport avec l'invisible et dont la répercussion sur ma vie a été si forte que je ne puis honnêtement les passer sous silence (p. 20).
>
> Ma vie n'eût peut-être pas été ce qu'elle fut sans cette toile (p. 42).
>
> Quelque chose se passait en moi qui ne s'abolirait jamais [...] (p. 53).
>
> Ainsi me fut donné le sentiment de l'immense aventure de l'âme sur cette terre (p. 65).

À cet inventaire des sources (l'effet se mirant dans sa cause, et y puisant non point le sentiment de la contingence, mais celui de la nécessité et de la permanence) correspond, sur le plan affectif, le registre du *encore aujourd'hui* (le souvenir si intense qu'il fait renaître la sensation et l'émotion) :

> Je crois l'entendre encore (p. 14).
>
> Ce décor modeste et banal, je le revois plus distinctement que bien d'autres pièces où j'ai vécu (p. 18).

1. Les références renvoient à *Jeunes années, Autobiographie 1*, Le Seuil, Points, 1984.

> À l'heure où j'écris ces lignes, je me souviens de l'inexprimable horreur que me causait la noire présence à peine devinée (p. 20).
>
> Puis-je jamais l'oublier ? (p. 27).
>
> Quand j'y pense, je m'y trouve, j'y suis, j'ai de nouveau six ans et je cours entre les meubles [...] (p. 36).

C'est là le registre fondamental de presque tous les récits autobiographiques, même de ceux qui, comme celui de Sartre, se présentent comme une critique du mythe de l'enfance.

À mi-chemin entre l'identification et la distanciation, l'humour, qui peut prendre différentes formes, mais assume, quand c'est l'enfant qui en est la « victime », une fonction en réalité protectrice : à la faveur du rire, ou du sourire, le narrateur amène son lecteur à la sympathie pour l'enfant qu'il fut : il fait la moitié du chemin vers le lecteur (assumant la distanciation que celui-ci établirait inévitablement) pour qu'en sens inverse, le lecteur fasse la moitié du chemin vers l'enfant et accepte l'identification.

La *distanciation* peut s'inscrire sur le plan intellectuel : difficulté de comprendre qui l'on fut, de se reconnaître dans son passé (ainsi, quand Green s'interroge sur la manière dont il pouvait garder séparés dans son esprit zèle religieux et « péchés ») ; sur le plan affectif, elle peut prendre deux formes opposées : la *nostalgie*, ou la *répudiation*. La nostalgie, c'est le regret d'une distance qu'on est obligé de constater :

> Mon Dieu, revenir à la source, boire de l'eau fraîche, revivre les jours où l'on n'avait jamais vraiment péché... (p. 88).

Au *jamais plus* douloureux (monde d'avant la chute, paradis terrestre de l'enfance, présent dans tant de récits) s'oppose la répudiation : celle-ci augmente la distance en recourant, s'il le faut, à l'insulte :

> À parler simplement, je ne suis pas très fier de la figure que je faisais alors et qui était celle d'un pieux nigaud (p. 238).

Telles sont, sur un plan assez élémentaire, les « figures » de base du récit autobiographique. Ce jeu sur la distance (abolie ou mesurée) entre le narrateur et le héros est surtout visible dans le récit d'enfance où la différence d'âge rend la chose naturelle : quand le héros atteint l'âge d'homme (situation que beaucoup d'autobiographes redoutent, s'arrêtant une fois l'adolescence achevée), le ton est plus difficile à trouver.

2.2. *Relation du narrateur avec lui-même*

Une seconde distance est mise en scène : celle du narrateur se regardant composer son récit et anticipant sur le regard critique du lecteur (« On me dira que... », p. 20). Si Julien Green choisit de commencer son récit *in medias res,* c'est pour se donner les allures du naturel, en évitant la rhétorique de l'autobiographie. Il s'agit bien sûr d'une illusion : au moment même où il prétend rompre avec le récit traditionnel (« On dira tout uniment ce qui passe par la tête, au gré du souvenir », p. 13), il commence un récit dont la structure est parfaitement traditionnelle ; et le pacte autobiographique, au lieu d'être exposé en bloc au début, va resurgir naturellement à toutes les articulations importantes du récit. La méditation de Green sur l'autobiographie, sans recouvrir l'ensemble des thèmes habituels, en donne un bon échantillonnage.

▲ L'autobiographie comporte d'abord une très empirique *phénoménologie de la mémoire*. Le narrateur redécouvre son passé, mais à travers le fonctionnement imprévisible de la mémoire, dont il se plaît à noter les jeux : non seulement l'évidence des souvenirs qui persistent (cf. plus haut le « encore aujourd'hui »), mais le caractère mystérieux de la résurgence d'un souvenir après des années d'oubli (p. 18), la difficulté de ressaisir le passé (« Je me fais quelquefois l'effet d'un aveugle qui veut se ressouvenir de la lumière », p. 52), et surtout le caractère fragmentaire, lacunaire de la mémoire. L'oubli est perçu soit comme une occultation du sens de la vie :

> Cette heure m'est restée dans la mémoire, mais combien d'autres m'ont fui qui me permettraient de lire le rébus de ma vie ! C'est après un fantôme que je cours (p. 233).

soit, en sens inverse, comme révélation de ce sens :

> Si je pouvais revoir et bien observer l'enfant que j'étais à huit ans, je comprendrais mieux l'homme que je suis devenu, mais ce voile qui se tisse entre nous et notre passé a sans doute sa raison d'être. Nous nous souviendrions de tout, que certains moments d'une qualité plus rare perdraient leur signification en disparaissant dans l'ensemble. L'oubli est un choix qui ne laisse subsister que l'essentiel (p. 63).

▲ Plus que l'oubli, ce sont la surabondance et le désordre des souvenirs qui frappent l'autobiographe ; souvent, cette exploration empirique et élémentaire de la mémoire l'amène à s'interroger sur les rapports de la *mémoire* et du *récit*. La mémoire n'est pas structurée comme une histoire, elle a une richesse et une complexité qu'un récit linéaire ne peut que trahir (c'est d'une idée analogue qu'était parti Michel Leiris pour changer la technique du récit, en construisant son texte sur des constellations d'images, des récits de rêve ou des associations d'idées). Julien Green insiste sur cette complexité et sur ce désordre à plusieurs reprises (pp. 13, 23, 67, 77, 90) ; il en tire d'abord l'idée qu'il devrait écrire « au hasard » :

> N'importe quoi...
> Écrire n'importe quoi est peut-être le meilleur moyen d'aborder les

> sujets qui comptent, d'aller au plus profond par le chemin le plus court. On dira tout uniment ce qui passe par la tête, au gré du souvenir. La mémoire nous livre tout en désordre, à tout moment du jour. On imitera ce désordre. Il n'y aura pas d'itinéraire précis dans l'exploration de notre passé [...] (p. 13).

Il veut dire qu'il n'y aura pas de chronologie stricte, qu'il ne se comportera pas comme un historien ou un biographe (ce qu'il appelle avec mépris « tomber dans l'autobiographie pure et simple », p. 77, entendant, par autobiographie, la chronique) ; et qu'il ne se comportera pas non plus en romancier, introduisant des cohérences factices (opposition de la vie et du roman, p. 212). Pourtant, le récit de Green suit strictement l'ordre chronologique, et on le voit perpétuellement soucieux de cohérence. Il y a un itinéraire, une structure : celle-ci n'est pas d'ordre chronologique, mais logique. Ce que poursuit l'autobiographie, c'est le *sens* de la vie. La mémoire est un labyrinthe où l'on cherche le fil d'Ariane :

> Je voudrais retrouver le fil plus fin qu'un cheveu qui passe à travers ma vie, de ma naissance à ma mort, qui guide, qui lie et qui explique (p. 76).

Green, pour sa part, imagine ce sens comme « le passage de Dieu dans la vie d'un homme » (p. 41), dont on doit chercher la trace jusqu'au fond de l'homme, dans l'inconscient (p. 77). Mais on retrouve cette exigence du sens chez presque tous les autobiographes : l'écriture autobiographique est présentée non comme l'exposition d'un sens déjà connu, mais comme la *recherche* du sens. Des récits comme ceux de Brice Parain, Michel Leiris ou François Nourissier, pour prendre des cas différents, se présentent comme une recherche du sens de la vie, et même d'une règle de vie pour l'avenir.

▲ Auteur, l'autobiographe écrit pour un lecteur : il ne s'agit pas seulement de communiquer avec son passé, mais de se dévoiler à autrui. La rhétorique de l'autobiographie se développe ici dans deux directions : l'inavouable et l'ineffable.

L'inavouable : l'autobiographe doit tout dire, et en particulier ce dont on ne parle guère à autrui : la sexualité. S'exposant nu sur la place publique par souci de la vérité, il est amené à passer par-dessus sa pudeur. Ce qui fait le prix de l'aveu, c'est la réticence : il faut que celle-ci soit mise en scène. Il y a toute une rhétorique de l'aveu, qui prend des aspects différents selon qu'il s'agit de Rousseau, de Gide, de Leiris, de Green ou d'autres – mais qui présente un fond commun. Les préliminaires embarrassés disculpent en apparence le narrateur de tout exhibitionnisme, tout en attisant la curiosité du lecteur :

> N'est-il pas étrange qu'en 1960 un homme se demande s'il osera

> faire la confession d'un enfant de six ans ? Mais nous qui voudrions parler à la génération qui nous suit, nous parlons souvent comme la génération qui précède et qui nous a légué son langage, ses effrois et ses interdits (p. 41).

Ou bien :

> C'est ici, c'est maintenant qu'il me faut de la fermeté pour continuer ce récit, mais il faut se taire ou tout dire, si l'on veut se faire comprendre (p. 173).

Les aveux eux-mêmes se font dans un langage plein de circonlocutions et de litotes, qui voile les réalités autant qu'il les révèle, et leur rend cette poésie de l'interdit qu'un langage plus cru leur aurait ôtée (du moins chez Green).

L'ineffable : si l'auteur fait confiance au lecteur et lui laisse imaginer ces réalités sexuelles qu'il n'évoque qu'à mots couverts, il désespère au contraire de jamais lui faire comprendre les minutes de poésie ou de révélation : ces moments mystérieux et uniques, dont il sent la vibration en lui, sont au-delà de tout langage :

> Quels mots employer pour décrire ce qui échappe au langage ? Cette minute fut peut-être la plus importante de ma vie et je ne sais qu'en dire (p. 18).

Il est vrai que ce sentiment de l'ineffable est lié à l'expérience religieuse de l'auteur :

> De toutes façons, entre Dieu et sa créature, les rapports ne sont pas exprimables en langage humain. Tout se passe dans les régions que nous ne connaissons pas (p. 200).

Ce qui revient à décréter impossible toute autobiographie religieuse.

En prenant telle ou telle autre autobiographie, nous aurions obtenu des résultats un peu différents, mais analogues. Rares sont les autobiographes qui choisissent de s'en tenir à un pur récit, et s'abstiennent de tout discours autobiographique. Par exemple Simone de Beauvoir, dans les *Mémoires d'une jeune fille rangée*, loin d'afficher la subjectivité liée au récit autobiographique, a l'air de raconter les choses « telles qu'elles furent » : il n'y a aucun pacte autobiographique au début du livre, et les interventions *avouées* du narrateur se comptent sur les doigts de la main. Au lecteur de décider si cette feinte objectivité est inspirée par la discrétion, ou par la ruse. Mais dans les volumes suivants, S. de Beauvoir revient à une attitude plus naturelle : chaque volume est précédé d'un pacte en bonne et due forme, qui développe le traditionnel discours autobiographique.

3. Apologie de l'autobiographie

C'est donc l'autobiographe lui-même qui a créé et développé la problématique du genre : la critique joue un rôle assez secondaire. Souvent même, elle tombe dans une sorte de piège, jouant sans s'en rendre compte le rôle d'une sorte de « compère » dont on attend les objections. Les critiques ont tendance à parler du pacte autobiographique plutôt que de l'autobiographie elle-même : ils croient que l'auteur se comporte réellement comme il l'a annoncé, et que les problèmes importants sont ceux qu'il a formulés. D'autre part, discutant du pacte autobiographique, ils adoptent le plus souvent la manière de poser les problèmes qui leur est suggérée par l'autobiographe : si celui-ci prétend se connaître, on lui montre toutes les limites de cette connaissance ; s'il qualifie d'une certaine manière la « conduite » que représente l'écriture autobiographique, un fin moraliste (Valéry, Camus) perce à jour les motifs de cette conduite ; au point que l'on peut se demander si ces réactions de lecteurs-critiques nous apprennent quelque chose de *différent* de ce que disent déjà les autobiographes, s'ils se servent véritablement d'un point de vue extérieur, ou si leurs textes ne sont pas déjà écrits implicitement dans les pactes autobiographiques. En effet, ces objections psychologiques (« on ne peut pas se connaître ») renvoient le plus souvent à un niveau assez élémentaire de la problématique autobiographique : les autobiographes sont les premiers à se faire ces objections et à les dépasser. Cent ans avant le Roquentin de *La Nausée*, Marie d'Agoult avait eu cette belle formule : « La vie est invraisemblable. » Dans le préambule du manuscrit de Neuchâtel, Rousseau définit très bien ce qu'on pourrait appeler une problématique de l'authenticité. Et si l'on veut voir comment l'autobiographe peut lui-même réfuter la naïveté de son pacte autobiographique puis passer par-dessus cette réfutation, qu'on lise les préfaces-gigognes de *L'Âge d'homme* de Michel Leiris. Le pacte autobiographique se nourrit des réfutations qu'il a provoquées. Son but est de paralyser la critique en la devançant : on comprend qu'à ce jeu il ait intérêt à se montrer aussi agile qu'elle.

Aussi les pactes autobiographiques sont-ils la principale source de réflexion sur l'autobiographie : la mise au point de G. Gusdorf (« Conditions et limites de l'autobiographie », 1956, voir bibliographie) a l'avantage d'exposer pédagogiquement, de manière synthétique, des idées qui avaient été formulées dans de nombreux préambules autobiographiques. Mais si le pacte autobiographique contient des idées intéressantes, il ne faut pas oublier que ces idées font partie d'un mécanisme de défense. Nous avons essayé d'esquisser une sorte de « modèle » de ce mécanisme, sans énumérer toutes les variantes possibles, mais en dessinant la ligne générale des argumentations. Il s'agit avant tout de désarmer l'hostilité et les préventions du lecteur : chaque article du pacte autobiographique répond à des objections implicites d'un lecteur supposé (ou aux objections que l'autobiographe a élevées lui-même contre les autobiographies qu'il a lues).

On cherche d'abord à écarter l'accusation possible de vanité et d'amour-propre : il y a différentes manières de suggérer au lecteur que l'on n'écrit pas parce que cela fait plaisir de parler de soi. C'est presque à contrecœur qu'on parle, *malgré* sa vanité. On écrit par altruisme, par générosité, par sens du devoir. Il est rare qu'on proclame d'emblée qu'on écrit parce qu'on s'aime soi-même, parce qu'on y prend plaisir, ou parce qu'on est aussi bon que les autres, ou unique. En ce sens, le début des *Confessions* est un cas aberrant : Rousseau est le seul à dire tout haut ce que chacun pense tout bas. Tous les pactes autobiographiques suivants sont écrits contre la désastreuse franchise de Rousseau. Le seul plaisir que l'autobiographe avoue franchement, parce qu'il ne risque pas de choquer le lecteur, c'est le plaisir de faire revivre le passé.

Si l'on écrit, c'est donc par nécessité, par vertu : on affirme d'abord le caractère exceptionnel, privilégié de la situation d'intériorité pour la connaissance de l'homme. Argument scientifique : on va verser au dossier de l'étude du cœur humain une pièce unique et irremplaçable : on lègue son crâne à l'humanité (Benda). Argument humain : il s'agit de faire profiter les autres de son expérience, d'« instruire » (modèle : le père léguant sa sagesse à ses enfants). Argument moral : on va redonner aux rapports sociaux une transparence qu'ils ont perdue. L'autobiographe prend le masque du savant, du pédagogue ou de l'apôtre. Ce n'est pas une comédie. Ces attitudes traduisent le besoin de retrouver une forme de l'universel, et impliquent, par la concession qui est faite au lecteur, le besoin que l'on a du regard d'autrui pour exister. Aussi est-il rare que l'on prétende être un « cas exceptionnel ». Si l'on met à part Rousseau, la plupart des autobiographes insistent sur le fait qu'ils sont « comme tout le monde » : ils sont intéressants parce que représentatifs d'un groupe, d'une classe sociale, d'une génération ou d'un type de caractère.

Une fois la part faite à l'altruisme, l'autobiographe peut, de surcroît, trouver quelques motifs personnels à son envie d'écrire : le désir d'éternité qui est au fond de chacun, mais que seuls peuvent avouer quelques hommes célèbres : en dénonçant la légende qui court déjà sur eux, ils ont un prétexte pour rétablir aux yeux de tous la vérité de leur être. Surtout, on se demande *qui* l'on est. On écrit pour se transmettre, certes, mais aussi pour se trouver. Cela s'avoue moins souvent, quoique cela ne risque guère de blesser le lecteur. Trouver le sens secret de sa vie passée, dégager une règle de vie pour l'avenir : faire le point.

Voilà le « pourquoi » de ce projet de sincérité. Mais comment le réaliser ? Est-ce souhaitable ? Est-ce possible ?

Souhaitable ? On se heurte aussitôt à deux problèmes. Faut-il franchir ou respecter le tabou sexuel ? Sa transgression est-elle une libération, une provocation ou une basse flatterie ? Au XIXᵉ siècle, ce n'est qu'un cri contre l'impudeur de Rousseau : le pacte autobiographique est un pacte de bonne tenue entre gens bien élevés. Au XXᵉ siècle, les avis sont partagés. D'autre part a-t-on le droit, en se confessant, de compromettre ses proches ? Non. D'où des réticences et des omissions annoncées, même chez ceux qui, comme Michel Leiris, tendent à la plus grande sincérité. À cela se rattache le problème des noms propres changés par discrétion, ou des délais mis à la publication de l'œuvre.

Possible ? Ici, les objections fourmillent, prises en charge puis réfutées par un certain nombre de pactes autobiographiques. Et les réponses apportées sont beaucoup plus convaincantes que celles apportées aux questions précédentes, parce qu'il ne s'agit plus d'un cérémonial organisé à l'intention du futur lecteur, mais de problèmes réellement vécus au fur et à mesure que le texte s'écrivait. On peut distinguer trois types d'objections : il n'est pas possible de *connaître* sa propre histoire (objection psychologique) ; l'autobiographe a intérêt à arranger et à mentir (suspicion morale) ; il n'est pas possible de *raconter* une vie (inadéquation des techniques narratives à leur objet). Nous traiterons des deux premières objections ensemble.

▲ Peut-on *connaître* sa vie ? L'autobiographe donne souvent comme justification à sa tentative le fait qu'il est mieux placé que quiconque pour savoir qui il est et ce qui lui est arrivé. Présenté ainsi, le projet autobiographique suscite de multiples réserves. Le lecteur a beau jeu de comparer cette exorbitante prétention de connaissance avec les textes écrits par les autobiographes, leurs lacunes, leurs imperfections, éventuellement leurs mensonges. L'objection peut se formuler à deux niveaux : au niveau du bon sens, comme le fait André Maurois, ou au niveau d'une critique motivée de l'imposture que serait l'introspection (cf. les critiques inspirées par la psychanalyse). A. Maurois, dans *Aspects de la biographie,* a essayé de dresser un catalogue des « péchés capitaux » de l'autobiographie, des raisons pour lesquelles elle est fatalement inexacte ou mensongère : l'oubli naturel, l'omission volontaire pour raison esthétique, les différentes formes de censure, l'illusion rétrospective et la rationalisation *a posteriori*, la discrétion que l'on observe sur ses proches. Il résume clairement tout ce qu'il est vraisemblable de penser sur ce problème. Mais sa critique du projet autobiographique peut paraître aussi naïve que le projet : elle implique en effet, comme lui, que l'histoire de l'individu est un objet à connaître, objet constitué, indépendant de l'effort qui est fait pour le connaître, et dont il y aurait une science possible (la biographie). Une réflexion un peu plus poussée montre qu'il s'agit là d'une perspective illusoire : le *désir* de vérité, de sincérité, d'exactitude historique est essentiel à l'activité de l'autobiographe, mais lui-même est le premier à avoir conscience des limites de sa tentative sur le plan de l'exactitude historique. S'il prend si aisément son parti de ces limites, c'est qu'il sait plus ou moins consciemment que la vérité qu'il cherche n'est pas du même ordre que celle de l'historien. Écrire son histoire, c'est essayer de se construire, bien plus qu'essayer de se connaître. Il ne s'agit pas de dévoiler une vérité historique, mais de révéler une vérité intérieure : on recherche le *sens* et l'*unité*, bien plus que le document et l'exhaustivité. Dans cette perspective, les critiques d'André Maurois perdent leur sens : à la problématique stérile de la sincérité, il faut substituer celle de l'authenticité : il ne s'agit pas d'*avoir* la vérité, mais de l'*être*.

L'autobiographie montre dans toute sa vérité le travail que fait toute personnalité pour se construire, la manière dont tout être vit son histoire et la transforme en mythe.

Toute la problématique de l'autobiographie est comprise dans le renversement que nous venons d'esquisser : de la mythologie naïve de l'historicisme et de la sincérité, à l'idée de la peinture authentique d'une tentative d'ordre mythologique. Il s'agit d'une tension que l'on sent présente chez beaucoup d'autobiographes entre le désir « historicisant » (exactitude et sincérité) et le désir « structurant » (recherche de l'unité et du sens, élaboration du mythe personnel). Souvent les pactes autobiographiques posent clairement le problème : à la différence des mythomanes naïfs que nous sommes spontanément dans la vie quotidienne quand nous pensons à nous, les autobiographes essaient de prendre conscience de leur mythe et de lui donner le maximum de réalité. Ce n'est pas un hasard si le titre que Goethe a donné à son autobiographie (*Poésie et vérité*) a fasciné un certain nombre d'autobiographes (par exemple Marie d'Agoult, Renan).

Les autobiographes, d'autre part, ont réponse aux accusations d'aveuglement et de mauvaise foi : ils arguent de leur sincérité, mais ne prétendent pas à l'omniscience ; ils savent comme le cœur humain est complexe. Du moins auront-ils honnêtement fourni toutes les pièces du dossier dont ils disposaient : au lecteur d'achever l'acte de connaissance et de voir clair en eux. C'est ce que propose Rousseau à la fin du livre IV des *Confessions* : il laisse au lecteur le soin de conclure. Cette idée que l'autobiographe fait preuve non d'une objectivité absolue, mais de ce qu'on pourrait appeler une « objectivité subjective », a été reprise par des gens aussi différents que Chateaubriand et Simone de Beauvoir. Elle désarme même à l'avance les critiques de la psychanalyse, puisqu'elle laisse modestement à une instance extérieure le soin d'achever l'acte de connaissance.

▲ Est-il possible de *raconter* sa vie ? L'autobiographe a souvent l'impression qu'aucun des langages dont il dispose ne peut traduire dans sa complexité ce que lui livre sa mémoire ; Rousseau est le premier à s'apercevoir qu'il faudrait un « langage nouveau », et inaugure une critique des techniques du récit au nom du réalisme subjectif. C'est une réflexion sur ces problèmes que l'on trouvera aussi chez E. Quinet et chez S. de

Beauvoir – il est vrai en deux sens diamétralement opposés : Quinet condamne les récits autobiographiques « romancés » (il parle de Rousseau, mais on pense aux récits de G. Sand, d'A. Dumas), dont la complexité mensongère trahit l'épure livrée par la mémoire ; en sens inverse S. de Beauvoir regrette que l'inévitable linéarité du récit appauvrisse et simplifie la complexité du vécu. Il est vrai que Quinet pensait surtout à l'enfance, et S. de Beauvoir à des périodes plus proches de la vie adulte.

4. L'autobiographie en procès

Nous avons évoqué dans notre avant-propos les réticences de l'opinion publique en face de l'autobiographie : on lit les textes avec ardeur, quitte à mépriser ensuite le genre. Nous n'entendons point ici tracer l'histoire de cette « lecture » : précisons seulement que le rôle traumatisant que Rousseau a joué pendant plus d'un siècle pour beaucoup de lecteurs, il semble que Gide l'ait joué à son tour de 1920 à 1960, en particulier pour les lecteurs catholiques[1]. Le procès de l'autobiographie est ouvert. Encore faut-il distinguer deux types d'accusation différents : fondé uniquement sur une réaction de pudeur chez un Mauriac, ce procès prend des formes plus intéressantes chez une série d'écrivains qui refusent en même temps la conception de l'homme et la conception de la littérature que l'autobiographie implique.

Les *Mémoires intérieurs*[2] de François Mauriac (1959) montrent un homme passionné par l'autobiographie : il lit avec plaisir celle des autres, il est tenté lui-même d'écrire la sienne, mais il y renonce à cause du port obligatoire de « lunettes » freudiennes :

> Depuis un demi-siècle, Freud, quoi que nous pensions de lui, nous oblige à tout voir, et d'abord nous-même, à travers des lunettes que nous ne quittons plus (p. 369).

L'auteur de l'autobiographie serait donc condamné à exhiber son histoire sexuelle. Mauriac refuse : « Je ne dirai donc rien » (p. 370). Les *Mémoires intérieurs* ne sont donc pas une autobiographie ; mais un livre *sur* l'autobiographie. À défaut de parler de sa propre sexualité, Mauriac n'en finit plus de parler de celle de Gide. Gide a eu tort de s'abandonner à la convoitise : « Combien, parmi les cœurs purs, ont jugulé en eux la tendance que Gide, non content d'excuser, approuve et glorifie ! » (p. 513) ; quant à « l'exhibition », Mauriac nourrit à son égard des sentiments très

1. Cf. pour cette attitude de réprobation mêlée à la fascination, en plus des textes de Mauriac ou Claudel, Charles DU BOS, *Le Dialogue avec André Gide*, Corrêa, 1947.
2. Les *Mémoires intérieurs* ont été recueillis dans les *Œuvres autobiographiques*, Gallimard, Pléiade, 1990 : c'est à cette édition que renvoient les références des citations.

mélangés, la voyant tantôt comme un acte pervers, tantôt comme un acte de courage. L'aveu gidien remplit Mauriac soit d'un « intérêt pénétré d'angoisse » (p. 513), soit d'une impatience qui lui fait souhaiter qu'un critique s'écrie « suffit pour la sexualité de Gide ! » (p. 544), alors que lui-même revient pour la sixième fois sur le sujet… Il nous est impossible de voir dans un texte de ce genre une critique de l'autobiographie : celle-ci est réduite à un point qui est loin de constituer l'essentiel du genre (l'aveu sexuel) ; et, sur ce point, Mauriac n'est guère critique : il est choqué et fasciné. Il joue parfaitement le rôle du lecteur à la fois scandalisé et troublé que l'autobiographe lui a suggéré en assumant la fonction d'une « opposition constitutionnelle », critique, mais finalement complice.

Beaucoup plus distante et vigoureuse paraît la critique d'un Claudel, qui, dans ses entretiens avec J. Amrouche recueillis sous le titre de *Mémoires improvisés*[1], pensait bien évidemment à faire le contraire de Gide. À la différence de celles de Mauriac, ses critiques sont tranchées, sans arrière-pensée, et portent sur des problèmes importants. Il stigmatise l'exhibitionnisme (pp. 214-215), mais, surtout, l'introspection et la « rétrospection » (p. 198 et p. 219) : « Le meilleur moyen de ne pas se voir est de se regarder » (p. 218). Cette critique de l'autobiographie implique une conception de la personnalité : ce qu'il y a en arrière, ou au fond de nous, justement, c'est… rien et nous ne nous définissons que par la manière dont nous nous projetons en avant, dans le spectacle du monde ou dans l'action, vers l'extérieur. L'entreprise autobiographique est donc vouée à l'échec, puisqu'elle s'obstine à nier le mouvement vital, la projection, ce qu'on pourrait appeler, en termes non claudéliens, l'intentionnalité. Claudel distingue deux catégories d'hommes : ceux de la banquette arrière, qui, comme dans un wagon, regardent le passé qui s'éloigne ; ceux de la banquette avant qui regardent le futur qui arrive (p. 96). Dans cette critique de l'introspection, Claudel rejoint des gens aussi différents que Valéry, Sartre ou Malraux.

La critique la plus acharnée qui ait été faite de l'autobiographie est sans doute celle de Valéry. Valéry est une sorte de « défroqué » de l'autobiographie, et l'on connaît la sévérité des anciens pratiquants, qui savent les endroits les plus vulnérables, et frappent sans pitié. On sait (parce que Valéry l'a raconté lui-même plusieurs fois) que toute sa vie est fondée sur une crise spirituelle qui a abouti à une sorte de « coup d'État » intérieur, la « nuit de Gênes ». Une personnalité qui se définit contre son passé n'a guère intérêt à pratiquer l'autobiographie, du moins l'autobiographie traditionnelle. Car on voit bien, à lire Valéry, qu'il est hanté par l'idée d'écrire une histoire de sa véritable naissance, de la manière

1. Publiés chez Gallimard en 1954, les *Mémoires improvisés* ont été réédités en 1969 dans la collection de poche « Idées ». C'est à la première édition que renvoient nos références.

dont il s'est créé intellectuellement : une sorte de *Discours de la méthode*... Les différents propos rassemblés après sa mort[1] constituent à la fois une critique de l'autobiographie traditionnelle et l'esquisse, les matériaux d'une autobiographie intellectuelle.

Valéry reproche à l'autobiographie ordinaire deux choses : d'être une illusion sur le plan de la connaissance, et d'être un phénomène de prostitution sur le plan de la communication. Le caractère illusoire de la quête autobiographique se trouve résumé dans les deux maximes suivantes, qui renversent de manière amusante les deux « postulats » de l'autobiographie :

> Les hommes se distinguent par ce qu'ils montrent et se ressemblent par ce qu'ils cachent.
>
> Les véritables secrets d'un être lui sont plus secrets qu'ils ne le sont à autrui[2].

Ce qui revient à nier à la fois l'intérêt et la possibilité de la connaissance de soi. Quant à la sincérité, c'est une comédie (cf. plus bas dans l'anthologie, son analyse de la sincérité de Stendhal). Surtout, Valéry voit dans l'autobiographie un exemple particulièrement pur de la distorsion qu'a subie le langage littéraire depuis la fin du XVIIIe siècle : la littérature étant conçue comme une « communion » d'âme, une sorte d'accouplement de l'auteur et du lecteur, le texte s'abolissant, servant d'entremetteur dans un commerce impur : cette situation, implicite dans la littérature de fiction, devient explicite dans l'autobiographie, qui la revendique. C'est contre cette déplorable circulation que Valéry a essayé de dresser l'écran du texte, dans sa poétique[3].

Le dernier grand réquisitoire dressé contre l'autobiographie reprend la plupart de ces thèmes : c'est le chapitre initial des *Antimémoires* d'André Malraux (1967). Selon Malraux, l'histoire individuelle ne peut apporter que des réponses dérisoires à l'inévitable interrogation sur le sens de la vie :

> En face de cette question, que m'importe ce qui n'importe qu'à moi ? Presque tous les écrivains que je connais aiment leur enfance, je déteste la mienne. J'ai peu et mal appris à me créer moi-même, si se créer, c'est s'accommoder de cette auberge sans routes qui s'appelle la vie. J'ai su quelquefois agir, mais l'intérêt de l'action, sauf quand

1. André BERNE-JOFFROY, *Présence de Valéry*, précédé de *Propos me concernant* par Paul Valéry, Plon, 1944. Les *Propos me concernant* sont reproduits dans le tome II des *Œuvres*, Gallimard, Bibliothèque de la Pléiade, 1960, pp. 1505-1536.
2. Paul VALÉRY, *Œuvres*, Gallimard, Bibliothèque de la Pléiade, 1957-1960, tome I, p. 346 et tome II, p. 493.
3. Voir sur ce point Jean HYTIER, *La Poétique de Valéry*, Armand Colin, 1970, chapitre VIII : « La théorie des Effets. »

> elle s'élève à l'histoire, est dans ce qu'on fait et non dans ce qu'on dit. Je ne m'intéresse guère (p. 10).

Dans tous les cas que nous venons de citer, il semble que le refus de l'autobiographie s'explique malgré tout par des raisons d'ordre biographique, même quand l'argumentation dépasse le niveau sentimental et esquisse une réflexion sur ce qu'est une personnalité. La faiblesse des réfutations « moralistes » de l'autobiographie vient de ce qu'elles semblent elles-mêmes réfutables par des méthodes analogues. À la violence des réfutations que suscite l'autobiographie, on peut mesurer le trouble qu'elle cause : beaucoup de ces réfutations sont à juger comme des « conduites », exactement comme les pactes autobiographiques. Entre l'autobiographe et ses détracteurs, c'est donc un procès sans fin qui se déroule, propre à donner le vertige, parce que les deux adversaires sont sur le même plan et peuvent indéfiniment s'emprunter leurs armes : que l'on voie comme Leiris a intégré le procès de l'autobiographie dans l'autobiographie elle-même (*De la littérature considérée comme une tauromachie*) ; et dans le camp adverse, le démontage machiavélique que fait Camus de l'aveu (*La Chute*).

Pour sortir de ce cercle, il faut sortir de la littérature : il est nécessaire d'avoir recours à la psychanalyse. Mais dès lors, il ne s'agira plus de faire le « procès » de l'autobiographie, mais tout simplement d'en faire l'étude.

5. La psychanalyse devant l'autobiographie

À première vue, on pourrait penser que la psychanalyse est venue justifier le projet autobiographique, en donnant une sorte de fondement théorique aux recherches jusque-là empiriques des autobiographes. Elle apporterait confirmation aux postulats suivants : que la personnalité s'explique par son histoire et que la partie la plus importante de cette histoire est l'enfance. Elle mettrait à la disposition des futurs autobiographes des méthodes plus efficaces. La réalité est très différente. Sur le plan théorique, la psychanalyse permet non seulement d'expliquer l'histoire de la personnalité, que cherche à cerner l'autobiographe, mais elle considère le projet et l'acte autobiographiques comme des éléments de cette histoire et les englobe dans son explication. Sur le plan pratique, la psychanalyse propose une technique très différente de la technique autobiographique, et cela parce qu'elle a une autre finalité. Il y a opposition complète ; ou plutôt, l'emploi du mot opposition suggérant qu'il s'agit d'activités rivales, il y a divergence complète entre deux pratiques qui ne sont pas sur le même plan.

Sur ce point, l'histoire même de la découverte de la psychanalyse est exemplaire. On sait comment Freud a été amené, dans les années 1895-1900, à mettre au point la méthode psychanalytique, en essayant sur lui-même ce qu'il découvrait en traitant ses patients, dans un va-et-vient incessant entre l'analyse des patients et l'auto-analyse. De cette expérience, il tira, sur le plan personnel, un bénéfice thérapeutique (un meilleur équilibre), et sur le plan scientifique une méthode exposée dans *La Science des rêves* (1900). Mais à aucun moment Freud n'envisagea d'écrire une « autobiographie » fondée sur les résultats de cette auto-analyse, bien au contraire. Non seulement sur le plan théorique il nia la possibilité d'utiliser l'auto-analyse comme thérapeutique, mais quand on lui demanda d'écrire son autobiographie (*Ma Vie et la psychanalyse*, 1925), il se borna à faire un récit technique de sa carrière et de ses découvertes, en omettant non seulement les résultats de son auto-analyse, mais même son existence. Il s'est expliqué sur les raisons de sa discrétion dans une lettre à André Breton que l'on trouvera à la fin des *Vases communicants*[1].

Cette discrétion est significative des divergences qui existent entre la pratique psychanalytique et l'écriture autobiographique. Nous pouvons décrire ces divergences en reprenant certaines des critiques que les psychanalystes adressent souvent à l'auto-analyse : encore faut-il bien voir qu'auto-analyse et autobiographie ne sont pas la même chose (cf. dans l'anthologie, la définition de l'auto-analyse). Comme la psychanalyse, l'auto-analyse est en principe un processus thérapeutique : même si le patient se sert de l'écriture pour noter ses rêves et ses associations, il n'a pas l'intention d'écrire ce texte pour le publier. Des quatre distinctions qui vont suivre, seule la première oppose l'autobiographie et l'auto-analyse, à la psychanalyse. Dans les trois autres cas, l'autobiographie s'oppose en même temps à l'auto-analyse et à la psychanalyse.

▲ La cure psychanalytique est fondée sur la relation interpersonnelle du patient et de l'analyste (le transfert) ; bien évidemment, cet élément manque dans l'écriture autobiographique, comme dans l'auto-analyse, où le sujet est seul avec lui-même, et se trouve fatalement en situation narcissique, sans moyen (ni désir) de franchir ses propres résistances. Dans ces conditions tout emploi de techniques empruntées à l'analyse reste inopérant. L'emploi de l'écriture (à la place du langage parlé), la solitude (à la place du transfert) – ces éléments communs à l'auto-analyse et à l'autobiographie expliquent qu'il y ait forte tentation pour l'auto-analyste de glisser à des formes de littérature intime qui n'ont plus qu'un rapport lointain avec l'analyse...

▲ Le but de la cure psychanalytique est de dissocier l'image que le sujet se fait de lui-même pour lui faire reprendre conscience des événements qui sont à l'origine de sa névrose, et pour le mettre en mesure de redé-

1. André Breton, *Les Vases communicants*, Gallimard, collection « Idées », 1970, pp. 175-176.

finir son équilibre : c'est donc une activité uniquement dissociatrice, une sorte de vivisection. Freud a souligné que la psychanalyse n'avait pas à se soucier d'aider le patient à *re*construire sa personnalité, que cela se faisait tout seul :

> Aussi chez le sujet en traitement analytique, la psychosynthèse s'accomplit sans notre intervention, automatiquement et inévitablement[1].

On voit que le travail de l'autobiographie est en réalité de l'ordre de cette *psychosynthèse* naturelle. Nous avons mis plus haut l'accent sur l'exigence du sens, de la cohérence, sur la création du mythe personnel. Même lorsque l'autobiographe manifeste des préoccupations analytiques, la synthèse l'emporte de beaucoup sur l'analyse. Écrivant sa vie, le psychanalyste C.G. Jung avertit son lecteur que « ce qu'on est selon son intuition intérieure [...] on ne peut l'exprimer qu'au moyen d'un mythe », et que, donc, il va raconter le « mythe » de sa vie[2].

▲ Les *moyens* employés pour explorer l'histoire personnelle ne sont pas les mêmes dans la psychanalyse et dans l'autobiographie. La psychanalyse procède en demandant au patient de se laisser aller à la libre association, à partir de récits de rêves, de conduites ou de fantasmes, ou même de façon spontanée : il s'agit d'éliminer la sélection volontaire des pensées pour mettre en évidence un ordre de l'inconscient. C'est aussi ce qu'essaie de faire celui qui pratique l'auto-analyse. Rien de tel dans l'autobiographie : même si l'autobiographe « se laisse aller » à ses souvenirs, c'est pour les récupérer et les structurer dans un *récit* très consciemment dirigé. L'écriture a pour fonction de fixer, de donner solidité et cohérence à des éléments que l'analyse s'appliquerait au contraire à dissoudre. L'exemple le plus spectaculaire de cette opposition de méthode est le problème du souvenir-écran : l'autobiographe croit avoir tout fait quand il a fait le récit de cette scène à la fois obsédante et apparemment gratuite : c'est là où il s'arrête que commencerait le travail d'analyse.

▲ La cure analytique a pour résultat une modification (plus ou moins bénéfique) de l'équilibre du patient ; l'autobiographie a pour résultat, objectivement, un *texte* ; il est vrai que la composition, puis la publication de ce texte, peuvent avoir des effets sur l'équilibre de leur auteur : mais il semble le plus souvent que ces effets consistent non point à modifier l'équilibre de l'auteur, mais à lui rendre momentanément supportable son équilibre actuel. (Voir, sur ce problème, le texte de B. Pingaud dans notre anthologie.)

On ne saurait mieux résumer ces divergences qu'en opposant ce que nous avons appelé le « pacte autobiographique », qui lie un individu à

1. Cité par J. Laplanche et J.-B. Pontalis dans le *Vocabulaire de la psychanalyse*, p. 352.
2. C.G. Jung, *Ma vie, souvenirs, rêves et pensées*, Gallimard, 1962, p. 19.

la masse énorme du public, dans un échange où le narcissisme et l'exhibitionnisme ont leur part, – et ce que les psychanalystes appellent la « règle fondamentale » de l'analyse, pacte qui lie le patient au médecin, dans le secret du cabinet, le patient s'engageant non pas à finir par tout « avouer », mais simplement à commencer par tout dire.

Du point de vue de la psychanalyse, l'autobiographie apparaît donc plutôt comme une tentative de construction de la personnalité que comme une tentative de connaissance. Elle fournit une quantité de matériaux à l'analyse : d'abord par la conduite dont elle donne l'image, ensuite par les souvenirs et récits qu'elle offre, sans le savoir, à l'interprétation. Si la psychanalyse fournit des « instruments », des méthodes à quelqu'un, c'est donc moins à l'auteur qu'au *lecteur* de l'autobiographie. Freud lui-même a donné l'exemple en analysant des souvenirs-écrans de Léonard de Vinci et de Goethe ; et même en étudiant un « cas » spécialement intéressant d'après une autobiographie écrite et publiée par un malade[1]. La critique littéraire trouve donc dans l'autobiographie un type de texte où l'interprétation psychanalytique se justifie particulièrement ; c'est dans cette direction que s'oriente la critique sur Rousseau depuis une dizaine d'années[2]. En plus des découvertes qu'elle peut faire, la critique y gagne d'échapper au cercle vicieux de l'attitude moraliste.

6. L'autobiographie devant la psychanalyse

Peut-on raconter sa vie, après Freud, de la même manière qu'avant ? L'autobiographie prétendait servir la connaissance de l'homme, de son intimité, de ses profondeurs : si cela avait été vraiment sa fonction, n'aurait-elle pas dû disparaître, laisser sa place à la psychanalyse ? Réfléchissant sur l'autobiographie, A. Malraux trouve dérisoires les aveux et les analyses des autobiographes en face des gouffre et des mécanismes dévoilés par Freud[3]. La psychanalyse rendrait ainsi caducs l'autobiographie et le roman « psychologique ». Mais depuis 1920, il ne semble pas que l'on ait écrit moins d'autobiographies qu'avant : surtout, il ne semble pas qu'on les ait écrites d'une autre manière qu'avant.

C'est au lendemain de la première guerre mondiale que la psychanalyse a été vraiment connue en France : connue ne veut pas dire comprise,

1. Analyse du cas du président Schreber, qui publia en 1903 les *Denkwürdigkeiten eines Nervenkranken (Mémoires d'un névropathe)*; voir S. FREUD, *Cinq Psychanalyses*, PUF, 1954.
2. L'édition des *Confessions et autres textes autobiographiques* de Rousseau, par B. GAGNEBIN et M. RAYMOND dans la Bibliothèque de la Pléiade (1959), met l'accent sur les aspects « psychanalysables » du texte ; cf. aussi les travaux de J. Starobinski, en particulier son étude sur un passage des *Confessions* dans *La Relation critique*, Gallimard, 1971.
3. André MALRAUX, *Antimémoires* (1967), Folio, 1996, pp. 13-14.

ni acceptée. Les années 1920 ont vu se développer dans les milieux intellectuels un large débat pour et surtout contre la psychanalyse. L'histoire de cet accueil de la psychanalyse en France et du retentissement qu'elle a eu dans le domaine de la création littéraire reste à écrire : on en aura pourtant une idée en opposant l'intérêt qu'ont manifesté André Breton et les surréalistes ou un poète comme Pierre-Jean Jouve [1], au refus sommaire et simpliste d'un Jean Prévost[2]. Mal connue, choquante, il était assez naturel que la psychanalyse fût refusée, surtout par des hommes arrivés dans leur maturité, pour qui elle était une intruse, tard venue dans leur univers intellectuel. C'est ce que l'on constate chez la plupart des autobiographes nés dans les années 1870-1880. En Angleterre, par exemple, des hommes aussi différents que H.G. Wells (1866-1946), Bertrand Russel (1872-1970) ou John Cowper Powys (1872-1963), ont la même attitude : par réaction contre l'hypocrisie victorienne, ils sont d'une grande franchise sur leur vie sexuelle ; mais ils sont tous réticents vis-à-vis de la psychanalyse, dont ils perçoivent les théories comme abusivement réductrices et ne pouvant pas s'appliquer à leur cas particulier. On trouve en France la même réticence chez André Gide ou chez Romain Rolland. La résistance de Gide en face de cet « imbécile de génie » que serait Freud, s'exprime dans *Les Faux-Monnayeurs*, où Gide fait une peinture nuancée, mais finalement critique de la méthode psychanalytique pratiquée par la doctoresse Sophroniska[3]. En 1924, le refus de Romain Rolland est plus catégorique. Les analyses freudiennes de la sexualité infantile lui semblent aberrantes, monstrueuses, et tout à fait contraires à ses souvenirs personnels : « Mais je le déclare avec une tranquille certitude : ce noir continent qu'il décrit n'est pas le mien. Je suis d'une autre race. » Ou bien : « Qu'on me laisse la paix avec le mythe d'Œdipe et celui d'Électra[4] ! » Dans ces deux cas, la résistance montre que l'auteur craint que la psychanalyse ne remette en question l'ensemble du projet autobiographique. Même chez les autobiographes qui sont favorables à la psychanalyse, comme H. Lenormand, ou professionnellement avertis de ses méthodes, comme Ch. Baudouin, le récit n'est guère affecté par la psychanalyse, qui reste une chose dont on parle, plutôt qu'une nouvelle manière de parler des choses. Le récit d'enfance (autobiogra-

1. Sur André Breton et la psychanalyse, voir D. ANZIEU, *op. cit.*, pp. 176-189 ; sur Jouve, voir ses propres souvenirs, *En miroir, journal sans dates*, Mercure de France, 1954. Pour l'influence de Freud sur la création littéraire, voir Jean DE LASSUS, « L'inquiétude freudienne dans le roman et le drame français contemporains », *La Grande Revue*, janvier 1927, pp. 387-418. (1998 : l'histoire de cet accueil a été depuis écrite par Élisabeth Roudinesco. Voir Bibliographie, p. 120.)
2. Jean PRÉVOST, *Essai sur l'introspection*, Au sans pareil, 1927, pp. 52-54.
3. Sur l'attitude de Gide en face de la psychanalyse, cf. Jean DELAY, *La Jeunesse d'André Gide*, Gallimard, 1956, tome I, pp. 217-219.
4. R. ROLLAND, *Le Voyage intérieur*, Albin Michel, 1959, p. 112.

phique ?) de Ch. Baudouin, *L'Éveil de Psyché* (Rieder, 1925), malgré la place qu'il accorde au rêve, est écrit dans une perspective assez traditionnelle. Mais ce sont là des cas isolés : la plupart du temps l'ignorance de la psychanalyse fait qu'il n'y a pas de problèmes.

Pour la génération née vers 1900-1910 (auteurs qui ont publié leur autobiographie depuis 1945) et donc pour les lecteurs des années 1950-1960, et les lecteurs d'aujourd'hui, la situation est différente : la psychanalyse a été abondamment vulgarisée[1]. Mais il ne semble pas que cela ait fondamentalement changé l'autobiographie : rares sont les autobiographes qui ont de la psychanalyse une expérience réelle, ou qui la connaissent assez pour croire qu'elle menace leur discours. Pour la plupart elle reste simplement un des éléments, mal connu, de la toile de fond de notre civilisation.

6.1. *La psychanalyse comme expérience*

Deux cas peuvent se présenter : celui d'un patient qui, au cours d'une cure, se met à écrire, ou celui d'un écrivain qui se soumet à une cure. Dans le premier cas, le texte écrit par le patient, qui n'a pas forcément l'expérience de la littérature, a surtout un intérêt documentaire. Le texte peut se présenter comme une sorte de journal écrit tout au long de la cure, et reflétant sa progression (par exemple le *Journal d'un psychanalysé*, publié par P. Diel, Plon, 1964). S'il s'agit d'une auto-analyse, le texte s'organise en une série de récits de rêves suivis d'interprétations (par exemple, l'auto-analyse de Jacques Brosse, *L'Expérience du rêve*, Grasset, 1969). Dans tous les textes de cette catégorie, le récit ne cherche pas à reconstituer l'histoire de la vie dans son ordre : c'est l'histoire de l'*enquête* qui importe.

Quant au second cas (écrivain qui se soumet à une cure et en tire des conséquences pour l'écriture de son autobiographie) nous n'en connaissons qu'un seul exemple, celui de Michel Leiris. Dans *L'Âge d'homme*, M. Leiris raconte brièvement l'expérience qu'il fit de la psychanalyse, comment celle-ci le soulagea en partie de ses angoisses, et ce qu'elle lui apprit :

> Ce que j'y ai appris surtout c'est que, même à travers les manifestations à première vue les plus hétéroclites l'on se retrouve toujours identique à soi-même, qu'il y a une unité dans une vie et que tout se ramène, quoi qu'on fasse, à une petite constellation de choses qu'on tend à reproduire, sous des formes diverses, un nombre illimité de fois[2].

1. Sur les résultats de cette vulgarisation, voir Serge MOSCOVICI, *La Psychanalyse, son image, son public*, PUF, 1961. Cette étude, malheureusement, n'aborde pas le problème de l'image de la psychanalyse dans la littérature.
2. M. LEIRIS, *L'Âge d'homme*, Folio, 1973, p. 201.

Leiris cherche à prolonger le soulagement ainsi obtenu en écrivant son autobiographie à la lumière de ce que lui a appris la cure. On voit tout ce que cet ouvrage, « où se trouvent confrontés souvenirs d'enfance, récits d'événements réels, rêves et impressions effectivement éprouvées, en une sorte de collage surréaliste ou plutôt de photo-montage[1] », doit à l'expérience psychanalytique : l'importance accordée aux premiers souvenirs et à la sexualité, ce qui est courant, mais également aux rêves, ce qui l'est beaucoup moins ; mais surtout, l'effort fait pour échapper au récit linéaire, et pour dessiner les figures de la vie profonde en regroupant tous les éléments du récit en des sortes de constellations mythologiques (ici, par exemple, autour des deux images de Judith et de Lucrèce). Mais cet effort de renouvellement d'un genre usé, si passionnant sur le plan littéraire, ne doit pas nous amener à voir dans ce texte une application de la psychanalyse : c'est en effet *contre* le projet psychanalytique que des techniques inspirées de la psychanalyse sont utilisées. L'écriture de *L'Âge d'homme* a pour fonction non de résoudre les problèmes, mais de les fixer, de leur donner cohérence et beauté : l'auteur veut exercer, à l'occasion de ce qui fait son malheur, une activité qui le rende heureux. C'est une tentative d'alchimie poétique, plutôt que de chimie analytique… Dans ce livre si imprégné de psychanalyse, la psychanalyse elle-même est rejetée[2]. L'écrivain cherche en réalité à se forger un mythe qui puisse l'aider à vivre : travail, donc de « psychosynthèse » plutôt que de psychanalyse. Les volumes de *La Règle du jeu* confirment cette impression : on y voit à l'œuvre la même volonté de métamorphose mythologique, merveilleusement pénétrante quand il s'agit, comme dans *Biffures*, de ressusciter les mythologies naturelles de l'enfance et de l'adolescence en organisant le récit autour de l'apprentissage du langage, ou, au contraire, tragiquement laborieuse quand l'écrivain essaie de donner artificiellement un statut mythologique aux péripéties moins inspirantes de sa vie d'adulte (*Fibrilles*).

6.2. *De la psychanalyse à la « psychanalyse existentielle »*

En 1955, J.-P. Sartre annonçait qu'il utilisait pour son autobiographie « aussi bien une certaine psychanalyse que la méthode marxiste[3] ». À lire *Les Mots,* on voit bien ce que ce récit doit à la « psychanalyse existentielle » de *L'Être et le néant*, à la démythification du mythe bourgeois de l'écrivain dans *Qu'est-ce que la littérature ?,* à la démarche proposée en 1960 dans *Questions de méthode*. Mais on voit aussi que cette méthode a peu de rapport avec la psychanalyse freudienne : dans tout le livre on ne trouve pratiquement pas d'analyses de rêves ou de conduites de l'adulte,

1. *Ibid.*, p. 16.
2. *Ibid.*, p. 153.
3. Interview de Sartre dans *Le Monde* du 1er juin 1955.

rien qui permette une entrée dans l'inconscient ; sur le plan de la sexualité, le récit est d'une grande discrétion, soulignant au passage, il est vrai, la fascination de l'inceste (pp. 42-43). Il n'y a là rien d'étonnant : Sartre s'est lui-même longuement expliqué sur tout ce qui le sépare de Freud : il ne peut accepter, en particulier, le déterminisme mécaniste de Freud, et sa conception de l'inconscient[1]. Néanmoins il a éprouvé le besoin de faire cautionner son récit, en un point essentiel (la relation au père), par un « éminent psychanalyste », dont il rappelle le « verdict » : Sartre n'aurait pas de sur-moi (p. 11)...; et comme, de son côté, Sartre ne croit guère à l'inconscient tel que le définit Freud, il se sent autorisé à poursuivre, en pleine lumière, les jeux toujours quasi conscients de son moi.

Cette « psychanalyse existentielle », plus existentielle que vraiment psychanalytique, met de côté la pratique de la cure et envisage la psychanalyse plutôt comme un système d'interprétation dans lequel on pourrait faire un tri, retenant d'elle tout ce qui est compatible avec l'expérience de la liberté. On retrouve cette attitude dans *Le Traître* d'André Gorz. On sait quel rôle Sartre a joué dans la pensée et la vie d'André Gorz. Il a lui-même préfacé *Le Traître* à un moment où il avait déjà écrit une première version des *Mots*. Entre les deux livres, des analogies apparaissent. Certes, les deux récits n'ont pas la même allure : Sartre a écrit un livre très « littéraire », aux effets calculés, prenant vis-à-vis de son passé une attitude ironique qui n'exclut pas une certaine complicité, alors que Gorz adopte une attitude plus tourmentée de distanciation systématique et écrit finalement dans une langue plus réellement « sartrienne », – ou disons plus proche du Sartre de *Saint Genet* que du Sartre des *Mots*. Mais pour l'essentiel, les deux livres convergent. Dans *Le Traître*, Gorz développe une longue analyse portant sur l'intérêt et les limites des interprétations psychanalytiques et marxistes, faisant ainsi écho aux méditations sartriennes sur l'articulation des interprétations déterministes de l'homme avec l'expérience concrète de la liberté.

6.3. *La psychanalyse comme menace*

Chez Sartre et chez Gorz, la critique de la psychanalyse est motivée ; elle se justifie parce qu'elle est faite à partir d'une autre conception de la personnalité. Mais chez d'autres autobiographes, le refus de la psychanalyse est un simple réflexe de défense, qui prend souvent des formes primaires. Ainsi Clara Malraux évoque les débuts d'une cure vite abandonnée[2] : elle nous confie qu'elle exprime sur le papier (pour nous) des choses qu'elle avait omis de dire à son médecin. Cela peut vouloir dire

1. Voir *L'Être et le néant,* Gallimard, 1943, quatrième partie, en particulier pp. 535-536, et pp. 643-663. Sartre a fait le point sur son attitude en face de la psychanalyse freudienne, dans l'interview reproduite dans *Le Nouvel Observateur* du 26 janvier 1970.
2. Clara MALRAUX, *Apprendre à vivre,* Grasset, 1963, pp. 27-28.

deux choses : soit que le récit autobiographique est plus riche et plus intime que la cure psychanalytique (c'est ce que Clara Malraux voudrait nous suggérer), soit plus simplement qu'elle a refusé la règle fondamentale de la psychanalyse parce qu'elle savait bien que celle-ci ne laisserait pas intact le gentil récit d'enfance qu'elle communique au lecteur. Elle a sauvé son enfance et sa personnalité des griffes de la psychanalyse. La résistance peut s'exprimer de manière naïve, comme chez Clara Malraux, ou, au contraire, sur un ton blasé : on sait déjà tout ce que la psychanalyse vous apprendrait, on peut en faire l'économie. « Une heure de lucidité ou trois années passées sur le divan du docteur L. m'apprendraient sans doute ce que je soupçonne déjà et que je consigne ici [...] », écrit François Nourissier[1]. L'attitude la plus simple est sans doute celle de Simone de Beauvoir : elle accepte de parler (sinon de tout dire) dans la mesure où elle reste maîtresse de son récit. Il n'en serait pas de même si la psychanalyse intervenait : « peut-être mon image projetée dans un monde autre – celui des psychanalystes par exemple – pourrait-elle me déconcerter ou me gêner[2] ». Dans tous les cas, l'autobiographe écarte la menace que la psychanalyse fait peser sur son récit. En disqualifiant l'idée de « sincérité », d'introspection, la psychanalyse a donc pu donner très passagèrement mauvaise conscience à quelques autobiographes : mais la plupart du temps tout se passe comme si l'autobiographe ignorait jusqu'à l'existence de la psychanalyse.

6.4. *La psychanalyse comme toile de fond*

L'influence de la psychanalyse sur l'autobiographie est surtout indirecte et diffuse ; elle reste superficielle. Sur le plan intellectuel, la vulgarisation du discours psychanalytique fait qu'auteurs et lecteurs s'habituent à accorder de l'importance aux premiers souvenirs, aux rêves, aux choses apparemment peu significatives ; sur le plan des mœurs, l'évolution de la civilisation fait qu'il devient moins choquant de parler de sa propre sexualité, les tabous sont moins puissants ; des récits ou des aveux qui pouvaient faire scandale vers 1910, sont aujourd'hui devenus des lieux communs. La franchise qui apparaît aujourd'hui dans l'autobiographie féminine (voir par exemple les récits de Thyde Monnier, ou l'autobiographie de Françoise d'Eaubonne, etc.) est un signe certain de l'évolution de la condition féminine et de la libéralisation des mœurs. D'autre part, la lecture des autobiographies de Maurice Sachs et de Violette Leduc montre que l'homosexualité n'est plus une chose dont on doive parler seulement à la troisième personne, comme le conseillait Proust, ou dont le récit prenne allure de défi comme chez Gide. On en parle plus facilement. Mais nous ne devons pas confondre la latitude qui est laissée à

1. François Nourissier, *Un Petit Bourgeois*, Ed. du Livre de Poche, 1969, p. 242.
2. Simone de Beauvoir, *La Force des choses* (1963), Folio, 1977, tome I, p. 10.

l'exhibitionnisme avec un changement de méthodes qui serait la conséquence de la psychanalyse. La franchise des « aveux » n'implique pas forcément le courage d'entreprendre des explorations qui mettraient en péril l'équilibre de la personnalité. La vulgarisation de la psychanalyse peut aboutir à de simples exercices littéraires, comme l'évocation que Claude Roy fait de sa vie prénatale et du traumatisme de sa naissance, en tête de *Moi je*. Enfin, la connaissance, même superficielle, du langage de la psychanalyse a pour effet de renforcer les mécanismes de résistance.

Mais l'ignorance, la résistance à la psychanalyse, ou la « récupération » de ses méthodes, sont malgré tout des phénomènes secondaires : la raison principale pour laquelle la psychanalyse n'a guère bouleversé l'autobiographie, c'est, nous l'avons vu, que l'autobiographie n'est pas un acte d'analyse, mais une conduite vitale de synthèse.

La psychanalyse peut fournir des points de vue, des éléments à cette synthèse : il n'y a aucune raison pour qu'elle modifie fondamentalement ses méthodes. Aussi la résistance des autobiographes évoquée plus haut traduit-elle une crainte subjective et tout à fait personnelle, non un danger objectif que la psychanalyse ferait peser sur le récit de vie ou sur la vie elle-même.

7. L'avenir de l'autobiographie

L'autobiographie a-t-elle un avenir ? À consulter les catalogues d'éditeurs, à parcourir les rayons de librairies, on voit que la littérature intime en général (mémoires, journaux, témoignages, etc.) est en pleine expansion ; et dans le cas particulier de l'autobiographie telle que nous l'avons définie, on constate que, pour la qualité, les œuvres produites soutiennent aisément la comparaison avec les autobiographies du siècle dernier. Pourtant, ici ou là, pour diverses raisons, on entend parler du déclin du genre, ou souhaiter sa disparition. Les uns, naïvement, imaginent que la psychanalyse lui fait concurrence. D'autres, nostalgiques, pensent qu'elle a atteint son apogée à son début, et qu'elle est entrée en décadence dès le XIXe siècle : les hommes d'aujourd'hui ne seraient plus capables de donner un sens à leur vie ; l'apparition de nouveaux systèmes d'explication de l'homme (marxisme, psychanalyse) enlèverait à l'autobiographie sa raison d'être[1]. Littérairement, l'autobiographie serait méprisée par les esthètes, dans la mesure où elle a fatalement recours à des types de récit très traditionnels ; et par l'avant-garde de *Tel Quel* parce qu'elle est le type même de la « littérature » bourgeoise, fondée sur l'idéologie

1. Cf. par exemple le constat d'échec, à notre avis assez injustifié, dressé par R. PASCAL dans *Design and Truth in Autobiography*, Harvard University Press, 1960, pp. 160-161.

de la personne, considérant le texte comme un instrument de communication d'âme à âme. Le procès de l'autobiographie n'en finit pas : mais l'autobiographie non plus. Elle est un phénomène historique lié à un certain état de civilisation : tant que cette civilisation durera, il est probable qu'on continuera à écrire et à lire des autobiographies. Les transformations du monde occidental au XXe siècle, loin de rendre l'autobiographie impossible, renforcent au contraire le besoin qu'on a de telles conduites de compensation. La dépersonnalisation des rapports humains fait que l'individu désire sur le plan de l'écriture reconstituer son identité, sur le plan de la publication ou de la lecture, établir un contact direct avec autrui ; l'accélération de l'histoire et la violence des conflits et des changements accroissent le sentiment nostalgique du « jamais plus » et le désir de sauver le passé ; et les théories marxistes et freudiennes, loin de décourager l'autobiographie, peuvent contribuer au renouvellement du genre en fournissant de nouveaux types de matériaux à cette « psychosynthèse » qu'est l'autobiographie. On peut imaginer qu'une civilisation dans laquelle l'individu n'éprouverait plus le besoin d'être le centre d'un monde, et se sentirait réintégré à des structures collectives, ne pratiquerait plus l'autobiographie : c'est ce qui s'est passé pendant des millénaires, jusque vers les années 1750 de l'ère chrétienne. C'est peut-être ce qui se passera après-demain. Mais pour aujourd'hui, et pour quelque temps encore, l'autobiographie a chance de continuer à survivre, comme l'un des aspects les plus fascinants d'un des grands mythes de la civilisation occidentale moderne, le mythe du Moi.

DEUXIÈME PARTIE

Répertoire pour servir à l'histoire de l'autobiographie en France

Le répertoire de l'édition originale (1971) comprenait les textes de 106 auteurs classés par ordre chronologique. Nous avons choisi de le mettre à jour en le scindant en deux parties.

Pour les auteurs nés avant 1885, le répertoire reste tel quel, avec actualisation des références bibliographiques, et ajout de six notices correspondant à des autobiographies populaires découvertes ou redécouvertes depuis 1971 (Jamerey-Duval, Pierre Prion, Ménétra, Pierre Rivière, Xavier-Édouard Lejeune et Norbert Truquin). Rappelons d'autre part que les œuvres qui précèdent les *Confessions* de Rousseau figurent ici plutôt pour éclairer la « préhistoire » du genre.

Pour les auteurs nés après 1885, un répertoire nouveau a été composé, d'une tout autre ampleur : 90 auteurs au lieu de 26, présentés cette fois en ordre alphabétique. Une introduction évoquera les problèmes que pose l'inventaire de la production contemporaine.

(Quand le lieu d'édition n'est pas précisé, il s'agit de Paris.)

1. Auteurs nés avant 1885

GUIBERT DE NOGENT **(1053-1124)**

De vita sua

Composé en 1114-1117 ; première édition au XVIIe siècle, dans les *Opera omnia* publiés en 1651 par Dom Luc Dachery ; première traduction en français publiée par Guizot en 1825 dans les tomes IX et X de la collection des Mémoires relatifs à l'Histoire de France (chez J. L. J. Brière) ; édition critique récente : *Autobiographie*, éd. et trad. de Edmond-René Labande, Les Belles Lettres, 1981 (texte latin et traduction en regard).

ABÉLARD Pierre **(1079-1142)**

Historia calamitatum

Cette histoire, composée sous forme de « lettre à un ami », aurait été écrite vers 1129, et est à l'origine de la correspondance d'Héloïse et d'Abélard ; le texte a circulé pendant le Moyen Âge ; traduit par Jean de Meung à la fin du XIIIe siècle ; première édition à Paris en 1616 ; nombreuses éditions depuis le XVIIe siècle ; éditions critiques récentes par J. Monfrin (Vrin, 1959, rééd. en 1978) et par E. Hicks (Genève, Champion-Slatkine, 1991) ; édition récente en français par Y. Ferroul, Héloïse et Abélard, *Lettres et Vies*, Garnier-Flammarion (GF 827), 1996.

LE CLERC Alix **(1576-1622)**

La Vie de la vénérable Mère Alix Le Clerc, fondatrice, première mère et religieuse de l'Ordre de la Congrégation de Nostre-Dame, contenant la relation d'icelle, écrite et signée de la mesme Mère par commendements de ses supérieurs […]

Première édition : Nancy, les Charlots, 1666 (la *Vie* elle-même occupe les pages 1 à 68 du volume). Réédité une fois au XIXe siècle par A. Gaudelet (Bruxelles, Ceuterik et Lefebvre, 1882).

PONTIS Louis de **(1583-1670)**

Mémoires du sieur de Pontis, officier des Armées du Roy, contenant plusieurs circonstances des guerres et du gouvernement, sous les règnes des Roys Henri IV, Louis XIII et Louis XIV.

Ces mémoires ont été rédigés à Port-Royal par Pierre Thomas Du Fossé ; première édition : G. Desprez, 1676, 2 vol., suivie de plusieurs autres éditions ; réédités ensuite régulièrement une dizaine de fois au cours des

XVIIIe et XIXe siècles ; édition récente par R. Laulan, Mercure de France, collection Le Temps retrouvé, 1986.

DESCARTES René **(1596-1650)**

Discours de la méthode pour bien conduire sa raison et chercher la vérité dans les sciences […]

Première édition : Leyde, 1637, publié en tête de « la dioptrie, les météores et la géométrie qui sont des essais de cette méthode » ; innombrables rééditions ; figure dans les *Œuvres philosophiques, tome I (1618-1637)*, édition de F. Alquié, Garnier, 1963. Plusieurs éditions disponibles en format poche, par exemple Livre de Poche classique (n° 2 593), 1980, et Folio Essais (n° 158), 1991.

MAROLLES Michel de **(1600-1681)**

Les Mémoires de Michel de Marolles […] divisés en trois parties, contenant ce qu'il a vu de plus remarquable en sa vie, depuis l'année 1600 […]

Première édition : A. de Sommerville, 1656-1657, 2 vol. Les *Mémoires* proprement dits sont placés en tête du premier volume. Une seule réédition, en 1755, par les soins de l'abbé Goujet (Amsterdam, 1755, 3 vol.).

SURIN Jean-Joseph **(1600-1665)**

Autobiographie

Il s'agit de la deuxième et de la troisième partie d'un ouvrage de Surin intitulé *La Science expérimentale des choses de l'autre vie*, composé en 1663 ; gravement altéré, réécrit, ce texte avait été utilisé en 1828 pour livrer au public, sous le nom du père Surin, l'*Histoire abrégée de la possession des Ursulines de Loudun et des peines du père Surin* (Association catholique du Sacré-Cœur) ; le texte original de ces deux parties a été publié pour la première fois en 1928 par Louis Michel et Ferdinand Cavallera dans le second volume de leur édition des *Lettres spirituelles du P. Jean-Joseph Surin* (Toulouse, Éditions de la revue d'Ascétique et de Mystique) ; ils ont donné le titre d'*Autobiographie* à ce texte qui occupe les pages 1-151 du tome II.

SŒUR JEANNE DES ANGES (Jeanne de Belcier) **(1602-1665)**

Sœur Jeanne des Anges, supérieure des Ursulines de Loudun (XVIIe siècle). Autobiographie d'une hystérique possédée, d'après le manuscrit inédit de la bibliothèque de Tours, annoté et publié par les Dr Gabriel Legué et Gilles de La Tourette. Préface de M. le professeur Charcot

Composé en 1644 ; première édition : aux bureaux du « Progrès médical », 1886 (Bibliothèque diabolique, n° 5). Aucune réédition.

BOUCHARD Jean-Jacques **(1606-1641)**

Les Confessions de Jean-Jacques Bouchard, parisien, suivies de son voyage de Paris à Rome en 1630

Cette brève et curieuse « autobiographie sexuelle », qui fait penser à Brantôme plutôt qu'à Rousseau, a été publiée au XIXe siècle par Alcide Bonneau : Paris, Lisieux, 1881. C'est l'éditeur qui a donné le titre de *Confessions* à ce récit, qui occupe les pages 1 à 75 du volume. Réédition récente : en tête du volume I des *Œuvres de Jean-Jacques Bouchard*, éd. par Emanuele Kanceff, Turin, G. Giapichelli, 1976.

CHAUMONOT Pierre **(1611-1693)**

La Vie du R. P. Pierre-Joseph Marie Chaumonot, écrite par lui-même, par ordre de son supérieur, en l'an 1688. – Suite de la vie du R. P. Pierre-Joseph Marie Chaumonot, de la compagnie de Jésus, par un Père de la même Compagnie, avec la manière d'oraison du vénérable écrite par lui-même

Composée en 1688 ; première édition : Nouvelle-York, île de Manate, à la presse Cramoisy de J. M. Shea, 1858-1860, 2 vol. : suivie de deux éditions en France sous des titres différents : *Le P. Chaumonot […], autobiographie et pièces inédites*, Poitiers, H. Oudin, 1869 ; et *Un missionnaire des Hurons, autobiographie du père Chaumonot*, H. Oudin, 1885.

CAMPION Henri de **(1613-1663)**

Mémoires de Henri de Campion […], contenant des faits inconnus sur une partie du règne de Louis XIII et les onze premières années de celui de Louis XIV […]

Composés de 1654 à 1661 ; première édition, par les soins du général Grimoard : Treuttel et Würtz, 1807 ; seconde édition, suivie d'un choix de lettres, avec des notes par M. C. Moreau : P. Jannet, 1857 ; aucune réédition jusqu'à l'édition établie par Marc Fumaroli dans la collection Le Temps retrouvé : Mercure de France, 1967 (rééd. en 1990).

BOURIGNON Antoinette **(1616-1680)**

La Vie de Dam^lle Antoinette Bourignon, écrite partie par elle-même, partie par une personne de sa connaissance […]

Composée vers 1668 ; première (et seule) édition faite par Pierre Poiret : Amsterdam, J. Riewerts et P. Arents, 1683, 2 vol. ; on trouve l'autobiographie proprement dite dans le premier volume, dans la deuxième et la troisième partie : II : La parole de Dieu, ou sa vie intérieure par elle-même ; III : Sa vie extérieure par elle-même.

HAMON Jean **(1618-1687)**

Relation de plusieurs circonstances de la vie de Monsieur Hamon, faite par lui-même sur le modèle des Confessions de Saint Augustin

Publiée pour la première fois en 1702 en tête de la traduction en français d'un ouvrage de Hamon : *La Pratique de la prière continuelle [...]*, G. Despres, 1702 ; publiée en volume séparé en 1734 ; aucune réédition depuis.

HUET Pierre-Daniel **(1630-1721)**

Commentarius de rebus ad eum pertinentibus

Première édition : La Haye, H. du Sauzet, 1718 ; traduit en français pour la première fois au XIXe siècle : *Mémoires de Daniel Huet* [...] *traduit pour la première fois du latin en français, par Charles Nisard*, Hachette, 1853. Édition récente, avec introduction et notes par Philippe-Joseph Salazar, Klincksieck, 1993.

DUMONT DE BOSTAQUET Isaac **(1632-1709)**

Mémoires inédits de Dumont de Bostaquet [...] sur les temps qui ont précédé et suivi la révocation de l'édit de Nantes, sur le refuge et les expéditions de Guillaume III en Angleterre et en Irlande [...]

Écrits entre 1687 et 1693 ; première édition par Ch. Read et Fr. Waddington : Michel Lévy frères, 1864 ; nouvelle édition dans la collection Le Temps retrouvé : Mercure de France, 1969.

ROU Jean **(1638-1711)**

Mémoires inédits et opuscules de Jean Rou (1638-1711)

Première (et seule) édition par Fr. Waddington : Agence centrale de la société, 1857, 2 vol.

GUYON Jeanne-Marie Bouvier de la Mothe **(1648-1717)**

La Vie de Mme J. M. B. de La Mothe Guyon, écrite par elle-même

Écrite à partir de 1688, publiée par les soins de P. Poiret ; première édition : Cologne, J. de la Pierre, 1720, 3 vol. Aucune réédition avant le XXe siècle. Morceaux choisis : *La Vie de Madame Guyon, écrite par elle-même. Extraits choisis et présentés par Jean Bruno, tome I, 1648-1681*, les « Cahiers de la Tour Saint-Jacques », 1961. Édition récente : Dervy, 1983.

FONTAINE Jacques **(1658-1728)**

Mémoires d'une famille huguenote victime de la révocation de l'édit de Nantes

Composés en 1722 ; ont été publiés en traduction anglaise à New York, en

1853 ; la première édition française faite par le pasteur E. Castel (Toulouse, Société des livres religieux, 1877) ne reproduit pas le texte original, mais propose une retraduction en français de la traduction anglaise ; c'est seulement en 1887 que paraît la première édition authentique du texte, reproduisant le manuscrit original (Toulouse, Société des livres religieux, 1887) ; seconde édition en 1900. Réédition récente : Montpellier, M. Chaleil, collection Classiques du protestantisme, 1992.

PAUPER Marcelline **(1666-1708)**

Vie de Marcelline Pauper, de la congrégation des sœurs de la Charité de Nevers, écrite par elle-même [...]

Première édition par le Dr D. Bouix : Nevers, Imprimerie de Fay, 1871. Seconde édition dans le volume *L'Expérience mystique de Marcelline Pauper [...]*, Nevers, couvent Saint-Gildard, 1982 (pp. 43-94).

STAAL de LAUNAY Marguerite-Jeanne Cordier, baronne de **(1684-1750)**

Mémoires de Mme de Staal, écrits par elle-même

Première édition : Londres, 1755, 4 vol. ; plusieurs rééditions au XVIIIe siècle ; une dizaine de rééditions au XIXe siècle en particulier dans les collections de mémoires de Petitot, Michaud et Barrère ; édition récente dans la collection Le Temps retrouvé : Mercure de France, 1970. Extraits publiés sous le titre *Mémoires de jeunesse*, choix et préface de Chantal Thomas, Mercure de France, coll. Le Petit Mercure, 1996.

PRION Pierre **(1687-1759)**

[Manuscrit autobiographique]

Écrit (ou recopié) à partir de 1743-1744 jusqu'à sa mort. Ce manuscrit avait inspiré Émile G. Léonard pour la rédaction de *Mon village sous Louis XV, d'après les Mémoires d'un paysan* (1941). Pierre Prion n'était pas paysan mais secrétaire et homme à tout faire du Marquis d'Aubais (Languedoc). Édition en 1985 : *Pierre Prion, scribe,* présenté par Emmanuel Le Loy Ladurie et Orest Ranum, Gallimard, collection Archives.

JAMEREY-DUVAL Valentin **(1695-1775)**

Mémoires

Mémoires d'un paysan devenu bibliothécaire, sans doute écrit sur la suggestion de l'impératrice Marie-Thérèse, entre 1733 et 1747. Quelques extraits en ont été publiés en 1784 dans une édition de ses *Œuvres*. Une traduction plus étendue des *Mémoires* a été publiée en Allemagne en 1788. Au XIXe siècle, le cas de Jamerey-Duval est souvent donné en exemple dans la littérature pour la jeunesse. Mais le texte des *Mémoires* n'a été publié en français qu'en 1929 : *Mémoires de Jamerey-Duval, publié d'après le manuscrit autographe*, par Maurice Payard, Tours, Arrault et Cie. Nouvelle édition avec une importante étude : *Mémoires. Enfance et éducation d'un paysan au XVIIIe siècle*, édition par Jean-Marie Goulemot, Le Sycomore, 1981. Un chapitre de cette étude est consacré au texte en tant qu'autobiographie (pp. 82-95).

DUCLOS Charles Pinot **(1704-1772)**

Mémoires de la vie de Duclos, écrits par lui-même

Première édition dans le tome X des *Œuvres complètes de Duclos*, Colnet, 1806, les *Mémoires* occupant les pages 1 à 89 de ce tome. Dans les éditions suivantes des *Œuvres complètes* les *Mémoires* sont en tête dans le volume I (Janet et Cotelle, 1820-1821, 9 vol., édition reproduite en fac-similé, Genève, Slatkine Reprints, 1968 ; A. Belin, 1821, 3 vol.). Ils figurent dans les *Œuvres* (choisies) publiées chez Didier en 1855. N'ont jamais été édités séparément (texte très bref).

GOLDONI Carlo **(1707-1793)**

Mémoires

Composés directement en français de 1784 à 1787 ; première édition : 1787 ; éditions récentes dans la collection Le Temps retrouvé (Mercure de France, 1965, rééd. en 1988) et chez Aubier (1992).

ROUSSEAU Jean-Jacques **(1712-1778)**

Les Confessions de J.-J. Rousseau

Élaborées et rédigées entre 1762 et 1770 ; première édition : pour la Première partie (Livres I à VI) : Genève 1782, 2 vol. ; pour la Seconde partie (livres VII-XII), Genève, 1789, 2 vol. : innombrables rééditions ; éditions critiques récentes : dans *Œuvres complètes*, tome I, *Les Confessions et Autres textes autobiographiques*, Gallimard, Bibliothèque de la Pléiade, 1959, texte établi et annoté par Bernard Gagnebin et Marcel Raymond (rééd. 1991), qui regroupe tous les textes autobiographiques de Rousseau (*Lettres à M. de Malesherbes, Confessions, Dialogues et Rêveries*) ; et l'édition de Jacques Voisine, Garnier, 1964 (révisée et augmentée en 1980). Disponible dans plusieurs collections de poche, notamment Le Livre de Poche (n° 1 098 et 1 100), 2 vol., 1988, Garnier-Flammarion (GF n° 181-182), 2 vol., 1993 et Folio Classique (n° 2 776), 1 vol., 1995.
Le manuscrit dit de Neuchâtel, premier état des Livres I à IV, a été publié en fac-similé par Pierre-Paul Clément, Lausanne, Coopérative Rencontre Payot, collection Bibliothèque Romande, 1973.

BERNIS François Joachim de Pierre, Cardinal de **(1715-1794)**

Mémoires et lettres de François Joachim de Pierre, cardinal de Bernis (1715-1758) [...]

Mémoires achevés en 1769. Première édition par F. Masson : Plon, 1878,

2 vol. Nouvelle édition au Mercure de France, collection Le Temps retrouvé, 1980 (rééd. en 1986).

WILLE Jean-Georges **(1715-1808)**

Mémoires et Journal

Mémoires composés en 1803 ; première (et seule) édition par G. Duplessis : Vve J. Renouard, 1857, 2 vol. avec une préface par Edmond et Jules de Goncourt ; les *Mémoires* occupent les pages 1 à 109 du premier volume.

GROSLEY Pierre-Jean **(1718-1785)**

Vie de M. Grosley, écrite en partie par lui-même, continuée et publiée par M. l'abbé Maydieu

Mémoires inachevés, commencés en 1774, sous le titre *Commentarii de vita mea, sive de rebus ad me pertinentibus* ; première (et seule) édition : Londres, Paris, T. Barrois jeune, 1787, les mémoires proprement dits occupant les pages 1 à 151.

BONNET, Charles **(1720-1793)**

Mémoires autobiographiques

Composés de 1775 à 1791 ; première édition par R. Savioz : Vrin, 1948.

CLAIRON Claire Josèphe-Hippolyte, dite Mademoiselle **(1723-1803)**

Mémoires

Composés vers 1791 ; une contrefaçon allemande ayant été publiée, Mlle Clairon décida de livrer elle-même ses Mémoires au public : *Mémoires d'Hippolyte Clairon et réflexions sur l'art dramatique, publiés par elle-même*, F. Buisson, an VII. Seconde édition la même année. Réédités deux fois au XIXe siècle, par Andrieux (Ponthieu, 1822) et par Fr. Barrière (dans le tome VI de la Bibliothèque des mémoires relatifs à l'histoire de France pendant le XVIIIe siècle, Firmin Didot frères, 1846).

MARMONTEL Jean-François **(1723-1799)**

Mémoires d'un père pour servir à l'instruction de ses enfants

Composés à partir de 1792 ; première édition dans les *Œuvres posthumes de Marmontel*, imprimerie de Xhrouet, 1804-1806, 11 vol., les *Mémoires* occupant les quatre premiers volumes. Ils seront repris ensuite dans les *Œuvres complètes*, puis édités séparément en volume en 1827 (E. Ledoux, 2 vol.) ; quelques éditions dont l'une « adaptée à l'usage de la jeunesse » (Plon, 1850) ; en 1891 une édition critique par Maurice Tourneux (Librairie des bibliophiles, 3 vol.) ; en 1943 une édition avec un avant-propos de Marcel Arland (Delamin et Boutelleau) ; enfin en 1972 une nouvelle édition critique par John Renwick (Clermont-Ferrand, G. de Bussac, 2 vol.).

CASANOVA DE SEINGALT Jean-Jacques **(1725-1798)**

Histoire de ma vie

Mémoires composés en français de 1789 à 1798 sous le titre *Histoire de ma vie jusqu'à l'an 1797* ; première édition en traduction allemande (Leipzig, Brockhaus, 1822-1828, 12 vol., texte abrégé) ; le texte a été connu en France d'abord par une retraduction en français de la traduction allemande (Tournachon-Molin, 14 vol., 1825-1828) ; puis par une édition du texte de Casanova, mais corrigée aussi bien au point de vue du style que des mœurs par Jean Laforgue (Leipzig, Paris et Bruxelles, Brockhaus, 1826-1836, 12 vol.) : cette version a servi à presque toutes les éditions qui ont suivi. Le texte réellement écrit par Casanova n'a été publié qu'en 1960-1961 (Wiesbaden, Brockhaus, et Paris, Plon). Cette édition du texte original a été reprise en 1966-67 par le Club Français du Livre (12 vol.). Actuellement on peut trouver l'*Histoire de ma vie* sous forme d'extraits (Gallimard, Folio Classique n° 1 760, 1986), ou en intégrale chez Laffont (collection Bouquins, 3 vol., 1993).

POLLIN Jean-Baptiste **(1729-1807)**

De l'enfance, de la puberté, des études, des premières amours de Jean-Baptiste Pollin [...]

Première édition en 1801 dans *Le Hameau de l'Agnélas, suivi de diverses idilles, par un habitant des Alpes*, Lavilete, 1801, 2 vol. ; le texte occupe les pages 161 à 232 du deuxième volume ; aucune réédition.

RÉTIF DE LA BRETONNE Nicolas-Edme **(1734-1806)**

Monsieur Nicolas, ou le cœur humain dévoilé, publié par lui-même

Commencé en 1783 ; première édition : 1794-1797, 16 vol. (reproduite en fac-similé : Genève, Slatkine Reprints, 1988, 8 vol.) ; seconde édition seulement à la fin du XIXe siècle (I. Liseux, 1883, 14 vol.) ; cinq éditions au XXe siècle : H. Jonquières, 1924-1925, 4 vol. ; imprimerie de Priester frères, 1956-1957, 4 vol. ; J.-J. Pauvert, 1959, 6 vol. ; Au cercle du livre précieux, 1959, 6 vol. ; et Gallimard, Bibliothèque de la Pléiade, 1989, 2 vol.

MÉNÉTRA Jacques Louis **(1738 – après 1803)**

Journal de ma vie

Autobiographie d'un vitrier, rédigée à partir de 1764. Première édition, d'après le manuscrit déposé à la B.H.V.P. : *Journal de ma vie, par Jacques Louis Ménétra, compagnon vitrier au XVIIIe siècle*, édition établie et présentée par Daniel Roche, Éd. Montalba, 1982 ; rééd. Albin Michel, 1998.

GAUTHIER DE BRÉCY Charles-Edme, vicomte **(1753-1836)**

Mémoires véridiques et ingénus de la vie privée, morale et politique d'un homme de bien, écrits par lui-même dans la 81ème année de son âge, le Vte Gauthier de Brécy

Écrits en 1833-1834 ; première (et seule) édition : imprimerie de Guiraudet, 1834.

BRISSOT DE WARVILLE Jacques-Pierre **(1754-1793)**

Mémoires de Brissot [...] sur ses contemporains et la Révolution française, publiés par son fils [...]

Composés en prison en 1785, puis en 1793 ; première édition : Ladvocat, 1830, 4 vol. ; réédités par Cl. Perroud : A. Picard et fils, 1909, 3 vol., tomes II à IV des *Mémoires et documents relatifs aux XVIIIe et XIXe siècles.*

ROLAND DE LA PLATIÈRE Marie-Jeanne Phlipon, Mme **(1754-1793)**

Mémoires

Écrits en prison en 1793 ; jusqu'en 1864, on ne connut que des versions tronquées et arrangées : celles de Bosc en 1795 (*Appel à l'impartiale postérité*, Louvet, an III, 4 vol.) et celles de Champagneux (dans *Œuvres*, Bidault, an VIII, 3 vol.), qui servirent de base aux éditions des *Mémoires* publiées entre 1820 et 1847. Le texte est réellement celui de Mme Roland à partir de l'édition Faugère (Hachette, 1864, 2 vol). Édition critique en 1905 par Cl. Perroud (Plon, 2 vol.). Des extraits ont été publiés en 1964 en 10x18 sous le titre *Une éducation bourgeoise au XVIIIe siècle*. Édition dans la collection Le Temps retrouvé, Mercure de France, 1966 (rééd. en 1986).

FLORIAN Jean-Pierre Claris de **(1755-1794)**

La Jeunesse de Florian, ou mémoires d'un jeune Espagnol, ouvrage posthume [...]

Première édition : H. Nicole, 1807 ; figure à partir de 1810 dans les différentes éditions des *Œuvres complètes* de Florian ; plusieurs rééditions séparées dans les années suivantes ; une édition en 1883 (Librairie des Bibliophiles), en 1923 (Bossard) et en 1971 (Vialetay, collection Prestige de l'Académie française : *Six nouvelles. Mémoires d'un jeune Espagnol. Belton*, préface d'André Chamson).

MONTLOSIER François-Dominique de Reynaud, comte de **(1755-1838)**

Mémoires de M. le Cte de Montlosier sur la Révolution française, le Consulat, l'Empire, la Restauration et les principaux événements qui l'ont suivie, 1755-1830

Première (et seule) édition : Dufey, 1830, 2 vol. : la première édition était incomplète (le récit s'arrêtait en 1791), la suite des *Mémoires* a été publiée en 1951 sous le titre : *Souvenirs d'un émigré, 1791-1798* (Hachette).

VIGÉE-LEBRUN Louise Élisabeth (1755-1842)

Souvenirs de Mme Louise-Élisabeth Vigée-Lebrun [...]

Première édition : H. Fournier, 1835-1837, 3 vol. Quelques rééditions au long du XIXe siècle, puis en 1926. Disponibles actuellement : des extraits, avec illustration en noir et en couleur, sous le titre *Mémoires d'une portraitiste 1755-1842* (Scala, 1989, rééd. en 1997) ; et l'édition féministe de Claudine Hermann, *Souvenirs*, Éditions des Femmes, 2 vol., 1984.

HENNEQUIN Philippe-Auguste (1763-1833)

Un peintre sous la Révolution et le premier Empire. Mémoires de Philippe-Auguste Hennequin écrits par lui-même, réunis et remis en ordre par Jenny Hennequin.

Première (et seule) édition : Calmman-Lévy, 1933.

TILLY Alexandre, comte de (1764-1816)

Mémoires du comte Alexandre de Tilly, pour servir à l'histoire des mœurs de la fin du XVIIIe siècle [...]

Écrits de 1801 à 1807 (l'authenticité de certaines parties est contestée) ; première édition : Les marchands de nouveauté, 1828, 3 vol. ; plusieurs rééditions partielles ou abrégées ; édition récente dans la collection Le Temps retrouvé : Mercure de France, 1965 (rééd. en 1986).

CONSTANT Benjamin (1767-1830)

Le Cahier rouge

Écrit en 1811, le titre original étant *Ma vie* ; première édition : Calmann-Lévy, 1907, sous le titre *Le Cahier rouge* ; édition récente dans *Œuvres,* Bibliothèque de la Pléiade, Gallimard, 1957, pp. 121-167. Disponible en édition de poche dans le volume *Adolphe, Le Cahier rouge, Cécile*, Folio Classique (n° 514), 1991.

CHATEAUBRIAND François-René de (1768-1848)

Mémoires d'outre-tombe

Projet autobiographique envisagé dès 1803 ; rédaction à partir de 1811 des *Mémoires de ma vie*, qui seront intégrés en 1832 dans la nouvelle structure des *Mémoires d'outre-tombe,* rédigés de 1832 à 1841, retouchés et réorganisés jusqu'en 1848 ; publiés d'abord en feuilleton dans *la Presse* du 21 octobre 1848 au 3 juillet 1850 ; première édition : Eugène et Victor Penaud frères, 1849-1850, 12 vol. ; nombreuses rééditions.

De la version originale des *Mémoires de ma vie* on ne connaît que les livres I à III, copiés en 1826 dans l'entourage de Mme Récamier, publiés pour la première fois en 1874 sous le titre *Souvenirs d'enfance et de jeunesse de Chateaubriand* (Michel Lévy). On en trouvera le texte en tête de diffé-

rentes éditions des *Mémoires d'outre-tombe* (Levaillant, 1948, Berchet, 1989), ou séparément en Livre de Poche (n° 9 691) sous le titre *Mémoires de ma vie*, édition de Jacques Landrin et Martin Bercot, 1993.
Pour la longue et complexe histoire de la rédaction des *Mémoires d'outre-tombe*, puis des éditions critiques, depuis l'édition du Centenaire procurée en 1948 par Maurice Levaillant, on se reportera à la dernière édition en date, encore inachevée, celle entreprise par Jean-Claude Berchet, Bordas, collection Classiques Garnier (tome I, 1989 ; tome 2, 1990 ; tome 3, 1998 ; tome 4 à paraître). Édition en Livre de Poche (n° 1 327, 1 353, 1 356), 1988.

BÉRANGER Pierre-Jean de **(1780-1857)**

Ma Biographie, ouvrage posthume de P. J. de Béranger

Première édition : Perrotin, 1857 ; plusieurs rééditions dans les années suivantes, jusqu'en 1868.

STENDHAL (Henri Beyle) **(1783-1841)**

Vie de Henry Brulard

Écrite en 1835-1836 ; première édition, émondée, par Casimir Stryienski, Charpentier, 1890. Éditions critiques successives d'après le manuscrit par Henri Martineau (Le Divan, 1949, 2 vol., puis Gallimard, Bibliothèque de la Pléiade, *Œuvres intimes*, 1955), par Victor Del Litto (Genève, 1967-1974), et par Béatrice Didier (Folio Classique, n° 447, 1973).
Le manuscrit lui-même est enfin édité en fac-similé et transcription diplomatique par Gérald Rannaud (Klincksieck, 1996-1997, 2 vol. parus).
On peut lire l'ensemble des textes autobiographiques de Stendhal dans le tome II de l'édition actuelle des *Œuvres intimes* dans la Bibliothèque de la Pléiade (1982), et aussi en Folio Classique, grâce à la publication par Béatrice Didier d'un volume consacré aux *Souvenirs d'égotisme* et aux *Projets d'autobiographie* (n° 1 430, 1983).

LAMARTINE Alphonse de **(1790-1869)**

Les Confidences
Les Nouvelles Confidences
Mémoires inédits, 1790-1815

Les Confidences : parues dans *la Presse* au début de 1849 ; première édition : Perrotin, 1949 ; *Les Nouvelles Confidences* : parues dans *La Presse* en 1850 ; première édition, Michel Lévy frères, 1851 ; ces deux œuvres, reprises dans les différentes éditions des *Œuvres complètes,* ont été rééditées séparément un bon nombre de fois jusqu'au début du XXe siècle ; *Mémoires inédits* : première édition, Hachette, 1870 ; quelques rééditions ; récemment sous le titre *Mémoires de jeunesse 1790-1815*, avec introduction, notes et bibliographie par Marie-Renée Morin (Taillandier, 1990).

VIGNY Alfred de **(1797-1863)**

Mémoires inédits

Fragments autobiographiques inachevés ; première édition par Jean Sangnier : *Mémoires inédits, fragments et projets*, Gallimard, 1958 ; les *Mémoires* occupent les pages 1 à 159. L'édition en cours des *Œuvres complètes* dans la Bibliothèque de la Pléiade (tome I, 1986, tome II, 1993) prévoit un tome III consacré aux *Écrits intimes et autobiographiques*.

MICHELET Jules **(1798-1874)**

Mémorial

Écrit en 1820-1822 ; après la mort de Michelet, Mme Michelet composa, à partir du *Mémorial*, un texte qu'elle publia sous le titre *Ma Jeunesse*, Calmann-Lévy, 1884, plusieurs fois réédité ; la première édition du texte original de Michelet a été procurée par Paul Viallaneix : *Écrits de jeunesse*, Gallimard, 1959, le *Mémorial* occupant les pages 182-218 de cette édition.

LACENAIRE Pierre-François **(1800-1836)**

Mémoires, révélations et poésies de Lacenaire, écrits par lui-même à la Conciergerie

Composés en 1835-1836 ; première édition : chez les marchands de nouveautés, 1836, 2 vol. ; éditions récentes : par Monique Lebailly (L'Instant, 1988) ou par Jacques Simonelli (José Corti, collection Domaine romantique, 1991, rééd. 1998).

DUMAS Alexandre **(1802-1870)**

Mes Mémoires

Publiés d'abord dans *la Presse*, de 1851 à 1853 ; première édition, A. Cadot, 1852-1854, 22 vol. ; plusieurs éditions à Bruxelles les années suivantes ; repris dans les *Œuvres complètes* chez Michel Lévy (1865-1869, 10 vol.) ; édition critique par Pierre Josserand (Gallimard, 1954-1968, 5 vol.) ; extraits publiés en 1962 (10x18, 2 vol.), et en 1986 (Plon, collection Les Mémorables) ; édition intégrale en 1989 chez Laffont, collection Bouquins, 2 vol.

QUINET Edgar **(1804-1875)**

Histoire de mes idées

Première édition en 1858 dans le tome X des *Œuvres complètes* (Pagnerre, 11 vol.) ; dans l'édition des *Œuvres complètes* en 26 vol. parue chez Germer Bailler (tome X, 1878), le titre devient *Histoire de mes idées. Autobiographie* ; a été publié en volume séparé sous le titre *Histoire d'un enfant* (Hachette, 1903, dans la Bibliothèque des écoles et des familles, – quatre éditions de 1903 à 1912) et sous le titre original (Hachette, 1933).

Édition critique en 1972 par Simone Bernard-Griffiths, Flammarion, collection Nouvelle Bibliothèque romantique.

SAND George **(1804-1876)**

Histoire de ma vie

Écrite de 1847 à 1855 ; publiée d'abord en feuilleton dans *La Presse* du 5 octobre 1854 au 17 août 1855 ; première édition : Lecou et Cadot 1854-1855, 10 vol. ; quelques rééditions jusqu'à la fin du XIXe siècle ; au XXe siècle, aucune édition complète avant 1970, mais des extraits ou des « adaptations » ; en 1970-1971, édition critique par les soins de Georges Lubin dans les 2 vol. des *Œuvres autobiographiques* de la Bibliothèque de la Pléiade ; depuis 1993, nouvelle édition entreprise, en une série de volumes comportant chacun une préface originale, à St-Cyr-sur-Loire par C. Pirot, collection Le Voyage immobile (1993-1997, 5 vol. parus).

GRATRY Alphonse **(1805-1872)**

Souvenirs de ma jeunesse, 1re partie : L'enfance. Le collège. L'École polytechnique. Strasbourg et le sacerdoce

Composés à partir de 1854 ; première édition dans les *Œuvres posthumes*, C. Douniol, 1874 ; sept éditions jusqu'en 1907 ; aucune édition depuis.

PERDIGUIER Agricol **(1805-1875)**

Mémoires d'un compagnon

Composés en 1852-1853 ; première édition : Genève, 1853 ; nombreuses rééditions, en 1914 avec une préface de Daniel Halévy (Moulins, Éd. des Cahiers du Centre), en 1943 avec une préface de Jean Follain (Denoël), en 1977 avec une préface de Jean Bernard (Librairie du Compagnonnage), en 1977 chez F. Maspero, collection La Mémoire du peuple, et en 1992 avec une préface de Maurice Agulhon (Imprimerie Nationale). En 1964 une édition légèrement abrégée avait paru en format poche chez 10 x 18.

D'AGOULT Marie, dite Daniel Stern **(1805-1876)**

Mes Souvenirs (1806-1833)
Mémoires (1833-1854)

Mes Souvenirs : première édition : Calmann-Lévy, 1877 ; réédité en 1877 et 1880 ; Marie d'Agoult a laissé son autobiographie inachevée, deux autres volumes devaient suivre *Mes Souvenirs* ; des fragments du second volume, évoquant sa passion pour Franz Liszt, et des journaux intimes ont été retrouvés et édités en 1927 par Daniel Ollivier sous le titre *Mémoires (1833-1854)* (Calmann-Lévy). Sur la composition et la publication de cette autobiographie, voir Jacques Vier, *La Comtesse d'Agoult et son temps*, A. Colin, 1961, tome IV, pp. 248-271. L'ensemble des textes autobiographiques a été réuni en 1990 par Charles F. Dupêchez en 2 vol. au Mercure de France, collection Le Temps retrouvé, sous le titre *Mémoires, Souvenirs et Journaux de la Comtesse d'Agoult*.

VEUILLOT Louis **(1813-1883)**

Rome et Lorette
Fragments de mémoires

Rome et Lorette : composé en 1840-1841 ; première édition : O. Fulgence, 1841, 2 vol. ; très nombreuses éditions séparées jusqu'en 1928 ; recueilli dans le tome III des *Œuvres complètes* (P. Lethielleux, 1924) ; *Fragments de mémoires* : composés en 1850, 1855 et 1876, édités dans le tome X des *Œuvres complètes* en 1929 (pp. 513-548).

HARPAIN Marie-Eustelle **(1814-1842)**

Récit de sa vie écrit par elle-même

Écrit en 1842 ; première édition dans le *Recueil des écrits de Marie-Eustelle*, La Rochelle, F. Boulet, 1843 ; nouvelles éditions en 1848, 1860, 1863 ; aucune édition depuis.

RIVIÈRE Pierre **(1815-1840)**

Moi, Pierre Rivière, ayant égorgé ma mère, ma sœur et mon frère [...]

Mémoire autobiographique écrit en prison par Pierre Rivière, parricide, après son arrestation en juillet 1835. Une version partielle en avait été publiée avec des pièces du dossier en 1836 dans les *Annales d'hygiène publique et de médecine légale*. Publication complète avec étude du dossier sous le titre *Moi, Pierre Rivière, ayant égorgé ma mère, ma sœur et mon frère : un cas de parricide au* XIXe *siècle, présenté par Michel Foucault*, Gallimard/Julliard, collection Archives, 1973 (rééd. 1990). Nouvelle édition avec une préface de Jean-Pierre Peter, Folio Histoire (n° 57), 1994.

GOUNOD Charles **(1818-1893)**

Mémoires d'un artiste

Première édition : C. Lévy, 1896 (3 éditions). Réédition récente : Calmann-Lévy, 1991.

DU CAMP Maxime **(1822-1894)**

Souvenirs littéraires

Composés en 1880-1882 ; première édition : Hachette, 1882-1883, 2 vol. ; réédités en 1892, en 1906 (fac-similé de cette édition publié en 1993 à Genève, Slakine Reprints, et à Paris, L'Harmattan). Extraits en 1962 par Henri Lemaître, privilégiant le témoignage historique et estompant la perspective autobiographique. Édition récente, avec une préface de Daniel Oster, Aubier, 1994.

RENAN Ernest **(1823-1892)**

Souvenirs d'enfance et de jeunesse

Première édition : C. Lévy, 1883 ; nombreuses éditions. Éditions récentes : Garnier-Flammarion (GF 265), 1973, chronologie et introduction par Henriette Psychari, notes et archives de l'œuvre par Laudice Rétat ; Folio Classique (n° 1 453), 1983, édition de Jean Pommier ; Presses Pocket (n° 4 037), 1992, préface et commentaires de Jean Balcou.

MICHELET Athénaïs Mialaret, Madame Jules **(1826-1899)**

Mémoires d'une enfant

Première édition : Hachette, 1867 ; réédités en 1888 (C. Marpon et E. Flammarion) et en 1928 (Geladge).

THÉRÈSE DE JÉSUS (mère Sainte-Thérèse de Jésus, abbesse du Monastère de Sainte-Claire de Lavaur) **(1828-1884)**

Aimer et souffrir, ou Vie de la R^{de} mère Sainte-Thérèse de Jésus [...] écrite par elle-même

Rédaction commencée en 1863 ; première édition : Toulouse, E. Privat, 1884, 2 vol. ; réédité en 1885 et 1886. (L'autobiographie occupe les pages 1-133 du premier volume).

MISTRAL Frédéric **(1830-1914)**

Moun espelido, meimori et raconte de Frederi Mistral. Mes origines, mémoires et récits de Frédéric Mistral. Texte provençal et français [...]

Première édition : Plon-Nourrit, 1906 ; la version française est publiée en volume séparé la même année, et plusieurs fois rééditée jusqu'en 1979 (Julliard, 1979, présentation par Jacques-Henri Bornecque). Le texte provencal a fait l'objet de morceaux choisis à visée pédagogique (Saint-Rémy-de-Provence, Association pédagogique « Lou provençau à l'escolo », 1971).

TRUQUIN Norbert **(1833-après 1888)**

Mémoires et aventures d'un prolétaire à travers la révolution : l'Algérie, la République argentine et le Paraguay

Première édition : F. Bouriand, 1888. Extraits publiés en 1974 par Paule Lejeune, Éd. G. Tautin. Réédition intégrale présentée par Paule Lejeune, Éd. F. Maspero, collection Actes et mémoires du peuple, 1977.

ADAM Juliette **(1836-1936)**

Le Roman de mon enfance et de ma jeunesse

Première édition : A. Lemerre, 1902 ; il s'agit du premier d'une série de 7 vol. publiés de 1902 à 1910 chez A. Lemerre, les volumes suivants tournant plutôt aux mémoires littéraires et politiques.

MARIE DE L'ENFANT JÉSUS (Mère) **(morte en 1908)**

Vie de Mère Marie de l'Enfant-Jésus, l'une des fondatrices des Clarisses de Lourdes, écrite par elle-même [...]

Première édition : Toulouse, 1910 ; troisième édition : Avignon, Aubanel frères, 1912.

VERLAINE Paul **(1844-1896)**

Confessions, notes autobiographiques

La première partie a été écrite pour le *Fin de Siècle*, où elle parut en feuilleton en 1894 ; première édition : Librairie du Fin de Siècle, 1895 ; nouvelle édition en 1899 ; le texte est repris en 1900 dans le tome V des *Œuvres complètes* (Vannier). D'autres récits autobiographiques complètent les *Confessions*, notamment *Mes Prisons* (L. Vanier, 1893). Les *Confessions* ont été rééditées avec une préface de Léon-Paul Fargue (Éditions du Bateau Ivre, 1946 ; Éd. Paris-Musées, collection Capitale, 1990). Les écrits autobiographiques de Verlaine ont été réunis par Claude Cuénot pour Le Livre de Poche Classique (n° 3 503), 1973, sous le titre *Mes prisons et autres écrits autobiographiques* ; puis par Jacques Borel pour l'édition des *Œuvres en prose complètes* de la Bibliothèque de la Pléiade, Gallimard, 1978 (rééd. en 1984 et 1993). Les textes autobiographiques occupent les pp. 209-594 de cette édition et sont présentés dans une notice pp. 1 206-1 216.

LEJEUNE Xavier-Édouard **(1845-1918)**

Calicot

Son récit de jeunesse, *Les Étapes de la vie*, composé entre 1860 et 1866, et d'autres textes autobiographiques ultérieurs ont fait l'objet d'un montage et d'une enquête menée par ses descendants : *Calicot*, enquête de Michel et Philippe Lejeune, Éd. Montalba, collection Archives privées, 1984.

GAUTIER Judith **(1846-1917)**

Le Collier des jours, souvenirs de ma vie

Première édition : F. Juven, 1902 ; quelques rééditions ; il s'agit du premier d'une série de 3 vol., les deux suivants étant plutôt des « souvenirs littéraires » qu'une autobiographie (*Le Collier des jours, le second rang du collier*, 1903, et *Le Collier des jours, le troisième rang du collier*, 1909).

LOTI Pierre **(1850-1923)**

Le Roman d'un enfant

Prime Jeunesse, Suite au Roman d'un enfant

Le Roman d'un enfant : première édition : Calmann-Lévy, 1890 ; nombreuses rééditions ; *Prime Jeunesse* : Calmann-Lévy, 1919 ; quelques rééditions. Les deux livres ont été réédités ensemble par France-Loisirs en 1989. Édition critique du *Roman d'un enfant* par Bruno Vercier chez Flammarion (GF n° 509), 1988.

LOISY Alfred **(1857-1940)**

Choses passées

Mémoires pour servir à l'histoire religieuse de notre temps

Choses passées : publié dans l'*Union pour la Vérité* d'octobre 1912 à mai 1913 ; première édition : E. Nourry, 1913. *Mémoires* [...] : composés en 1927-1929 ; première édition : E. Nourry, 1930-1931, 3 vol.

ROLLAND Romain **(1866-1944)**

Le Voyage intérieur

Mémoires

Le *Voyage intérieur*, composé en 1924-1926, fut publié dans une version partielle par R. Rolland lui-même en 1942 (Albin Michel) ; une édition plus complète a été donnée en 1959 : *Le Voyage intérieur, songe d'une vie. Nouvelle édition augmentée de textes inédits* (Albin Michel). Les *Mémoires*, inachevés, composés de 1939 à 1942, ont été publiés en 1956 dans *Mémoires et fragments du « journal »* (Albin Michel).

BENDA Julien **(1867-1956)**

La Jeunesse d'un clerc

Un régulier dans le siècle

Première édition : Gallimard, 1936 et 1938 ; ces deux textes ont été réédités récemment en même temps que *Exercice d'un enterré vif*, en un seul volume, avec une préface d'Étiemble (Gallimard, 1968, rééd. en 1989).

ALAIN **(1868-1951)**

Histoire de mes pensées

Portraits de famille

Histoire de mes pensées, composée en 1935, première édition : Gallimard, 1936 (rééd. en 1950) ; *Portraits de famille*, Mercure de France, 1961.

JAMMES Francis **(1868-1938)**

De l'âge divin à l'âge ingrat. Mémoires *

*L'Amour, les muses et la chasse. Mémoires***

*Les Caprices du poète. Mémoires****

Première (et seule) édition : Plon, 1921, 1922 et 1923.

GIDE André **(1869-1951)**

Si le grain ne meurt
Et nunc manet in te

Si le grain ne meurt : Gide avait longtemps pensé à ses « Mémoires » avant de les écrire de 1916 à 1921 ; l'histoire de la publication est compliquée ; l'édition originale (Paris, Bruges, imprimerie Sainte-Catherine, 2 vol. 1920, 1921) a été tirée à une douzaine d'exemplaires, hors commerce ; six fragments ont été publiés dans la *NRF* en 1920 et 1921 ; deux éditions fragmentaires de la première partie ont paru ensuite, l'une à 130 exemplaires chez Champion en 1924 (reproduction du manuscrit en phototypie), l'autre à Oxford, Clarendon Press, 1925 ; la première édition intégrale mise dans le commerce (mais encore avec un tirage limité à 5 500 ex.) est celle, en 3 vol., des éditions de la NRF, imprimée en 1923-1924, mais mise en vente en octobre 1926 seulement ; édition courante (d'une version légèrement remaniée) en un volume, NRF, 1929 ; *Si le grain ne meurt* est repris dans le tome X des *Œuvres complètes* (Gallimard, 1936) suivi d'un « Projet de préface » inédit, que l'on trouvera plus loin reproduit dans notre anthologie. Actuellement disponible en Folio (n° 875), 1976. Édition par France-Loisirs en 1997 avec une préface de Pierre Kyria.
Et nunc manet in te : composé en 1938-1939 après la mort de Madeleine Gide ; l'édition originale (Neuchâtel, R. Heyd, 1947) a été tirée à 13 exemplaires nominatifs, hors commerce ; la première édition mise dans le commerce n'est sortie qu'après la mort de Gide, selon sa volonté (Neuchâtel et Paris, Ides et Calendes, 1951).
Les deux textes ont été repris dans le volume de la Bibliothèque de la Pléiade, *Journal 1939-1949, Souvenirs* (1954, rééd. 1988), volume qui n'est plus actuellement disponible.

BORDEAUX Henry **(1870-1963)**

Le Pays sans ombre
Histoire d'une vie

Le Pays sans ombre : première édition, Plon, 1935 ; l'*Histoire d'une vie*, qui fait suite au texte précédent, comprend 13 vol., publiés de 1951 à 1973 (Plon).

THÉRÈSE DE L'ENFANT-JÉSUS, Thérèse Martin, sainte **(1873-1897)**

Histoire d'une âme écrite par elle-même

Première édition : Bar-le-Duc, 1898. Le texte de cette édition a été composé par Mère Agnès de Jésus d'après les manuscrits de Thérèse, qu'elle a fondus en un tout et fort remaniés dans le style et dans la distribution des matières. Très nombreuses rééditions et traductions en trente-cinq langues. Le texte original a été connu en 1956, grâce à l'édition publiée à l'Office central de Lisieux, qui comporte la reproduction en fac-similé des manuscrits, et 3 vol. d'Introduction, de Notes et de Tables. En 1957, les manuscrits ont été publiés en texte composé sous le titre *Manuscrits autobiographiques*, édition reprise en 1961 dans la collection à large diffusion Le Livre de vie (Office central de Lisieux), puis aux Éditions du Cerf/Desclée de Brouwer (1972). En 1992, une nouvelle Édition critique des *Manuscrits autobiographiques* est publiée conjointement par les Éditions du Cerf et Desclée de Brouwer dans le cadre de « L'Édition du Centenaire ».

LUCHAIRE Julien **(1876-1962)**

Confessions d'un Français moyen

Le tome I (1876-1914) a été publié à Marseille, Éditions du Sagittaire, 1943 ; première édition complète : Florence, Leo S. Olschki, 1965, 2 vol.

SCHLUMBERGER Jean **(1877-1968)**

Éveils

Première édition : Gallimard, 1950.

LENORMAND Henri **(1884-1966)**

Les Confessions d'un auteur dramatique

Première édition : Albin Michel, 1949-1953, 2 vol.

DUHAMEL Georges **(1884-1966)**

Lumière sur ma vie

I. Inventaire de l'abîme. 1884-1901
II. Biographie de mes fantômes. 1901-1906
III. Le Temps de la recherche. 1906-1914
IV. La pesée des âmes. 1914-1919
V. Les Espoirs et les épreuves 1919-1928

Les trois premiers volumes ont été publiés chez Hartmann respectivement en 1944, 1944 et 1947 ; les deux derniers au Mercure de France en 1949 et 1953 ; le titre général *Lumières sur ma vie* n'apparaît qu'à partir du quatrième volume.

2. Auteurs nés après 1885

Depuis 1971, le paysage autobiographique français s'est transformé. La seconde partie du répertoire, classée par ordre alphabétique, tentera de peindre cette transformation. On y découvrira à la fois l'expansion du genre et le renouvellement des formes.

Écriture seconde, l'autobiographie se nourrit de toutes les autres formes d'art et de pensée, et de celles même qui semblaient le plus la contester :

à preuve l'autoportrait vertigineux de Roland Barthes (1975), les expérimentations de nouveaux romanciers (Robbe-Grillet, N. Sarraute, mais aussi Beckett et Duras), et les inventions d'écrivains membres de l'Oulipo (Perec, Roubaud) qui appliquent à l'autobiographie les vertus de la contrainte formelle. Il est étonnant, et révélateur, que des écrivains comme Roger Laporte ou Louis-René des Forêts aient choisi le terrain autobiographique pour y mener une quête qui évoque plus Mallarmé qu'Amiel. D'autre part un mot nouveau, forgé en 1977 par Serge Doubrovsky, « autofiction », éclaire les marges incertaines du genre, et rallie l'art de la fiction à un combat de vérité. On percevra sans doute mieux avec le temps que Michel Leiris, mort en 1990, a été le prophète de cette nouvelle alliance entre poésie et vérité. Beaucoup plus clairement qu'en 1971, il apparaît aujourd'hui que l'autobiographie peut être un art.

Classement

Le répertoire regroupe des textes conformes à la définition donnée en 1971, comportant un engagement de véridicité. Mais divers assouplissements ont été introduits pour que ce mouvement d'innovation ne soit pas masqué par un formalisme rigide, aussi bien du côté de la forme que de celle du contrat. Pour la forme, on a cette fois signalé les autobiographies en vers, au demeurant assez rares (Aragon, Perros, Queneau). D'autre part on a inclus quelques autoportraits ou textes fragmentaires (Barthes, Bazin, entre autres), des recueils de récits de rêves (Leiris, Michaux, Perec, Yourcenar), et un essai (Annie Leclerc), dans la mesure où il n'y a pas de raison de poser la prééminence du récit en norme absolue. On sera peut-être surpris de trouver même quelques journaux : mais cela s'imposait lorsque le journal était simplement le lieu d'une recherche autobiographique (par exemple dans les *Carnets de la drôle de guerre* de Sartre ou dans les *Dictées* de Simenon), ou lorsqu'il devenait, par montage, le matériau d'une construction autobiographique (comme dans *Le Temps immobile* de Claude Mauriac). Certes, dresser un inventaire de journaux serait une tout autre tâche. Mais on a souvent hésité, en établissant ces notices, à séparer des écritures qui, pour leurs auteurs, se tenaient de si près. Impossible de renoncer, en établissant la notice de Michel Leiris, à mentionner le journal de *L'Afrique fantôme*. Mais alors, n'aurait-on pas dû signaler que Jocelyne François, Julien Green, Marcel Jouhandeau, Charles Juliet, par exemple, étaient aussi auteurs de journaux publiés ?

Pour le contrat, on a introduit quelques cas qui paraîtront, à divers titres, plus ou moins litigieux. C'est manière de créer un relief. Cela fera ressortir, par contraste, l'ensemble imposant des textes à engagement limpide de véridicité, tout en indiquant la ligne de fuite de la fiction. Dans certains cas (Borel, Bosquet, Navarre) le sous-titre « roman » est un réflexe d'écrivain (ou d'éditeur) qui indique seulement la visée littéraire du texte. Dans d'autres cas, l'absence de sous-titre « roman » peut faire lire comme autobiographie des textes en fait indécidables (*Mes parents* de Guibert, ou Beckett, ou Duras). Parfois, au contraire, on est devant des écrivains déci-

dés qui tentent des mélanges expressifs (Doubrovsky) ou détonants (Robbe-Grillet). Mais jamais ici l'auteur ne troque son vrai nom contre un nom inventé : au maximum il ne l'utilise pas dans le texte. La ligne de partage est franchie quand il change de nom : c'est le cas pour Albert Camus qui dans son grand roman d'apprentissage interrompu par la mort, *Le Premier Homme* (publié en 1994) s'était rebaptisé Jacques Cormery.
Cette zone intermédiaire entre autobiographie et fiction aurait pu être illustrée de bien d'autres exemples, en particulier celui de Patrick Modiano… On consultera sur ce sujet l'étude de Jacques Lecarme dans le volume *Autofictions & Cie* (voir Bibliographie générale), ainsi que le volume d'ensemble qu'il a publié récemment avec Éliane Lecarme-Tabone (*L'Autobiographie*, A. Colin, collection U, 1997). D'une manière plus générale on aura intérêt à lire ce dernier volume, qui donne une vue large et stimulante de notre culture autobiographique actuelle.

Sélection

Ce répertoire privilégie les autobiographies d'écrivains. Il en donne un échantillonnage qui comporte une part d'arbitraire. Chacun au gré de ses lectures et de ses goûts aura envie d'ajouter et de retrancher. C'est le sort de toutes les anthologies. Quatre-vingts noms seulement. Si l'on veut trouver d'un seul coup deux cent cinquante autobiographies d'écrivains, on peut lire le curieux volume construit par Jérôme Garcin, *Le Dictionnaire* (François Bourin, 1989). Il a proposé aux écrivains d'écrire à la troisième personne leur propre notice biographique ! Exercice périlleux, qui réserve bien des surprises…
Mais les écrivains, ici privilégiés, ne sont pas les seuls à écrire et publier des textes autobiographiques. Voici quelques chiffres tirés d'une analyse de la production de l'année 1993, inventoriée à partir de *Livres du mois* : 422 livres autobiographiques publiés (322 écrits en français, 100 traduits ; 354 textes nouveaux, 68 rééditions). 75 % sont écrits par des hommes, 25 % par des femmes (alors qu'on sait par ailleurs que les femmes pratiquent plus les différentes formes de l'écriture personnelle que les hommes). Mémoires, témoignages, journaux, récits d'enfance, autobiographies… On imagine la masse de livres que cela représente pour les vingt-cinq ans qui nous séparent de 1971. Il y a tous les gens célèbres ; tous les témoignages sur les grands sujets de société et les grands problèmes existentiels ; et de nombreuses autobiographies privées, publiées souvent en autoédition ou à compte d'auteur.
Encore ne s'agit-il là que de ce qui peut être lu parce que cela a été imprimé et est arrivé au Dépôt légal. Il faudrait ajouter l'immense quantité des écritures « ordinaires » : elles ne connaissent qu'une circulation privée ou restent dans l'ombre. Elles disparaîtront ou seront recueillies dans des Archives. On peut s'en faire une idée grâce au travail de l'Association pour l'Autobiographie (APA) : depuis 1992, l'APA a recueilli des centaines de récits autobiographiques et de journaux inédits et elle les propose en lecture à la Bibliothèque municipale d'Ambérieu-en-Bugey (Ain).

Francophonie

Un dernier mot : ce répertoire reste fidèle au titre de l'ouvrage : *L'Autobiographie en France*. On n'y trouvera donc pas d'aperçu sur le reste de la francophonie, qu'il s'agisse de pays à forte tradition autobiographique, comme le Québec ou la Suisse romande, entre autres, ou de ceux, au contraire, où la culture communautaire ou la religion ont longtemps empêché l'expression publique du « je », alors même que le processus colonial y créait de violentes crises d'identité. Pour les uns et les autres on se reportera aux ouvrages indiqués dans la bibliographie à la rubrique « Francophonie ».

ADAMOV Arthur **(1908-1970)**

L'Aveu, Éd. du Sagittaire, 1946. L'Imaginaire (n° 306), 1994, sous le titre *Je... Ils...* (*L'Aveu* est republié avec un texte de 1969, *Ils*).

L'Homme et l'enfant – souvenirs, journal, Gallimard, 1968.

ALTHUSSER Louis **(1918-1990)**

L'avenir dure longtemps, suivi de *Les Faits*, édition établie et commentée par Olivier Corpet et Yann Moulier Boutang, Stock/IMEC, 1992. Nouvelle édition augmentée dans Le Livre de poche (n° 9 785), 1994.

ARAGON Louis **(1897-1982)**

Le Roman inachevé, poème, Gallimard, 1956 (une autobiographie en vers). Nouvelle édition avec une préface d'Étiemble, Gallimard Poésie (n° 7), 1966.

AUDRY Colette **(1906-1990)**

La Statue, Gallimard, 1983.

BARTHES Roland **(1915-1980)**

Roland Barthes par Roland Barthes, Le Seuil, Écrivains de toujours, n° 96, 1975. Voir aussi *La Chambre claire*, Cahiers du cinéma/Gallimard/Le Seuil, 1980.

BAZIN Hervé **(1911-1996)**

Ce que je crois, Grasset, 1977. Livre de poche (n° 5 141), 1978.

Abécédaire, Grasset, 1984. Livre de poche (n° 6 078), 1985.

BEAUVOIR Simone de **(1908-1986)**

Mémoires d'une jeune fille rangée, Gallimard, 1957. Livre de poche, 1964. Folio (n° 24), 1972 ; (n° 786) 1976.

La Force de l'âge, Gallimard, 1960. Livre de poche, 1965. Folio (n° 44), 1972 ; (n° 751-752), 1976 ; (n° 1 782), 1986.

La Force des choses, Gallimard, 1963. Livre de poche, 1969. Folio (n° 172-173), 1972 ; (n° 764-765), 1977-1978.

Une mort très douce, Gallimard, 1965. Livre de poche, 1970. Folio (n° 137), 1972.

Tout compte fait, Gallimard, 1972. Folio (n° 1 022), 1978.

La Cérémonie des adieux, suivi de *Entretiens avec Jean-Paul Sartre,* Gallimard, 1981. Folio (n° 1 805), 1987.

Des publications posthumes sont venues éclairer les récits de *La Force de l'Âge* et de *Force des choses* : *Journal de guerre, septembre 1939-janvier 1941*, Gallimard, 1990 ; *Lettres à Sartre*, 2 vol. (1930-1939 et 1940-1963), Gallimard, 1990, et *Lettres à Nelson Algren* (1947-1964), Gallimard, 1997.

BECKETT Samuel **(1906-1989)**

Compagnie, Éd. de Minuit, 1985 (traduit du manuscrit anglais par l'auteur).

BOREL Jacques **(1925)**

L'Adoration, roman, Gallimard, 1965. L'Imaginaire (n° 278), 1992.

Le Retour, roman, Gallimard, 1970.

La Dépossession, journal de Ligenère, Gallimard, 1974.

Un voyage ordinaire, caprice, La Table Ronde, 1975, rééd. Le temps qu'il fait, 1993.

Histoire de mes vieux habits, Balland, collection L'instant romanesque, 1979.

Petite histoire de mes rêves, Luneau Ascot, 1981.

Journal de la mémoire, fragments, Champ Vallon, 1994.

L'Aveu différé, Gallimard, 1996.

BORY Jean-Louis **(1919-1979)**

Ma moitié d'orange, Julliard, collection Idée fixe, 1972. Presses Pocket (n° 1 613), 1978. Nouvelle édition chez Julliard en 1989.

BOSCO Henri **(1888-1976)**

*Un Oubli moins profond, souvenirs**, Gallimard, 1961.

*Le Chemin de Monclar, souvenirs***, Gallimard, 1962.

*Le Jardin des Trinitaires, souvenirs****, Gallimard, 1966.

BOSQUET Alain **(1919-1998)**

Une mère russe, roman, Grasset, 1978. Livre de poche (n° 5 525), 1981.

Les trente premières années

I. *L'Enfant que tu étais*, roman, Grasset, 1982. Livre de poche (n° 5 893), 1984.

II. *Ni guerre ni paix*, roman, Grasset, 1983. Livre de poche (n° 6 113), 1985.
III. *Les Fêtes cruelles*, roman, Grasset, 1984. Livre de poche (n° 6 274), 1986.
Lettre à mon père qui aurait eu cent ans, Gallimard, 1986. Folio (n° 2 220), 1990.

CARCO Francis **(1886-1958)**

Mémoires d'une autre vie – Souvenirs d'enfance, Albin Michel 1934. Livre de Poche (n° 5 275), 1979.

CARDINAL Marie **(1929)**

Les Mots pour le dire, roman, Grasset, 1975. Livre de poche (n° 4 887), 1977.

Autrement dit, postface d'Annie Leclerc, Grasset, 1977. Livre de poche (n° 5 072), 1978 (dialogue avec Annie Leclerc sur *Les Mots pour le dire).*

Au pays de mes racines, Grasset, 1980. Livre de poche (n° 5 639), 1982.

CARLES Émilie **(1900-1979)**

Une Soupe aux herbes sauvages, propos recueillis par Robert Destanques, J.-C. Simoën, 1978. Livre de poche (n° 5 226), 1979. Édition définitive chez Robert Laffont en 1981.

Mes rubans de la Saint-Claude, Encre, 1982.

CAVANNA François **(1923)**

Les Ritals, Belfond, 1978. Livre de Poche (n° 5 383), 1979.

Les Ruskoffs, Belfond, 1979. Livre de Poche (n° 5 587), 1981.

Bête et Méchant, Belfond, 1981. Livre de Poche (n° 5 755), 1983.

Les Yeux plus grands que le ventre, Belfond, 1983. Livre de poche (n° 6 836), 1985.

Maria, Belfond, 1985. Livre de poche (n° 6 317), 1987.

L'Œil du lapin, Belfond, 1987. Livre de poche (n° 6 577), 1989.

COHEN Albert **(1895-1981)**

Le Livre de ma mère, Gallimard, 1954. Folio (n° 561), 1974. Repris dans la collection Mille soleils, Gallimard, 1983.

O vous, frères humains, Gallimard, 1972. Folio (n° 1 915), 1988.

Carnets 1978, Gallimard, 1979. Folio (n° 2 434), 1992.

Ces trois textes sont repris dans les *Œuvres*, Bibliothèque de la Pléiade, Gallimard, 1993, avec notice et dossier de presse.

DEBRAY Régis **(1940)**

Les Masques. Une éducation amoureuse, Gallimard, 1987. Folio (n° 2 348), 1992.

Loués soient nos seigneurs. Une éducation politique, Gallimard, 1996.

Par amour de l'art. Une éducation intellectuelle, Gallimard, 1998.

DES FORÊTS Louis-René **(1918)**

Ostinato, Mercure de France, 1997.

« Éléments épars d'un ouvrage en cours, son état provisoire excluant toute possibilité d'organisation et sa nature même la perspective d'un aboutissement » (Avertissement de l'éditeur)

DOLTO Françoise **(1908-1988)**

Enfances, texte de Françoise Dolto, photographies de Alécio de Andra, Le Seuil, 1986. Points Actuel (n° 83), 1988 (le texte seul).

Autoportrait d'une psychanalyste, texte mis au point par Alain et Colette Manier, Le Seuil, 1989. Points Actuels (n° 123), 1992.

DOUBROVSKY Serge **(1928)**

La Dispersion, roman, Mercure de France, 1969.

Fils, roman, Éd. Galilée, 1977. Livre de poche (n° 13 571), 1994.

Un Amour de soi, roman, Hachette, 1982. Livre de poche (n° 6 862), 1990.

La Vie l'instant, roman, Balland, 1985.

Le Livre brisé, roman, Grasset, 1989. Livre de poche (n° 6 936), 1991.

L'Après-vivre, roman, Grasset, 1994.

Depuis *Fils*, il s'agit d'« autofiction », libre mise en mots d'une information garantie vraie.

DRIEU LA ROCHELLE Pierre **(1893-1945)**

État civil, Éd. de la Nouvelle Revue française, 1921. Gallimard, L'Imaginaire (n° 14), 1977.

Récit secret (écrit en 1944-45), première édition hors commerce, A.M.G., 1951. *Récit secret,* suivi de *Journal 1944-1945,* Gallimard, 1961. Nouvelle édition en 1989 (L'ensemble du *Journal 1939-1945* a été publié en 1992).

Fragments de mémoires 1940-1941, préface par Robert O. Paxton, Gallimard, 1982.

DUPEREY Anny **(1947)**

Le Voile noir, photographies de Lucien Legras, Le Seuil, 1992.

Je vous écris..., Le Seuil, 1993 (Suite du livre précédent, et montage des lettres de lecteurs).

DURAS Marguerite **(1914-1996)**

L'Amant, Éd. de Minuit, 1984.

La Douleur, P.O.L., 1985. Folio (n° 2 469), 1993.

L'Amant de la Chine du Nord, Gallimard, 1991. Folio (n° 2 509), 1993.

EAUBONNE Françoise d' **(1920)**

Chienne de jeunesse. Mémoires précoces 1, Julliard, 1965.

Les Monstres de l'été. Mémoires précoces 2, Julliard, 1966.

L'Indicateur du réseau, Encre, 1980 (autobiographie spatiale : de A à L, les lieux d'une vie. Suite à venir).

EMMANUEL Pierre **(1916-1984)**

Qui est cet homme, ou le singulier universel, L.U.F., 1947.

L'Ouvrier de la onzième heure, Le Seuil, 1953.

Autobiographies, Le Seuil, 1970 (reprises des deux textes précédents en un seul volume, avec un nouvel avant-propos de l'auteur).

ERNAUX Annie **(1940)**

La Place, Gallimard, 1983. Folio (n° 1 722), 1986.

Une femme, Gallimard, 1987. Folio (n° 2 121), 1989.

Passion simple, Gallimard, 1991. Folio (n° 2 545), 1993.

La Honte, Gallimard, 1997.

Je ne suis pas sortie de ma nuit, Gallimard, 1997.

FRANÇOIS Jocelyne **(1933)**

Joue-nous « España », roman de mémoire, Mercure de France, 1980. Folio (n° 1 375), 1982.

FRIEDLÄNDER Saul **(1932)**

Quand vient le souvenir..., Le Seuil, 1978. Points Actuels (n° 39), 1981.

FROSSARD André **(1915-1995)**

Dieu existe, je l'ai rencontré, Fayard, 1969. Livre de poche (n° 2 859), 1971. Nouvelle édition avec une préface de l'auteur, Fayard, 1975.

GARY Romain **(1914-1980)**

La Promesse de l'aube, Gallimard, 1960. Folio (n° 373), 1973.

La Nuit sera calme, Interlocuteur François Bondy, Gallimard, 1974. Folio (n° 719), 1976.

Vie et Mort d'Émile Ajar, Gallimard, 1981.

Parmi les œuvres signées Émile Ajar figure un texte « autobiographique », *Pseudo* (Mercure de France, 1976). Paul Pavlovitch, qui tint dans la vie le rôle d'Ajar, a publié après la mort de Gary un texte autobiographique, *L'homme que l'on croyait*, Fayard, 1981.

GENEVOIX Maurice **(1890-1980)**

Trente mille jours, Le Seuil, 1980. Points (n° 222), 1981.

GIONO Jean **(1895-1970)**

Jean le Bleu, Grasset, 1932. Livre-Club du Libraire, 1956, avec une préface de Giono. Livre de poche (n° 3 649), 1974.

La préface de 1956, où Giono s'explique sur le statut semi-fictionnel du texte, est reproduite par Robert Ricatte dans le volume de la Bibliothèque de la Pléiade (*Jean le Bleu. Le Chant du monde. Que ma joie demeure. Batailles dans la montagne*, 1983) où le texte est largement commenté et annoté.

GOLDMAN Pierre **(1944-1979)**

Souvenirs obscurs d'un juif polonais né en France, Le Seuil, collection Combats, 1975. Points Actuels (n° 14), 1977.

GORZ André **(1924)**

Le Traître, avant-propos de Jean-Paul Sartre, Le Seuil, 1958. Points Sciences humaines (n° 87), 1978. (L'avant-propos de Sartre, « Des rats et des hommes », a été recueilli en 1964 dans *Situations IV*).

GRACQ Julien **(1910)**

Les Eaux étroites, José Corti, 1976.

La Forme d'une ville, José Corti, 1985.

Ces deux textes sont recueillis et présentés dans le tome II des *Œuvres complètes,* Bibliothèque de la Pléiade, Gallimard, 1995.

GREEN Julien **(1900-1998)**

Partir avant le jour, Grasset, 1963. Livre de poche (n° 3 366), 1972.

Mille chemins ouverts, Grasset, 1964. Livre de Poche (n° 3 485), 1973.

Terre lointaine, Grasset, 1966. Livre de poche (n° 3 604), 1973.

Jeunesse, Plon, 1974. Livre de poche (n° 5 269), 1979.

En 1977, ces quatre textes sont repris dans le tome V des *Œuvres complètes*, Bibliothèque de la Pléiade, avec notice et notes de Jacques Petit.
En 1984, ils sont republiés au Seuil en Points Roman (n° 171-172) sous un nouveau titre d'ensemble, *Jeunes Années, autobiographie*, avec deux

adjonctions : à la fin du premier volume, « Quand nous habitions tous ensemble » (premier chapitre d'un récit d'enfance écrit en 1940 aux États Unis en français, et abandonné) ; à la fin du second volume, « Fin de jeunesse ».

En 1990, ces deux adjonctions sont reprises dans le tome VI des *Œuvres complètes*, ainsi qu'une autobiographie spirituelle publiée chez Plon en 1978, *Ce qu'il faut d'amour à l'homme.*

En 1992, *Jeunes Années* est republié en un seul volume au Seuil.

Par ailleurs Julien Green a pendant la guerre écrit et publié en anglais ses souvenirs d'enfance : *Memories of Happy Days*, New York, Harper et Londres, Dent, 1942.

GROULT Flora **(1924)**

Mémoires de moi, Flammarion, 1975. J'ai lu (n° 1 567), 1983.

GUÉHENNO Jean **(1890-1978)**

Journal d'un homme de quarante ans, Grasset, 1934. Réédition en 1980.

Changer la vie, mon enfance et ma jeunesse, Grasset, 1961. Livre de poche (n° 3 725), 1973. Grasset, les Cahiers rouges (n° 117), 1990.

GUIBERT Hervé **(1955-1991)**

Mes parents, Gallimard, 1986. Folio (n° 2 582), 1994.

À l'ami qui ne m'a pas sauvé la vie, Gallimard, 1990. Folio (n° 2 366), 1992.

Le Protocole compassionnel, Gallimard, 1991. Folio (n° 2 481), 1993.

Hervé Guibert a réalisé en vidéo un témoignage sur la dernière année de sa vie, *La Pudeur ou l'Impudeur*, diffusé à la télévision en 1992, et tenu un journal de sa dernière hospitalisation (*Cytomégalovirus*, Le Seuil, 1992. Points (n° 630), 1994).

HÉLIAS Pierre Jakez **(1914-1995)**

Le Cheval d'orgueil. Mémoires d'un Breton du pays bigouden, traduit du breton par l'auteur, Plon, collection Terre humaine, 1975. Presses Pocket (n° 3 000), 1982. Nouvelle édition revue et corrigée, augmentée de débats et critiques, Plon, 1991.

JOUFFROY Alain **(1928)**

Le Roman vécu, Robert Laffont, collection Vécu, 1978.

JOUHANDEAU Marcel **(1888-1979)**

Mémorial

I. Le Livre de mon père et de ma mère, Gallimard, 1948.
II. Le Fils du boucher, Gallimard, 1951.

III. La Paroisse du temps jadis, Gallimard, 1952.
IV. Apprentis et garçons, Gallimard, 1953.
V. Le Langage de la tribu, Gallimard, 1955.
VI. Les Chemins de l'adolescence, Gallimard, 1958.

Le Moi-même, Photographies de Daniel Wallard, Actes Sud, 1994 (50 portraits de Marcel Jouhandeau commentés par lui-même).

JULIET Charles **(1934)**

L'Année de l'éveil, P.O.L., 1988. J'ai lu (n° 2 866), 1990.

L'Inattendu, P.O.L., 1992. Folio (n° 2 638), 1994.

Lambeaux, récit, P.O.L., 1995. Folio (n° 2948), 1997.

LAPORTE Roger **(1925)**

Une vie, biographie, P.O.L., 1986.

Ce volume rassemble la suite des textes publiés au cours des vingt années précédentes : *La Veille*, 1963, *Une voix de fin silence*, 1966, *Pourquoi ?*, 1967, *Fugue*, 1970, *Supplément*, 1973, *Fugue 3*, 1976, *Codicille*, *Suite*, 1979 et *Moriendo*, 1983.

LECLERC Annie **(1940)**

Parole de femme, Grasset, 1974 (essai).

Origines, Grasset, 1988 (autobiographie adressée à J.-J. Rousseau).

LEDUC Violette **(1907-1972)**

La Bâtarde, préface de Simone de Beauvoir, Gallimard, 1964. Livre de Poche, 1970. Folio (n° 41), 1972. L'Imaginaire (n° 351), 1994.

La Folie en tête, Gallimard, 1970. Folio, 1973. L'Imaginaire (n° 319), 1994.

La Chasse à l'amour, Gallimard, 1973.

LEIRIS Michel **(1901-1990)**

L'Afrique fantôme, Gallimard, 1934. Nouvelle édition en 1981 (Journal tenu lors de la mission ethnographique Dakar-Djibouti)

L'Âge d'homme, Gallimard, 1939. Nouvelle édition en 1946, précédée de *De la littérature considérée comme une tauromachie.* Livre de poche, 1966. Folio (n° 435), 1973.

La Règle du jeu.
I. Biffures, Gallimard, 1948. L'Imaginaire (n° 260), 1991.
II. Fourbis, Gallimard, 1955. L'Imaginaire (n° 261), 1991.
III. Fibrilles, Gallimard, 1966. L'Imaginaire (n° 275), 1992.
IV. Frêle Bruit, Gallimard, 1976. L'Imaginaire (n° 274), 1992.

Nuits sans nuit, et quelques jours sans jour, Gallimard, 1960 (récits de rêves).

Le Ruban au cou d'Olympia, Gallimard, 1981. L'Imaginaire (n° 217), 1989.

Langage Tangage, ou Ce que les mots me disent, Gallimard, 1985.

À cor et à cri, Gallimard, 1988.

Après la mort de Michel Leiris ont été publiés son Journal, réservoir et atelier de son écriture autobiographique (*Journal 1922-1989*, Gallimard, 1992) et le cahier préparatoire pour ce qui allait devenir *la Règle du jeu* (*L'homme sans honneur, notes pour Le sacré dans la vie quotidienne*, Jean-Michel Place, 1994).

LILAR Suzanne **(1901)**

Une enfance gantoise, Grasset, 1976. Bibliothèque Marabout (n° 22), 1986.

MALRAUX André **(1901-1976)**

Antimémoires, Gallimard, 1967. Folio (n° 23), 1972.

La Corde et les Souris, Folio (n° 731), 1976 (Volume regroupant et réorganisant *Les Chênes qu'on abat...,* 1971, *La Tête d'obsidienne,* 1974, *Lazare,* 1974, *Hôtes de passage,* 1975).

En 1976, le texte des deux Folios est repris dans la Bibliothèque de la Pléiade sous le titre d'ensemble *Le Miroir des limbes* (tome III des *Œuvres complètes*).

MALRAUX Clara **(1897-1982)**

Le Bruit de nos pas

I. Apprendre à vivre, Grasset, 1963.
II. Nos vingt ans, Grasset, 1966.
III. Les Combats et les jeux, Grasset, 1969.
IV. Voici que vient l'été, Grasset, 1973.
V. La Fin et le commencement, Grasset, 1976.
VI ... Et pourtant j'étais libre, Grasset, 1979.

Les trois premiers livres ont été réunis en un volume chez Grasset en 1992.

MANCEAUX Michelle

Grand Reportage, Le Seuil, 1980. Points Roman (n° 35), 1981.

MAURIAC Claude **(1914-1996)**

Le Temps immobile. 10 vol. de montage de journaux tenus pendant plus d'un demi-siècle, publiés chez Grasset (1re date) et repris en Livre de Poche (2e date) : *Le Temps immobile,* 1974/83 ; *Les Espaces imaginaires, 1975/85 ; Et comme l'espérance est violente,* 1976/86 ; *La Terrasse de Malagar,* 1977/87 ; *Aimer de Gaulle, 1978/88 ; Le Rire des pères dans les yeux des enfants,* 1981/89 ; *Signes, rencontres et rendez-vous, 1983/90 ; Bergère ô tour Eiffel,* 1985/91 ; *Mauriac et fils,* 1986/92 ; *L'Oncle Marcel,* 1988/93.

Plusieurs autres volumes ont été publiés parallèlement à cette série, le plus important étant sans doute *L'Éternité parfois* (Belfond, 1978), réflexion sur l'entreprise elle-même. La série a été prolongée par 3 vol. de *Temps accompli* (Grasset, 1991-1993) et une anthologie commentée par José Cabanis (Grasset, 1993).

MAURIAC François **(1885-1970)**

En 1990, les *Œuvres autobiographiques* de Mauriac sont réunies par François Durand dans un volume de la Bibliothèque de la Pléiade. Sa préface souligne le caractère hétéroclite de ce regroupement, et analyse l'attitude ambiguë de Mauriac face à l'autobiographie. Le volume contient : *La Vie et la mort d'un poète* (1924) ; *Commencements d'une vie* (1932) ; *Souffrances et bonheur du chrétien* (1931) ; *La Rencontre avec Barrès* (1945) ; *Journal d'un homme de trente ans* (1948) ; *Du côté de chez Proust* (1947) ; *La Pierre d'achoppement* (1948) ; *Mémoires intérieurs* (1959) ; *Ce que je crois* (1962) ; *Nouveaux Mémoires intérieurs* (1965).
Les *Nouveaux Mémoires intérieurs* sont disponibles en Folio (n° 566), 1970.

MAUROIS André **(1885-1967)**

Mémoires I. Les Années d'apprentissage ; II. Les Années de travail, New York, Éditions de la Maison française, 1942, 2 vol. Le tome I a été réédité en 1948 chez Flammarion. Nouvelle édition augmentée, en un seul volume, Flammarion, 1970.

MICHAUX Henri **(1899-1984)**

« Quelques renseignements sur cinquante-neuf années d'existence », in Robert Bréchon, *Henri Michaux,* Gallimard, collection La Bibliothèque idéale, 1959. Repris tel quel en collection Idées en 1969.

Façons d'endormi, façons d'éveillé, Gallimard, 1969 (Récits de rêve).

« Quelques renseignements... » est repris en tête du tome I des *Œuvres complètes* dans l'édition de la Pléiade (1998) établie par Raymond Bellour.

NAVARRE Yves **(1940-1994)**

Biographie, roman, Flammarion, 1981. Livre de poche (n° 5 837-5 838), 1983.

NAVEL Georges **(1904-1993)**

Travaux, Stock, 1945. Folio (n° 1156), 1979.

Passages, récit, Le Sycomore, 1982. Gallimard, 1991.

NOURISSIER François **(1927)**

Un Petit Bourgeois, Grasset, 1963. Livre de Poche (n° 2 592), 1969. Grasset, Cahiers rouges (n° 8), 1983.

Lettre à mon chien, Gallimard, 1975. Folio (n° 843), 1976.

Le Musée de l'homme, Grasset, 1978. Livre de poche (n° 5 368), 1980.

Bratislava, Grasset, 1990. Livre de Poche (n° 7 358), 1991.

Autos Graphie, Albin Michel, 1990. Livre de Poche (n° 4 313), 1992.

Mauvais genre, entretiens avec Frédéric Badré et Arnaud Guillon, Quai Voltaire, 1994. Folio (n° 2 800), 1996.

Roman volé, Grasset, 1996.

ORAISON Marc **(1914-1979)**

Tête dure, autobiographie, Le Seuil, 1969.

Au point où j'en suis, Le Seuil, 1978.

Ce qu'un homme a cru voir. Mémoires posthumes, Robert Laffont, collection Vécu, 1980.

PAGNOL Marcel **(1890-1974)**

Souvenirs d'enfance

I. La Gloire de mon père, Monte-Carlo, Pastorelly, 1957.
II. Le Château de ma mère, Monte-Carlo, Pastorelly, 1958.
III. Le Temps des secrets, Monte-Carlo, Pastorelly, 1960.
IV. Le Temps des amours, J. Taillandier, 1977.

Nombreuses rééditions. En particulier chez Presses Pocket en 1976-1979. Aux Éditions de Fallois en 1988.

PARAIN Brice **(1897-1971)**

De fil en aiguille, Gallimard, 1960.

PEREC Georges **(1936-1982)**

La Boutique obscure, 124 rêves, Denoël-Gonthier, collection Cause commune, 1973.

W ou le souvenir d'enfance, Denoël, 1975. L'Imaginaire (n° 293), 1993.

« Les lieux d'une ruse », in *Penser/Classer*, Hachette, collection Textes du XXe siècle, 1985 (texte sur sa cure de psychanalyse).

Je me souviens, Hachette, collection P.O.L., 1978. Nouvelle édition : Hachette, collection Textes du XXe siècle, 1986 (rééd. 1998).

Je suis né, Le Seuil, collection La Librairie du XXe siècle, 1990 (recueil posthume regroupant des textes brefs, autobiographiques, ou portant sur les projets autobiographiques, de Georges Perec).

PERROS Georges **(1923-1978)**

Une Vie ordinaire, roman poème, Gallimard, collection Le chemin, 1967.

Notes d'enfance, Quimper, Calligrammes, 1979.

« L'ardoise magique », in *Papiers Collés III,* Gallimard, collection Le chemin, 1978. L'Imaginaire (n° 318), 1994.

QUENEAU Raymond **(1903-1976)**

Chêne et Chien, roman en vers, Denoël, 1937. Repris en 1952 dans le recueil *Si tu t'imagines.* Gallimard, Poésie (n° 47), 1969. *Chêne et chien* figure dans le volume I des *Œuvres complètes,* Bibliothèque de la Pléiade, 1989, édition établie et annotée par Claude Debon.

ROBBE-GRILLET Alain **(1922)**

Le Miroir qui revient, Éd. de Minuit, 1985.

Angélique ou l'enchantement, Éd. de Minuit, 1987.

Les Derniers Jours de Corinthe, Éd. de Minuit, 1994.

À partir du second volume apparaît le titre collectif de la série : *Romanesques.*

ROCHEFORT Christiane **(1917-1998)**

Ma Vie, revue et corrigée par l'auteur, à partir d'entretiens avec Maurice Chavardès, Stock, 1978.

ROUBAUD Jacques **(1932)**

Le Grand Incendie de Londres, récit, avec incises et bifurcations, Le Seuil, collection Fiction & Cie, 1989.

La Boucle, Le Seuil, collection Fiction & Cie, 1993.

Mathématique, récit, Le Seuil, collection Fiction & Cie, 1997.

ROY Claude **(1915-1997)**

Moi je, essai d'autobiographie, Gallimard, 1969. Folio (n° 1 066), 1978.

Nous, Gallimard, 1972. Folio (n° 1 247), 1980.

Somme toute, Gallimard, 1976. Folio (n° 1 405), 1982.

Après la conclusion autobiographique de *Somme toute*, Claude Roy a régulièrement publié son journal chez Gallimard (*Permis de séjour*, 1977-1982, 1983 ; *La Fleur du temps*, 1983-1987, 1988 ; *L'Étonnement du voyageur*, 1987-1989, 1990 ; *Le Rivage des jours*, 1989-1990, 1992 ; *Les Rencontres des jours*, 1992-1993, 1994 ; *Chemins croisés*, 1994-1995, 1997).

SACHS Maurice **(1906-1944)**

Le Sabbat, souvenirs d'une jeunesse orageuse, Corréa 1946. Livre de poche (n° 3 201), 1971. Nouvelle édition, Gallimard, 1979.

SARRAUTE Nathalie **(1900)**

Enfance, Gallimard, 1983. Folio (n° 1 684), 1985.

Nathalie Sarraute a enregistré elle-même une lecture intégrale d'*Enfance* (Audilivre, 1986). *Enfance* a été repris, avec une notice et des notes par Ann Jefferson, dans les *Œuvres complètes* de la Bibliothèque de la Pléiade, Gallimard, 1996.

SARTRE Jean-Paul **(1905-1980)**

Les Carnets de la drôle de guerre, novembre 1939-mars 1940, Gallimard, 1983 *(Carnets III, V, XI, XII et XIV).* Nouvelle édition, augmentée du *Carnet I* retrouvé, et annotée, *Carnets de la drôle de guerre, Septembre 1939-1940,* Gallimard, 1995.

Les Mots, Gallimard, 1964 (prépublication dans *Les Temps modernes* en octobre et novembre 1963). Folio (n° 607), 1972.

SEMPRUN Jorge **(1922)**

Autobiographie de Federico Sánchez, traduit de l'espagnol par Claude et Carmen Durand, Le Seuil, 1978. Points (n° 204), 1996.

Federico Sánchez vous salue bien, Grasset, 1993. Livre de poche (n° 13 686), 1995.

L'Écriture ou la vie, Gallimard, 1994. Folio (n° 2 870), 1996.

Adieu, vive clarté..., Gallimard, 1998.

SIGNORET Simone **(1921-1985)**

La Nostalgie n'est plus ce qu'elle était, Le Seuil, 1976. Points Actuels (n° 19), 1978.

Le Lendemain elle était souriante, Le Seuil, 1979. Points Actuels (n° 42), 1981.

SIMENON Georges **(1903-1989)**

Je me souviens, Presses de la Cité, 1945 (écrit de 1940 à 1945 ; Simenon en tira un roman, *Pedigree,* publié en 1948). Nouvelle édition en 1961.

Quand j'étais vieux, Presses de la Cité, 1970.

Lettre à ma mère, Presses de la Cité, 1974.

Mes dictées : Un homme comme un autre, 1975. *Des traces de pas,* 1975. *Les Petits hommes,* 1976. *Vent du Nord, Vent du Sud,* 1976. *Un banc au soleil,* 1977. *De la cave au grenier*, 1977. *À l'abri de notre arbre,* 1977. *Tant que je suis vivant,* 1978. *Vacances obligatoires,* 1978. *La main dans la main, 1978. Au-delà de ma porte-fenêtre, 1978. Je suis resté un enfant de chœur,* 1979. *À quoi bon jouer ?,* 1979. *Point-Virgule,* 1979. *Le Prix d'un homme,* 1980. *On dit que j'ai soixante-quinze ans,* 1980. *Quand vient le froid,* 1980. *Les libertés qui nous restent, 1981. La femme endormie,* 1981. *Jour et nuit,* 1981. *Destinées,* 1981.

Mémoires intimes, suivi de *Le Livre de Marie-Jo,* Presses de la Cité, 1981.

L'ensemble des écrits autobiographiques de Georges Simenon a été regroupé en deux tomes (vol. 26 et 27) du *Tout Simenon*, Presses de la Cité, collection Omnibus, 1993.

SORGUE Mireille **(1944-1967)**

L'Amant, Mane (Basses-Alpes), R. Morel, 1964. Albin Michel, 1985.

La réédition, en 1985, de ce chant d'amour, a été accompagnée de l'édition en 2 vol. des *Lettres à l'amant* (Albin Michel).

SYLVÈRE Antoine **(1888-1963)**

Toinou. Le cri d'un enfant auvergnat, Plon, collection Terre humaine, 1980.

Le Légionnaire Flutsch, Plon, collection Terre humaine, 1982. Presses Pocket (n° 2 244), 1984.

TOURNIER Michel **(1924)**

Le Vent Paraclet, Gallimard, 1977. Folio (n° 1 138), 1979.

YOURCENAR Marguerite **(1903-1987)**

Les Songes et les sorts, Grasset, 1938 (récits de rêves).

Le Labyrinthe du monde

I. Souvenirs pieux, Gallimard, 1974. Folio (n° 1 165), 1980.

II. Archives du Nord, Gallimard, 1977. Folio (n° 1 328), 1982.

III. Quoi ? L'Éternité, Gallimard, 1988. Folio (n° 2 161), 1990.

Les 3 vol. du *Labyrinthe* sont repris dans la Bibliothèque de la Pléiade, *Essais et Mémoires*, Gallimard, 1991. On y trouve également *Les Songes et les sorts*, non réédité depuis 1938, avec un dossier préparé par M. Yourcenar en vue d'une réédition.

Autobiographies recueillies au magnétophone

Individus

BLASQUEZ Adélaïde, *Gaston Lucas, serrurier. Chronique de l'anti-héros*, Plon, collection Terre humaine, 1976. Presses Pocket (n° 3 007), 1983.

CATANI Maurizio et MAZÉ Suzanne, *Tante Suzanne, une histoire de vie sociale*, Librairie des Méridiens, collection Sociologies au quotidien, 1982.

GRENADOU Éphraïm et PRÉVOST Alain, *Grenadou, paysan français,* Le Seuil, 1966. Points Histoire (n° 33), 1978.

LAMOUILLE Madeleine, *Pipes de terre et pipes de porcelaine. Souvenirs d'une femme de chambre en Suisse romande, 1920-1940*, publiés par Luc Weibel, Genève, Éditions Zoé, 1978 (rééd. en 1998).

LENGRAND Louis et CRAIPEAU Maria, *Louis Lengrand, mineur du Nord*, Le Seuil, 1974.

Groupes familiaux

DESTRAY Jacques, *La Vie d'une famille ouvrière*, autobiographies, Le Seuil, 1971.

FERNIOT Jean, *Pierrot et Aline*, Grasset, 1973.

Enquêtes collectives

BOURDIEU Pierre (sous la direction de), *La Misère du monde*, Le Seuil, collection Libre examen, 1993 (une soixantaine d'entretiens)

GERMAIN Christiane et PANAFIEU Christine de, *La Mémoire des femmes. Sept témoignages de femmes nées avec le siècle*, Sylvie Messinger, 1982.

LE MILLOUR Charlotte, *La Maternité singulière. Avoir un enfant sans père. Récits de vie de mères célibataires*, Robert Laffont, 1982.

ROCHE Anne et TARANGER Marie-Claude, *« Celles qui n'ont pas écrit », Récits de femmes, 1914-1945*, Aix-en-Provence, Édisud, 1995.

TROISIÈME PARTIE

Bibliographie

Cette Bibliographie nouvelle (1998) témoignera de la prodigieuse explosion théorique et critique du dernier quart de siècle. Elle est présentée par grandes rubriques en ordre alphabétique, pour en intégrer de manière lisible les aspects les plus divers. Elle signale peu d'articles, mais surtout des livres, des actes de colloques, ou des dossiers de revues. À trois exceptions près, les textes sont en langue française. Ce n'est de toute façon qu'un choix. On pourra se reporter pour une information plus complète à la bibliographie du *Pacte autobiographique* (Le Seuil, 1975), de *Je est un autre* (Le Seuil, 1980) et pour la suite aux fascicules de la *Bibliographie des études en langue française sur la littérature personnelle et les récits de vie*, dont la référence est donnée à la fin.

Les études critiques portant sur des auteurs particuliers sont facilement repérables grâce aux bibliographies courantes. Une rubrique « Écrivains contemporains » regroupe néanmoins quelques livres ou colloques qui éclaireront la modernité du genre en informant sur les œuvres qui ont chance d'en devenir des « classiques ».

L'explosion critique est également énorme à l'étranger, en particulier dans les pays de langue anglaise et allemande. Il existe parfois des recueils ou anthologies critiques qui proposent une vue synthétique. Par exemple, aux États-Unis, le recueil de Paul John Eakin, *American Autobiography. Retrospect and Prospect* (The University of Wisconsin Press, 1991) ou en Espagne, le n° 125, octobre 1991, de la revue *Anthropos* (avec son supplément n° 29 de décembre 1991). Mais le meilleur guide pour suivre l'activité critique est sans doute la lecture des revues spécialisées, par exemple, aux États-Unis, *Biography* (Université d'Hawaii) et *A/B Auto/Biography Studies* (University of North Carolina-Chapel Hill, NC 27599), en Allemagne, *Bios* (Université de Hagen) et en Espagne, le *Boletín de la Unidad de Estudios Biográficos* (Université de Barcelone).

Autobiographie

1956 Georges GUSDORF, « Conditions et limites de l'autobiographie », in *Formen der Selbstdarstellung, Festgäbe für Fritz Neubert*, Berlin, Duncker und Humblot, pp. 105-123.

1970 Jean STAROBINSKI, « Le style de l'autobiographie », *Poétique*, n° 3 (repris dans *La Relation critique*, Gallimard, 1971).

1971 Philippe LEJEUNE, *L'Autobiographie en France*, A. Colin, coll. « U2 ».

1975 *L'Autobiographie* (Colloque de Paris, Société d'histoire littéraire de la France, 1975), *Revue d'histoire littéraire de la France*, 1975-6.

1975 Philippe LEJEUNE, *Le Pacte autobiographique*, Le Seuil, « Poétique » (repris en « Points » en 1996).

1979 Georges MAY, *L'Autobiographie*, PUF.

1980 Philippe LEJEUNE, *Je est un autre. L'Autobiographie, de la littérature aux médias*, Le Seuil, « Poétique ».

1982 *Individualisme et Autobiographie en Occident* (Colloque de Cerisy, 1979, dir. Claudette Delhez-Sarlet et Maurizio Catani), Bruxelles, *Revue de l'Institut de Sociologie*, 1982 1-2.

1986 Philippe LEJEUNE, *Moi aussi*, Le Seuil, « Poétique ».

1990 Georges GUSDORF, *Lignes de vie, 1. Les Écritures du moi, 2. Autobio-graphie*, Éditions Odile Jacob, 2 vol.

1991 *Le Biographique* (Colloque de Cerisy, 1990, dir. Alain Buisine et Norbert Dodille), *Revue des Sciences humaines*, 1991-4, n° 224.

1993 Michael SHERINGHAM, *French Autobiography. Devices and Desires*, Oxford, Clarendon Press.

1997 Jacques LECARME et Éliane LECARME-TABONE, *L'Autobiographie*, A. Colin, coll. « U ».

1997 *L'Autobiographie en procès* (Colloque de Nanterre, 1996, dir. Ph. Lejeune), *RITM*, n° 14.

1998 *Tables rondes 1993-1997*, Ambérieu-en-Bugey, Publications de l'APA.

1998 Philippe LEJEUNE, *Pour l'autobiographie. Chroniques*, Le Seuil, coll. « La couleur de la vie ».

Autofiction

1988 Serge DOUBROVSKY, « Autobiographie/Vérité/Psychanalyse », in *Autobiographiques*, PUF.

1993 *Autofictions & Cie* (Colloque de Nanterre, 1992, dir. Serge Doubrovsky, Jacques Lecarme et Philippe Lejeune), *RITM*, n° 6.

1998 Régine ROBIN, *Le Golem de l'écriture. De l'autofiction au Cybersoi*, Montréal, XYZ éditeur.

Autoportrait

Écriture

1980 Michel BEAUJOUR, *Miroirs d'encre,* Le Seuil, « Poétique ».

Peinture

1983 *L'Autoportrait*, n° 5 de *Corps Écrit*.
1984 Pascal BONAFOUX, *Les Peintres et l'autoportrait*, Skira.

Photographie

1981 *Autoportraits photographiques. 1898-1981*, Centre Georges Pompidou/Herscher.
1994 Anne-Marie GARAT, *Photos de familles*, Le Seuil, coll. « Fictions & Cie ».
1995 n° 8 (février 1995) de *la Faute à Rousseau*, dossier « Mémoire et photographie ».

Cinéma

1987 *L'Écriture du JE au cinéma*, n° 19 de la *Revue belge du cinéma*.
1995 *Le Film de famille. Usage privé, usage public*, sous la dir. de Roger Odin, Méridiens Klincksieck.
1995 *Le Je filmé*, Éditions du Centre Pompidou.

Vidéo

1988 Raymond BELLOUR, « Autoportraits », *Communications n° 48.*

Bandes dessinées

1987 « Autobiographies », dossier présenté par Thierry Groensteen dans les nos 73 (janvier-février) et 74 (mars-avril) des *Cahiers de la bande dessinée.*
1996 Thierry GROENSTEEN, « Les petites cases du moi : l'autobiographie en bande dessinée », *9e Art. Les Cahiers du Musée de la bande dessinée*, n° 1, 1996.

Aveux et secrets

1963 Henri PEYRE, *Literature and Sincerity*, New Haven and London, Yale University Press.
1986 Aloïs HAHN, « Contribution à la sociologie de la confession et autres formes ritualisées d'aveu », *Actes de la recherche en sciences sociales*, n° 62-63, juin.
1993 François VIGOUROUX, *Le Secret de famille*, PUF.
1995 *Le For intérieur*, colloque du CURAPP, PUF.
1995 Dominique MEHL, *La Télévision de l'intimité*, Le Seuil.
1995 *La Sincérité*, dirigé par Christine Baron et Catherine Doroszczuk, Autrement, série « Morales ».
1996 Gisèle MATHIEU-CASTELLANI, *La Scène judiciaire de l'autobiographie*, PUF.
1998 n° 18 (juin 1998) de *La Faute à Rousseau*, dossier sur « Le secret ».

Biographie

1930 André MAUROIS, *Aspects de la biographie*, Grasset.

1953 René AIGRAIN, *L'Hagiographie, ses sources, ses méthodes, son histoire*, Bloud et Gay.

1984 Daniel MADELÉNAT, *La Biographie*, PUF.

1989 *Le Désir biographique* (Colloque de Nanterre, 1988, dir. Ph. Lejeune), n° 16 des *Cahiers de sémiotique textuelle* (Publidix, Université Paris-X).

Correspondance

1990 Vincent KAUFMANN, *L'Équivoque épistolaire*, Éd. de Minuit.

1990 *L'Épistolarité à travers les siècles* (Colloque de Cerisy, 1987, dir. Mireille Bossis et Charles A. Porter), Stuttgart, Franz Steiner Verlag.

1991 *La Correspondance. Les usages de la lettre au XIXe siècle*, sous la direction de Roger Chartier, Fayard.

1992 *La Lettre d'amour*, textes réunis par J.-L. Diaz, *Textuel*, n° 24.

1993 *Expériences limites de l'épistolaire. Lettres d'exil, d'enfermement, de folie* (Colloque de Caen, 1991, dir. André Magnan), Champion.

1995 Geneviève HAROCHE-BOUZINAC, *L'Épistolaire*, Hachette Supérieur.

Écritures ordinaires

1991 *Archives autobiographiques*, sous la dir. de Ph. Lejeune, *Cahiers de sémiotique textuelle*, n° 20.

1991 Denis BERTHOLET, *Les Français par eux-mêmes. 1815-1885*, Olivier Orban.

1993 *Écritures ordinaires*, sous la dir. de Daniel Fabre, P.O.L.

1994 *Garde-Mémoire*, vol. 1, Ambérieu-en-Bugey, Publications de l'A.P.A. (Inventaire, avec descriptions et index, des textes reçus par l'A.P.A. en 1992-94).

1996 *Garde-Mémoire*, vol. 2, *ibid.* (textes reçus en 1994-96).

1997 *Par écrit*, préface de Daniel Fabre, Éd. de la Maison des sciences de l'homme.

1998 *Garde-mémoire*, vol. 3, Ambérieu-en-Bugey, Publications de l'APA (textes reçus en 1996-97).

Écrivains contemporains

1975 Philippe LEJEUNE, *Lire Leiris. Autobiographie et langage*, Klincksieck.

1988 *W ou le souvenir d'enfance : une fiction. Séminaire 1986-87*, Cahiers Georges Perec n° 2, *Textuel*, n° 21 (réédité en 1998).

1988 *Marguerite Yourcenar. Biographie, autobiographie* (Colloque de Valence, 1986, dir. Elena Real), Departemento de Filologia Francesa, Universitat de Valencia.

1989 Jacques LECARME et Bruno VERCIER, « Premières personnes », *Le*

Débat, n° 54, mars-avril 1989 (Panorama de la littérature actuelle du « je »).

1989 Bernard VOUILLOUX, *Gracq autographe*, José Corti.

1990 Aliette ARMEL, *Marguerite Duras et l'autobiographie*, Le Castor Astral.

1991 Philippe LEJEUNE, *La Mémoire et l'Oblique. Georges Perec autobiographe*, P.O.L.

1992 *Autobiographie et avant-garde* (Symposium de Mayence, 1990, dir. Alfred Hornung et Ernstpeter Ruhe), Tübingen, Gunter Narr Verlag (Sur Alain Robbe-Grillet, Serge Doubrovsky et Rachid Boudjedra, en particulier).

1994 Claude BURGELIN, Les Mots *de Jean-Paul Sartre*, Gallimard, Foliothèque.

1994 Catherine MAUBON, *Michel Leiris en marge de l'autobiographie*, José Corti.

1995 *Hervé Guibert*, n° de printemps de *Nottingham French Studies* (vol. 34, n° 1).

1996 Monique GOSSELIN, Enfance *de Nathalie Sarraute*, Gallimard, Foliothèque.

1997 Anne ROCHE, W ou le souvenir d'enfance *de Georges Perec*, Gallimard, Foliothèque.

Enseignement

1990 *L'Autobiographie au collège, au lycée*, *Les Cahiers du Français aujourd'hui*, n° 1, janvier 1990 (Rassemble des articles parus dans *Le Français aujourd'hui* et des comptes rendus inédits d'expériences pédagogiques).

1992 Claire BONIFACE, *Les Ateliers d'écriture*, Retz.

1994 n° 7 de *La Faute à Rousseau* (octobre 1994), dossier « Le JE à l'école », avec bibliographie.

1995 Anne ROCHE, Andrée GUIGUET, Nicole VOLTZ, *L'Atelier d'écriture*, Dunod.

Études génétiques

1958 Hermine de SAUSSURE, *Rousseau et les manuscrits des* Confessions, Éd. de Boccard.

1987 Jean-Claude BERCHET, « Le manuscrit autographe du Livre I des *Mémoires de ma vie* de Chateaubriand », *Revue d'histoire littéraire de la France*, juillet-août 1987.

1987 Catherine MAUBON, *Michel Leiris au travail. Analyse et transcription d'un fragment manuscrit de* Fourbis, Pisa, Pacini Editore.

1993 Serge SÉRODES, *Les Manuscrits autobiographiques de Stendhal. Pour une approche sémiotique*, Genève, Droz.

1994 Almuth GRÉSILLON, *Éléments de critique génétique. Lire les manuscrits modernes*, PUF.

1995 *Les plus beaux manuscrits et journaux intimes de la langue française*, sous la dir. de Mauricette Berne, Robert Laffont.

1996 *Pourquoi et comment Sartre a écrit* Les Mots, sous la direction de Michel Contat, PUF.

1998 Philippe LEJEUNE, *Les Brouillons de soi*, Le Seuil, « Poétique ».

Francophonie

1983 Yvan LAMONDE, *Je me souviens. La Littérature personnelle au Québec (1860-1980)*, Québec, Institut québecois de recherche sur la culture.

1983 Françoise VAN ROEY-ROUX, *La Littérature intime du Québec*, Montréal, Boréal Express.

1986 Jean-Louis JOUBERT, Jacques LECARME, Éliane TABONE, Bruno VERCIER, *Les Littératures francophones depuis 1945*, Bordas, 1986.

1991 *Autobiographies et récits de vie en Afrique*, avant-propos de Bernard Mouralis, L'Harmattan (« Itinéraires et contacts de culture », vol. 13).

1996 *Littératures autobiographiques de la francophonie*, L'Harmattan.

Histoire

Antiquité

1963 Pierre COURCELLE, *Les Confessions de saint Augustin dans la tradition littéraire, antécédents et postérité*, Études augustiennnes.

1984 Michel FOUCAULT, *Le Souci de soi (Histoire de la sexualité, t. III)*, Gallimard.

1993 *L'Invention de l'autobiographie. D'Hésiode à saint Augustin* (Colloque de Paris, 1990, dir. Marie-Françoise Baslez, Philippe Hoffmann et Laurent Pernot), Presses de l'École Normale Supérieure.

Moyen Âge

1975 Evelyn B. VITZ, « Type et individu dans « l'autobiographie » médiévale », *Poétique*, n° 24.

1975 Paul ZUMTHOR, « Autobiographie au Moyen Age ? », in *Langue, Texte, Énigme*, Le Seuil, coll. « Poétique ».

1997 Aron J. GOUREVITCH, *La Naissance de l'individu moderne dans l'Europe médiévale*, Le Seuil.

Époque classique

1966 André MONGLOND, *Le Préromantisme français*, José Corti, tome II, ch. V « Confessions et lyrisme intérieur ».

1972 Marc FUMAROLI, « Les Mémoires du XVIIe siècle au carrefour des genres en prose », *XVIIe Siècle*, n° 94-95.

1975 René DEMORIS, *Le Roman à la première personne. Du classicisme aux lumières*, A. Colin.

1976 Marie-Thérèse HIPP, *Mythes et réalités : enquête sur le roman et les Mémoires (1660-1700)*, Klincksieck.

1994 Frédéric BRIOT, *Usage du monde, Usage de soi. Enquête sur les mémorialistes d'Ancien Régime*, Le Seuil, coll. « La couleur de la vie ».

1995 *Le Genre des mémoires, essai de définition* (colloque de 1994, Strasbourg) Klincksieck.

1995 *L'Invention de l'intimité au siècle des Lumières*, n° 17 de *Littérales*.

1996 Arnaud de MAUREPAS et Florent BRAYARD, *Les Français par eux-mêmes, Le XVIIIe siècle, Anthologie des Mémorialistes du XVIIIe siècle*, Robert Laffont, coll. « Bouquins ».

1996 Emmanuelle LESNE, *La Poétique des mémoires (1650-1685)*, Champion.

1997 Nadine KUPERTY-TSUR, *Se dire à la Renaissance. Les Mémoires au XVIe siècle*, Vrin.

Inventaires

1985 Marilyn YALOM, « Women's Autobiography in French, 1793-1939 : Selective Bibliography », in *Autobiography in French Literature*, French Literature Series, vol. XII, The University of South Carolina, pp. 197-205.

1988 Guillaume BERTHIER DE SAUVIGNY et Alfred FIERRO, *Bibliographie critique des Mémoires sur la Restauration écrits ou traduits en français*, Genève, Droz.

1989 Alfred FIERRO, *Mémoires et Révolution. Bibliographie critique des Mémoires sur la Révolution écrits ou traduits en français*, Service des travaux historiques de la Ville de Paris.

1991 Jean TULARD, *Nouvelle Bibliographie critique des Mémoires sur l'ère napoléonnienne écrits ou traduits en français*, nouvelle édition revue et enrichie, Genève, Droz.

1996 Philippe LEJEUNE, « Les inventaires de textes autobiographiques », *Histoire, Économie & Société*, n° 2.

1997 Susan M. DOLAMORE, *French Autobiographical Writing 1900-1950, An Annotated Bibliography*, Londres, Grant & Cutler.

Journal

1952 Michèle LELEU, *Les Journaux intimes*, avant-propos de R. Le Senne, PUF.

1963 Alain GIRARD, *Le Journal intime et la notion de personne*, PUF.

1976 Béatrice DIDIER, *Le Journal Intime*, PUF.

1978 *Le Journal intime et ses formes littéraires* (Colloque de Grenoble, 1975), Droz.

1986 Jean ROUSSET, *Le Lecteur intime. De Balzac au journal*, José Corti.

1988 Pierre HÉBERT, *Le Journal intime au Québec. Structure. Évolution. Réception*, Québec, Éd. Fides.

1988 René LOURAU, *Le Journal de recherche. Matériaux d'une théorie de l'implication*, Méridiens Klincksieck.

1990 *« Cher cahier... ». Témoignages sur le journal personnel recueillis et présentés par Philippe Lejeune,* Gallimard, coll. « Témoins ».

1990 Philippe LEJEUNE, *La Pratique du journal personnel. Enquête*, n° 17 des *Cahiers de sémiotique textuelle* (Publidix, Université Paris-X), avec une bibliographie des études en français sur le journal (1940-1990).

1990 Pierre PACHET, *Les Baromètres de l'âme. Naissance du journal intime*, Hatier.

1990 Clairelise BONNET et Joëlle GARDES-TAMINE, *L'Enfant et l'Écrit. Récits, poésies, correspondances, journaux intimes,* A. Colin, coll. « Pratique pédagogique ».

1993 *Le Journal personnel* (Colloque de Nanterre, 1990, dir. Ph. Lejeune), Nanterre, Publidix, coll. « RITM ».

1993 Philippe LEJEUNE, *Le Moi des demoiselles. Enquête sur le journal de jeune fille*, Le Seuil, coll. « La couleur de la vie ».

1996 Malik ALLAM, *Journaux intimes. Une sociologie de l'écriture personnelle*, préface de Philippe Lejeune, L'Harmattan.

1997 *Un journal à soi*, catalogue établi par Philippe Lejeune avec la collaboration de Catherine Bogaert, Lyon, APA et Amis des Bibliothèques de Lyon (Exposition *Un journal à soi*, 30 septembre-27 décembre 1997, Bibliothèque municipale de Lyon).

1997 Philippe LEJEUNE, « Tenir un journal. Histoire d'une enquête (1987-1997) », *Poétique*, n° 111, septembre 1997.

Lecture

1978 *Lectures des* Confessions *de Jean-Jacques Rousseau*, *Œuvres et critiques*, n° 3, été 1978.

1992 Tanguy L'AMINOT, *Images de Jean-Jacques Rousseau de 1912 à 1978*, *Studies on Voltaire and the Eighteenth Century*, vol. 300.

1993 Hélène JACCOMARD, *Lecteur et Lecture dans l'autobiographie française contemporaine (Violette Leduc, Françoise d'Eaubonne, Serge Doubrovsky, Marguerite Yourcenar)*, Genève, Droz.

1994 n° 6 (juin 1994) de *La Faute à Rousseau*, dossier « Lectures et lecteurs ».

Récits d'enfance

1947 Jean CALVET, *L'Enfant dans la littérature française*, Paris, F. Lanore, 2 vol.

1971 Marie-José CHOMBART DE LAUWE, *Un Monde autre : l'enfance. De ses représentations au mythe*, Payot.

1988 *Le Récit d'enfance en question* (Colloque de Nanterre, 1987, dir. Ph. Lejeune), n° 12 des *Cahiers de sémiotique textuelle* (Publidix, Université Paris-X).

1991 *Récits d'enfance*, n° 222 (1991-2) de la *Revue des sciences humaines*.

1993 *Le Récit d'enfance. Enfance et écriture* (Colloque de Bordeaux, 1992, dir. Denise Escarpit et Bernadette Poulou), Éditions du Sorbier.

Récits de vie et sciences humaines

1983 *Récits de vie* (Colloque de Nanterre, 1982, dir. Claude Abastado), *Revue des sciences humaines*, n° 191 (juillet-septembre) et 192 (octobre-décembre).

Éducation permanente

1989 *Histoires de vie*, colloque « Les histoires de vie en formation » (Tours, juin 1986), L'Harmattan, 2 volumes.

1991 Henri DESROCHE, *Entreprendre d'apprendre. De l'autobiographie raisonnée aux projets*, Éd. Ouvrières.

1993 Gaston PINEAU et Jean-Louis LE GRAND, *Les Histoires de vie*, PUF, coll. « Que sais-je ».

1995 *Mémoires de vie et identités*, n° 147 (avril-juin) du *Groupe familial*.

Ethnologie

1983 Jean POIRIER, Simone CLAPIER-VALADON et Paul RAYBAUT, *Les Récits de vie. Théorie et pratique*, PUF.

Histoire

1983 Philippe JOUTARD, *Ces voix qui nous viennent du passé,* Hachette.

1990 *Le Témoignage oral aux Archives. De la collecte à la communication*, Archives Nationales.

1995 Anne ROCHE et Marie-Claude TARANGER, *Celles qui n'ont pas écrit. Récits de femmes dans la région marseillaise 1914-1945*, Édisud.

Psychologie

1993 Michel LEGRAND, *L'Approche biographique*, Desclée de Brouwer.

Psychanalyse

1959 Didier ANZIEU, *L'Auto-analyse, son rôle dans la découverte de la psychanalyse par Freud, sa fonction en psychanalyse*, PUF.

1988 *L'Autobiographie* (VIe Rencontres psychanalytiques d'Aix-en-Provence, 1987, dir. Alain de Mijolla), Les Belles Lettres, coll. « Confluents psychanalytiques ».

1992 *Littérature personnelle et psychanalyse*, prés. Jean-François Chiantaretto, *Le Coq-Héron*, n° 126 (octobre 1992) et n° 130-131 (1993).

1994 Elisabeth ROUDINESCO, *Histoire de la psychanalyse en France*, Fayard, 2 vol.

1994 Antonia FONYI, *Lire, écrire, analyser. La littérature dans la pratique psychanalytique*, L'Harmattan.

1995 Jean-François CHIANTARETTO, *De l'acte autobiographique. Le psychanalyste et l'écriture autobiographique*, Champ Vallon.

Sociologie

1986 *L'Illusion biographique*, n° 62/63 d'*Actes de la recherche en sciences sociales.*

1990 Jean PENEFF, *La Méthode biographique,* A. Colin, « U Sociologie ».

1997 Daniel BERTAUX, *Les Récits de vie. Perspective ethnosociologique*, Nathan Université.

Religion

1937 F. VERNET, « Autobiographies spirituelles », *Dictionnaire de spiritualité ascétique et mystique*, G. Beauchesne, tome I, colonnes 1 141-1 159.
1961 Raoul STÉPHAN, *Histoire du protestantisme français*, Fayard (ch. XVIII : « Y a-t-il un style protestant ? »).
1967 Henri BRÉMOND, *Histoire littéraire du sentiment religieux en France depuis la fin des guerres de religion jusqu'à nos jours*, nouvelle édition, A. Colin, 11 vol.

Théorie du récit

1973 Gérard GENETTE, *Figures III*, Le Seuil, coll. « Poétique ».
1983 Paul RICŒUR, *Temps et récit*, Le Seuil, 1983-1985, 3 volumes (disponibles en Points-Essais).
1987 Gérard GENETTE, *Seuils*, Le Seuil, coll. « Poétique » (Sur le « paratexte »).
1991 Gérard GENETTE, *Fiction et Diction*, Le Seuil, coll. « Poétique ».
1991 Paul RICŒUR, « L'identité narrative », *Revue des sciences humaines*, n° 221.

Vie ou mort

1991 *Le Sida et les Lettres*, n° 5 (printemps 1991) d'*Équinoxe. Revue romande de sciences humaines.*
1992 Michel BRAUD, *La Tentation du suicide dans les écrits autobiographiques 1930-1970*, PUF., coll. « Perpectives critiques ».
1995 *Le Tournant d'une vie,* n° 10 de *RITM* (colloque de 1994).
1996 Stéphane GRISI, *Dans l'intimité de la maladie. De Montaigne à Hervé Guibert*, Desclée de Brouwer.
1996 n° 12 (juin 1996) de *La Faute à Rousseau*, dossier « Souffrance et autobiographie ».
1997 n° 16 (octobre 1997) de *La Faute à Rousseau*, dossier « Écrire la guerre ».
1998 n° 17 (février 1998) de *La Faute à Rousseau*, dossier « Le plaisir »
.

• Bibliographie

Philippe LEJEUNE, *Bibliographie des études en langue française sur la littérature personnelle et les récits de vie*, une livraison tous les deux ans depuis 1984 dans les *Cahiers de sémiotique textuelle* (Publidix, Université Paris-X), n° 3, 7, 13 et 19, puis dans *RITM,* n° 4, 8, 13 et 16. Ces huit livraisons couvrent la période 1982-1997.

• Périodique

L'Association pour l'autobiographie (A.P.A.), fondée en 1992, publie un journal, *La Faute à Rousseau*, 3 numéros par an (février, juin, octobre) (Adresse : La Grenette, 10 rue A. Bonnet, 01500 Ambérieu-en-Bugey). Un Index général analytique des dix premiers numéros est paru en même temps que le n° 10 (octobre 1995) ; l'index des dix numéros suivants doit paraître avec le n° 20 (février 1999).

QUATRIÈME PARTIE

Anthologie

L'anthologie est celle que nous avions dressée en 1971, à l'exception d'un texte de Georges Gusdorf (« Conditions et limites de l'autobiographie », 1956) que le format de la collection n'a pas permis de reprendre. Le travail essentiel de Georges Gusdorf est maintenant accessible grâce aux deux volumes qu'il a publiés en 1990 (voir Bibliographie).

Toutes les notes sont celles des auteurs cités.

Les titres et sous-titres sont de nous.

1.
Pactes autobiographiques

1. Jean-Jacques Rousseau

1.1. *Préambule du manuscrit de Neuchâtel*

Ce préambule, écrit en 1764, n'a pas été conservé dans la version définitive des *Confessions.* Moins agressif que le texte finalement retenu, il développe une très riche et originale réflexion sur l'autobiographie. On en trouvera ci-dessous les deux passages essentiels, le début et la fin.

J'ai remarqué souvent que, même parmi ceux qui se piquent le plus de connoitre les hommes, chacun ne connoit guéres que soi, s'il est vrai même que quelqu'un se connoisse ; car comment bien déterminer un être par les seuls rapports qui sont en lui-même, et sans le comparer avec rien ? Cependant cette connoissance imparfaite qu'on a de soi est le seul moyen qu'on employe à connoitre les autres. On se fait la régle de tout, et voila précisément où nous attend la double illusion de l'amour-propre ; soit en prêtant faussement à ceux que nous jugeons les motifs qui nous auroient fait agir comme eux à leur place ; soit dans cette supposition même, en nous abusant sur nos propres motifs, faute de savoir nous transporter assez dans une autre situation que celle où nous sommes.

J'ai fait ces observations surtout par rapport à moi, non dans les jugemens que j'ai portés des autres, m'étant senti bientôt une espéce d'être à part, mais dans ceux que les autres ont portés de moi ; jugemens presque toujours faux dans les raisons qu'ils rendoient de ma conduite, et d'autant plus faux pour l'ordinaire, que ceux qui les portoient avoient plus d'esprit. Plus leur règle étoit étendue, plus la fausse application qu'ils en faisoient les ecartoit de l'objet.

Sur ces remarques j'ai résolu de faire faire à mes lecteurs un pas de plus dans la connoissance des hommes, en les tirant s'il est possible de cette régle unique et fautive de juger toujours du cœur d'autrui par le sien ; tandis qu'au contraire il faudroit souvent pour connoitre le sien même, commencer par lire dans celui d'autrui. Je veux tâcher que pour apprendre à s'apprecier, on puisse avoir du moins une piéce de comparaison ; que chacun puisse connoitre soi et un autre, et cet autre ce sera moi.

Oui, moi, moi seul, car je ne connois jusqu'ici nul autre homme qui ait osé faire ce que je me propose. Des histoires, des vies, des portraits, des caractéres ! Qu'est-ce que tout cela ? Des romans ingenieux bâtis sur quelques actes extérieurs, sur quelques discours qui s'y rapportent, sur de subtiles conjectures où l'Auteur cherche bien plus à briller lui-même qu'à trouver la vérité. On saisit les traits saillans d'un caractére, on les lie par des traits d'invention, et pourvu que le tout fasse une physionomie, qu'importe qu'elle ressemble ? Nul ne peut juger de cela.

Pour bien connoitre un caractére il y faudroit distinguer l'aquis d'avec la nature, voir comment il s'est formé, quelles occasions l'ont développé, quel enchainement d'affections secrettes l'a rendu tel, et comment il se modifie, pour produire quelquefois les effets les plus contradictoires et les plus inattendus. Ce qui se voit n'est que la moindre partie de ce qui est ; c'est l'effet apparent dont la cause interne est cachée et souvent très compliquée. Chacun devine à sa maniére et peint à sa fantaisie ; il n'a pas peur qu'on confronte l'image au modelle, et comment nous feroit-on connoitre ce modelle intérieur, que celui qui le peint dans un autre ne sauroit voir, et que celui qui le voit en lui-méme ne veut pas montrer ?

Nul ne peut écrire la vie d'un homme que lui-même. Sa maniére d'être intérieure, sa véritable vie n'est connue que de lui ; mais en l'écrivant, il la déguise ; sous le nom de sa vie, il fait son apologie ; il se montre comme il veut être vu, mais point du tout comme il est. Les plus sincéres sont vrais tout au plus dans ce qu'ils disent, mais ils mentent par leurs réticences, et ce qu'ils taisent change tellement ce qu'ils feignent d'avouer, qu'en ne disant qu'une partie de la vérité ils ne disent rien. Je mets Montaigne à la tête de ces faux sincéres qui veulent tromper en disant vrai. Il se montre avec des défauts, mais il ne s'en donne que d'aimables ; il n'y a point d'homme qui n'en ait d'odieux. Montaigne se peint ressemblant mais de profil. Qui sait si quelque balafre à la joue ou un œil crevé du coté qu'il nous a caché, n'eut pas totalement changé sa physionomie. Un homme plus vain que Montaigne mais plus sincére est Cardan. Malheureusement ce même Cardan est si fou qu'on ne peut tirer aucune instruction de ses rêveries. D'ailleurs qui voudroit aller pêcher de si rares instructions dans dix tomes in folio d'extravagances ?

Il est donc sûr que si je remplis bien mes engagemens j'aurai fait une chose unique et utile. Et qu'on n'objecte pas que n'étant qu'un homme du peuple, je n'ai rien à dire qui mérite l'attention des lecteurs. Cela peut être vrai des évenemens de ma vie : mais j'écris moins l'histoire de ces éve [ne] mens en eux-mêmes que celle de l'état de mon ame, à mesure qu'ils sont arrivés. Or les ames ne sont plus ou moins illustres que selon qu'elles ont des sentimens plus ou moins grands et nobles, des idées plus ou moins vives et nombreuses. Les faits ne sont ici que des causes occasionnelles. Dans quelque obscurité que j'aye pu vivre, si j'ai pensé plus et mieux que les Rois, l'histoire de mon ame est plus intéressante que celle des leurs.

....

Puisque mon nom doit durer parmi les hommes, je ne veux point qu'il y porte une réputation mensongére ; je ne veux point qu'on me donne des vertus ou des vices que je n'avois pas, ni qu'on me peigne sous des traits qui ne furent pas les miens. Si j'ai quelque plaisir à penser que je vivrai dans la postérité, c'est par des choses qui me tiennent de plus près que les lettres de mon nom ; j'aime mieux qu'on me connoisse avec tous mes défauts et que ce soit moi-même, qu'avec des qualités controuvées, sous un personage qui m'est étranger.

Peu d'hommes ont fait pis que je n'ai fait, et jamais homme n'a dit de lui-même ce que j'ai à dire de moi. Il n'y a point de vice de caractére dont l'aveu ne soit plus facile à faire que celui d'une action noire ou basse, et l'on peut être assuré que celui qui ose avouer de telles actions avouera tout. Voila la dure mais sure preuve de ma sincérité. Je serai vrai ; je le serai sans réserve ; je dirai tout ; le bien, le mal, tout enfin. Je remplirai rigoureusement mon titre, et jamais la dévote la plus craintive ne fit un meilleur examen de conscience que celui auquel je me prépare ; jamais elle ne déploya plus scrupuleusement à son confesseur tous les réplis de son ame que je vais déployer tous ceux de la mienne au public. Qu'on commence seulement à me lire sur ma parole ; on n'ira pas loin sans voir que je veux la tenir.

Il faudroit pour ce que j'ai à dire inventer un langage aussi nouveau que mon projet : car quel ton, quel style prendre pour débrouiller ce chaos immense de sentimens si divers, si contradictoires, souvent si vils et quelquefois si sublimes dont je fus sans cesse agité ? Que de riens, que de miséres ne faut-il point que j'expose, dans quels détails révoltans, indécens, pueriles et souvent ridicules ne dois-je pas entrer pour suivre le fil de mes dispositions secretes, pour montrer comment chaque impression qui a fait trace en mon ame y entra pour la premiére fois ? Tandis que je rougis seulement à penser aux choses qu'il faut que je dise, je sais que des hommes durs traiteront encore d'impudence l'humiliation des plus pénibles aveux ; mais il faut faire ces aveux ou me déguiser ; car si je tais quelque chose on ne me connoitra sur rien, tant tout se tient, tant tout est un dans mon caractére, et tant ce bisarre et singulier assemblage a besoin de toutes les circonstances de ma vie pour être bien dévoilé.

Si je veux faire un ouvrage écrit avec soin comme les autres, je ne me peindrai pas, je me farderai. C'est ici de mon portrait qu'il s'agit et non pas d'un livre. Je vais travailler pour ainsi dire dans la chambre obscure ; il n'y faut point d'autre art que de suivre exactement les traits que je vois marqués. Je prends donc mon parti sur le style comme sur les choses. Je ne m'attacherai point à le rendre uniforme ; j'aurai toujours celui qui me viendra, j'en changerai selon mon humeur sans scrupule, je dirai chaque chose comme je la sens, comme je la vois, sans recherche, sans gêne, sans m'embarrasser de la bigarrure. En me livrant à la fois au souvenir de l'impression receue et au sentiment présent je peindrai doublement l'état de mon ame, savoir au moment où l'evenement m'est arrivé et au moment où je l'ai décrit ; mon style inégal et naturel, tantôt rapide et tantôt diffus, tantôt sage et tantôt fou, tantôt grave et tantôt gai fera lui-même partie de mon histoire. Enfin quoiqu'il en soit de la maniere dont cet ouvrage peut être écrit, ce sera toujours par son objet un livre précieux pour les philosophes : c'est je le répette, une piéce de comparaison pour l'étude du cœur humain, et c'est la seule qui existe.

Voila ce que j'avois à dire sur l'esprit dans lequel j'écris ma vie, sur celui dans lequel on la doit lire, et sur l'usage qu'on en peut tirer. Les liaisons que j'ai eues avec plusieurs personnes me forcent d'en parler aussi librement que de moi. Je ne puis me bien faire connoitre que je ne les fasse connoitre aussi, et l'on ne doit pas s'attendre que dissimulant dans cette occasion ce qui ne peut être tu sans nuire aux vérités que je dois dire, j'aurai pour d'autres des ménagemens que je n'ai pas pour moi-même. Je serois pourtant bien fâché de compromettre qui que ce fut et la résolution que j'ai prise de ne point laisser paroitre de mon vivant ces mémoires est un effet des égards que je veux avoir pour mes ennemis en tout ce qui n'intéresse pas l'execution de mon dessein. Je prendrai même les mesures les plus certaines pour que cet écrit ne soit publié que quand les faits qu'il contient seront par trait de tems devenus indifférens à tout le monde, et je ne le déposerai qu'en des mains assez sures pour qu'il n'en soit jamais fait aucun usage indiscret. Pour moi je serois peu puni qu'il parut de mon vivant même, et je ne regretterois guéres l'estime de quiconque pourroit me mépriser après l'avoir lu. J'y dis de moi des choses très odieuses et dont j'aurois horreur de vouloir m'excuser ; mais aussi c'est l'histoire la plus secrette de mon ame, ce sont mes confessions à toute rigueur. Il est juste que ma réputation expie le mal que le desir de la conserver m'a fait faire. Je m'attends aux discours publics, à la sévérité des jugemens prononcés tout haut, et je m'y soumets. Mais que chaque lecteur m'imite, qu'il rentre en lui-même comme j'ai fait, et qu'au fond de sa conscience il se dise, s'il l'ose : *je suis meilleur que ne fut cet homme-là.*

Œuvres complètes, tome I, Gallimard,
Bibliothèque de la Pléiade, 1959,
pp. 1148-1150 et 1153-1155.

1.2. *Début du Livre I des* Confessions

Intùs, et in Cute.

1. Je forme une entreprise qui n'eut jamais d'éxemple, et dont l'exécution n'aura point d'imitateur. Je veux montrer à mes semblables un homme dans toute la vérité de la nature ; et cet homme, ce sera moi.

2. Moi seul. Je sens mon cœur et je connois les hommes. Je ne suis fait comme aucun de ceux que j'ai vus ; j'ose croire n'être fait comme aucun de ceux qui existent. Si je ne vaux pas mieux, au moins je suis autre. Si la nature a bien ou mal fait de briser le moule dans lequel elle m'a jetté, c'est ce dont on ne peut juger qu'après m'avoir lu.

3. Que la trompette du jugement dernier sonne quand elle voudra ; je viendrai ce livre à la main me présenter devant le souverain juge. Je dirai hautement : voila ce que j'ai fait, ce que j'ai pensé, ce que je fus. J'ai dit le bien et le mal avec la même franchise. Je n'ai rien tu de mauvais, rien ajouté de bon, et s'il m'est arrivé d'employer quelque ornement indifférent, ce n'a jamais été que pour remplir un vide occasionné par mon défaut de mémoire ; j'ai pu supposer vrai ce que je savois avoir pu l'être, jamais ce que je savois être faux. Je me suis montré tel que je fus, méprisable et vil quand je l'ai été, bon, généreux, sublime, quand je l'ai été : j'ai dévoilé mon intérieur tel que tu l'as vu toi-même. Être éternel, rassemble autour de moi l'innombrable foule de mes semblables : qu'ils écoutent mes confessions, qu'ils gémissent de mes indignités, qu'ils rougissent de mes miséres. Que chacun d'eux découvre à son tour son cœur aux pieds de ton trône avec la même sincérité ; et puis qu'un seul te dise, s'il l'ose : *je fus meilleur que cet homme-là.*

Œuvres complètes, tome I, Gallimard,
Bibliothèque de la Pléiade, 1959, p. 5.

1.3. *Fin du Livre IV des* Confessions

Ces longs détails de ma prémiére jeunesse auront paru bien pueriles et j'en suis fâché : quoique né homme à certains égards, j'ai été longtems enfant et je le suis encore à beaucoup d'autres. Je n'ai pas promis d'offrir au public un grand personage ; j'ai promis de me peindre tel que je suis et pour me connoitre dans mon age avancé, il faut m'avoir bien connu dans ma jeunesse. Comme en général les objets font moins d'impression sur moi que leurs souvenirs et que toutes mes idées sont en images, les premiers traits qui se sont gravés dans ma tête y sont demeurés, et ceux qui s'y sont empreints dans la suite se sont plustot combines avec eux qu'ils ne les ont effacés. Il y a une certaine succession d'affections et d'idées qui modifient celles qui les suivent et qu'il faut connoitre pour en bien juger. Je m'applique à bien déveloper partout les prémiéres causes pour faire sentir l'enchainement des effets. Je voudrois pouvoir en quelque façon rendre mon ame transparente aux yeux du lecteur, et pour cela je cherche à la lui montrer sous tous les points de vue, à l'éclairer par tous les jours, à faire en sorte qu'il ne s'y passe pas un mouvement qu'il n'apperçoive, afin qu'il puisse juger par lui-même du principe qui les produit.

Si je me chargeois du résultat et que je lui disse ; tel est mon caractère, il pourroit croire, sinon que je le trompe, au moins que je me trompe. Mais en lui détaillant avec simplicité tout ce qui m'est arrivé, tout ce que j'ai fait, tout ce que j'ai pensé, tout ce que j'ai senti, je ne puis l'induire en erreur à moins que je ne le veuille, encore même en le voulant n'y parviendrois-je pas aisément de cette façon. C'est à lui d'assembler ces élémens et de déterminer l'être qu'ils composent ; le résultat doit être son ouvrage, et s'il se trompe alors, toute l'erreur sera de son fait. Or il ne suffit pas pour cette fin que mes recits soient fidelles il faut aussi qu'ils soient exacts. Ce n'est pas à moi de juger de l'importance des faits, je les dois tous dire, et lui laisser le soin de choisir. C'est à quoi je me suis appliqué jusqu'ici de tout mon courage, et je ne me relâcherai pas dans la suite. Mais les souvenirs de l'age moyen sont toujours moins vifs que ceux de la prémiére jeunesse. J'ai commencé par tirer de ceux-ci le meilleur parti qu'il m'étoit possible. Si les autres me reviennent avec la même force, des lecteurs impatiens s'ennuyeront peut-être, mais moi je ne serai pas mécontent de mon travail. Je n'ai qu'une chose à craindre dans cette entreprise ; ce n'est pas de trop dire ou de dire des mensonges ; mais c'est de ne pas tout dire, et de taire des vérités.

Œuvres complètes, tome I, Gallimard,
Bibliothèque de la Pléiade, 1959,
pp. 174-175.

1.4. *Quatrième promenade (extraits)*

Dans la quatrième promenade des Rêveries, Rousseau s'examine sur le chapitre du mensonge ; il entame cet examen en se tenant « bien confirmé dans l'opinion déjà prise que le connais-toi toi-même du Temple de Delphes n'était pas une maxime si facile à suivre [qu'il l'avait] cru dans [ses] *Confessions* ». Vers la fin de la promenade il est amené à évoquer, justement, la rédaction des *Confesssions* :

Je n'ai jamais mieux senti mon aversion naturelle pour le mensonge qu'en écrivant mes confessions, car c'est là que les tentations auroient été frequentes et fortes, pour peu que mon penchant m'eut porté de ce coté. Mais, loin d'avoir rien tu, rien dissimulé qui fut à ma charge, par un tour d'esprit que j'ai peine à m'expliquer et qui vient peut être d'éloignement pour toute imitation, je me sentois plustot porté à mentir dans le sens contraire en m'accusant avec trop de sévérité qu'en m'excusant avec trop d'indulgence, et ma conscience m'assure qu'un jour je serai jugé moins sévérement que je ne me suis jugé moi-même. Oui, je le dis et le sens avec une fiére élévation d'ame, j'ai porté dans cet écrit la bonne foi, la véracité, la franchise aussi loin, plus loin même, au moins je le crois, que ne fit jamais aucun autre homme ; sentant que le bien surpassoit le mal j'avois mon intérest à tout dire, et j'ai tout dit.

Je n'ai jamais dit moins, j'ai dit plus quelquefois non dans les faits, mais dans les circonstances, et cette espéce de mensonge fut plustot l'effet du délire de l'imagination qu'un acte de la volonté. J'ai tort même de l'appeler mensonge, car aucune de ces additions n'en fut un. J'écrivois mes *Confessions* déjà vieux, et dégouté des vains plaisirs de la vie que j'avois tous effleurés et dont mon cœur avoit bien senti le vide. Je les écrivois de mémoire ; cette mémoire me manquoit souvent ou ne me fournissoit que des souvenirs imparfaits et j'en remplissois les lacunes par des détails que j'imaginois en supplement de ces souvenirs, mais qui ne leur étoient jamais contraires. J'aimois à m'étendre sur les momens heureux de ma vie, et je les embellissois quelquefois des ornements que de tendres regrets venoient me fournir. Je disois les choses que j'avois oubliées comme il me sembloit qu'elles avoient du être, comme elles avoient été peut être en effet, jamais au contraire de ce que je me rappellois qu'elles avoient été. Je prêtois quelquefois à la vérité des charmes étrangers, mais jamais je n'ai mis le mensonge à la place pour pallier mes vices ou pour m'arroger des vertus.

Que si quelquefois sans y songer par un mouvement involontaire j'ai caché le coté difforme en me peignant de profil, ces reticences ont été bien compensées par d'autres reticences plus bizarres qui m'ont souvent fait taire le bien plus soigneusement que le mal. Ceci est une singularité de mon naturel qu'il est fort pardonnable aux hommes de ne pas croire, mais qui toute incroyable qu'elle est n'en est pas moins reelle, j'ai souvent dit le mal dans toute sa turpitude, j'ai rarement dit le bien dans tout ce qu'il eut d'aimable, et souvent je l'ai tu tout à fait parce qu'il m'honorait trop, et qu'en faisant mes confessions j'aurois l'air d'avoir fait mon éloge. J'ai décrit mes jeunes ans sans me vanter des heureuses qualités dont mon cœur étoit doué et même en supprimant les faits qui les mettoient trop en évidence. Je m'en rappelle ici deux de ma prémiére enfance, qui tous deux sont bien venus à mon souvenir en écrivant, mais que j'ai rejettés l'un et l'autre par l'unique raison dont je viens de parler.

Œuvres complètes, tome I, Gallimard,
Bibliothèque de la Pléiade, 1959,
pp. 1035-1036.

2. Rétif de la Bretonne

J'entreprends de vous donner en entier la Vie d'un de vos semblables, sans rien déguiser, ni de ses pensées, ni de ses actions. Or cet homme, dont je vais anatomiser le moral, ne pouvait être que moi. Sans avoir encore lu Montaigne, je sais qu'il a dit : « Tout bien compté, on ne parle jamais de soi sans perte : si on se condamne, les autres en croient plus qu'on n'en dit ; si on se loue, ils ne croient aucune des louanges qu'on se donne. » Cependant, je persiste dans mon projet : ce n'est pas ma vie que je fais ; c'est l'histoire d'un homme.

Il existe deux modèles de mon entreprise ; les *Confessions* de l'Évêque d'Hippone, et celles du Citoyen de Genève. J'ai beaucoup du caractère d'Augustin ; je ressemble moins à J.-J. Rousseau : je n'imiterai ni l'un, ni l'autre. J'ai des preuves que J.-J. Rousseau a fait un roman ; et pour Augustin, ses *Confessions* ne sont véritablement qu'un apologue. L'exactitude et la sincérité sont absolument nécessaires, dans mon plan, puisque je dois anatomiser le cœur humain sur mon sens intime, et sonder les profondeurs du *moi*. Ce ne sont même pas mes *Confessions* que je fais ; ce sont *les Ressorts du Cœur humain* que je *dévoile*. Disparaisse Nicolas-Edme, et que l'homme seul demeure !... Mais il n'en est pas moins vrai que c'est Nicolas-Edme qui s'immole, et qui, au lieu de son corps malade, lègue aux moralistes son âme viciée, pour qu'ils la dissèquent utilement, aux yeux de leur siècle, et des âges futurs. Je serai vrai, lors même que la vérité m'exposera au mépris. C'est ici le cas de tout braver, ou de se cacher ; le parti mitoyen serait une infamie.

. . . .

Inconcevable labyrinthe du cœur humain ! ô chaos, qui renferme tous les contraires, qui te debrouillera ?... Moi... dans moi-même. Je ne déguiserai rien, ô Lecteur ! ni les vices, ni les crimes, ni les turpitudes, ni les obscénités !... Oui, j'avouerai jusqu'aux motifs secrets qui me font écrire mon histoire. Je veux du moins avoir ce mérite, d'étonner par l'excès de ma sincérité ! O mon ami Lecteur ! (car vous m'aimerez, en me lisant, et vous m'estimerez peut-être, malgré mes défauts), soyez patient[1] ! la justice que je vous demande, est de ne me juger, à chaque fait, qu'après l'avoir lu tout entier. Je vous donne ici un livre d'histoire naturelle, qui me met au-dessus de Buffon ; un livre de philosophie, qui me met à côté de Rousseau, de Voltaire, de Montesquieu : je vous raconterai la Vie d'un homme naturel, qui ne redoutera que le mensonge. Je laisse ce modèle aux races futures. L'imitation n'en est pas aisée ! J'y ai renoncé vingt fois.

Mon premier motif avait été de m'historier. Gâté par quelques succès, qui m'avaient attiré des cajoleries, je me crus un personnage... Cette erreur ne dura que six mois. Revenu dans mon bon sens, je tirai du moins cet avantage de ma folie passagère, qu'elle me donna l'idée d'une production aussi vaste, qu'utile et philosophique, dont le sujet ne pouvait être

1. Télos oràn.

que moi-même. Dans le projet que je conçus, de dévoiler les ressorts du Cœur humain, comment assigner, au juste, les motifs qui auraient fait agir tout autre que moi ? À tout moment, j'aurais pu me tromper ! et ne pouvant jamais être sûr de ce que j'aurais conjecturé, comment aurais-je mérité la confiance d'autrui ? Mais, en écrivant ce que j'ai fait ; en rendant compte de ce que j'ai senti ; en scrutant sévèrement mes motifs ; en me disséquant moi-même pour ainsi dire, possible parviendrai-je, par cette anatomie douloureuse, à donner à ma nation le plus utile des livres, à éclairer mon siècle, à profiter à la postérité, qui peut-être n'aura pas un homme aussi courageusement vrai, car je vis dans un âge fécond en hommes et en événements extraordinaires, qui tiennent ma tête exaltée. J'ai, de plus, une vie très remplie de traits ordinaires et communs, où chacun peut se retrouver ; des faits extraordinaires, étranges, propres à soutenir la curiosité par l'étonnement et la surprise. Mais (je le répète), il faut que je porte la véracité jusqu'au scrupule le plus timide. Ceux qui me connaissent, pourront me démentir : mais qu'ils se nomment, s'ils veulent avoir explication, ou justification.

Je donnerai, dans MONSIEUR NICOLAS, l'histoire et la clef de mes Ouvrages : toutes les aventures que j'y ai rapportées, ont un fond vrai. Mais il y fallait quelque déguisement, soit qu'elles m'appartînssent, soit qu'elles fussent à d'autres : ici, la vérité sera dépouillée du clinquant de la fable, et la fiction ne la voilera plus.

Introduction de *Monsieur Nicolas, ou le Cœur humain dévoilé*, J.-J. Pauvert, 1959, tome I, p. XLI, et pp. XLIII-XLV.

3. Chateaubriand

On trouvera ci-dessous trois textes qui montrent l'évolution du projet autobiographique de Chateaubriand entre 1803 et 1833.

2.1. *Première idée des Mémoires (en 1803)*

C'est aussi à Rome que je conçus, pour la première fois, l'idée d'écrire les *Mémoires de ma vie* ; j'en trouve quelques lignes jetées au hasard, dans lesquelles je déchiffre ce peu de mots : « Après avoir erré sur la terre, passé les plus belles années de ma jeunesse loin de mon pays, et souffert à peu près tout ce qu'un homme peut souffrir, la faim même, je revins à Paris en 1800. »

Dans une lettre à M. Joubert, j'esquissais ainsi mon plan :

« Mon seul bonheur est d'attraper quelques heures, pendant lesquelles je m'occupe d'un ouvrage qui peut seul apporter de l'adoucissement à mes peines : ce sont les *Mémoires de ma vie*. Rome y entrera ; ce n'est que comme cela que je puis désormais parler de Rome. Soyez tranquille ; ce ne seront point des confessions pénibles pour mes amis : si je suis quelque chose dans l'avenir, mes amis y auront un nom aussi beau que respectable. Je n'entretiendrai pas non plus la postérité du détail de mes faiblesses ; je ne dirai de moi que ce qui est convenable à ma dignité d'homme et, j'ose le dire, à l'élévation de mon cœur. Il ne faut présenter au monde que ce qui est beau ; ce n'est pas mentir à Dieu que de ne découvrir de sa vie que ce qui peut porter nos pareils à des sentiments nobles et généreux. Ce n'est pas, qu'au fond, j'aie rien à cacher ; je n'ai ni fait chasser une servante pour un ruban volé, ni abandonné mon ami mourant dans une rue, ni déshonoré la femme qui m'a recueilli, ni mis mes bâtards aux Enfants-Trouvés ; mais j'ai eu mes faiblesses, mes abattements de cœur ; un gémissement sur moi suffira pour faire comprendre au monde ces misères communes, faites pour être laissées derrière le voile. Que gagnerait la société à la reproduction de ces plaies que l'on retrouve partout ? On ne manque pas d'exemples, quand on veut triompher de la pauvre nature humaine. »

Dans ce plan que je me traçais, j'oubliais ma famille, mon enfance, ma jeunesse, mes voyages et mon exil : ce sont pourtant les récits où je me suis plu davantage.

Mémoires d'outre-tombe (livre quinzième, chapitre 7), Gallimard, Bibliothèque de la Pléiade, 1957, tome I, pp. 525-526.

2.2. *Préface des* Mémoires de ma vie *(1809)*

Cette préface des *Mémoires de ma vie* (première version des *Mémoires d'outre-tombe* composée entre 1809 et 1826) a été écrite en 1809.

Je me suis souvent dit : « Je n'écrirai point les mémoires de ma vie ; je ne veux point imiter ces hommes qui, conduits par la vanité et le plaisir qu'on trouve naturellement à parler de soi, révèlent au monde des secrets inutiles, des faiblesses qui ne sont pas les leurs et compromettent la paix des familles. » Après ces belles réflexions, me voilà écrivant les premières lignes de mes mémoires. Pour ne pas rougir à mes propres yeux, et pour me faire illusion, voici comment je pallie mon inconséquence.

D'abord, je n'entreprends ces mémoires qu'avec le dessein formel de ne disposer d'aucun nom que du mien propre dans tout ce qui concernera ma vie privée ; j'écris principalement pour rendre compte de moi à moi-même. Je n'ai jamais été heureux ; je n'ai jamais atteint le bonheur que j'ai poursuivi avec une persévérance qui tient à l'ardeur naturelle de mon âme. Personne ne sait quel était le bonheur que je cherchais ; personne n'a connu entièrement le fond de mon cœur. La plupart des sentiments y sont restés ensevelis, ou ne se sont montrés dans mes ouvrages que comme appliqués à des êtres imaginaires. Aujourd'hui que je regrette encore mes chimères sans les poursuivre, que parvenu au sommet de la vie je descends vers la tombe, je veux avant de mourir remonter vers mes belles années, expliquer mon inexplicable cœur, voir enfin ce que je pourrai dire lorsque ma plume, sans contrainte s'abandonnera à tous mes souvenirs. En rentrant au sein de ma famille qui n'est plus ; en rappelant des illusions passées, des amitiés évanouies, j'oublierai le monde au milieu duquel je vis et auquel je suis si parfaitement étranger. Ce sera de plus un moyen agréable pour moi d'interrompre des études pénibles ; et quand je me sentirai las de tracer les tristes vérités de l'histoire des hommes, je me reposerai en écrivant l'histoire de mes songes.

Je considère ensuite que ma vie appartenant au public par un côté, je n'aurais pas échappé à tous ces faiseurs de mémoires, à tous ces biographes marchands qui couchent le soir sur le papier ce qu'ils ont entendu dire le matin dans les antichambres. J'ai eu des succès littéraires ; j'ai attaqué toutes les erreurs de mon temps ; j'ai démasqué les hommes, blessé une multitude d'intérêts, je dois donc bien avoir réuni contre moi la double phalange des ennemis littéraires et politiques ; ils ne manqueront de me peindre à leur manière. Et ne l'ont-ils pas déjà fait ? Dans un siècle où les plus grands crimes commis ont dû faire naître les haines les plus violentes, dans un siècle corrompu où les bourreaux ont un intérêt à noircir les victimes, où les plus grossières calomnies sont celles que l'on répand avec le plus de légèreté, tout homme qui a joué un rôle dans la société doit pour la défense de sa mémoire, laisser un monument par lequel on puisse le juger. Mais avec cette idée je vais me montrer meilleur que je ne suis ? J'en serai peut-être tenté : à présent je ne le crois pas ; je suis résolu à dire toute la vérité. Comme j'entreprends d'ailleurs l'histoire de mes idées et de mes sentiments plutôt que l'histoire de ma vie, je n'aurai pas autant de raisons de mentir. Au reste si je me fais illusion sur moi, ce sera de bonne foi, et par cela même on verra encore la vérité au fond de mes préventions personnelles.

Mémoires d'outre-tombe, Édition du centenaire, Flammarion, 1948, tome I, pp. 547-548.

2.3. *Préface testamentaire, 1833 (extraits)*

Quand la mort baissera la toile entre moi et le monde, on trouvera que mon drame se divise en trois actes.

Depuis ma première jeunesse jusqu'en 1800, j'ai été soldat et voyageur ; depuis 1800 jusqu'en 1814, sous le consulat et l'empire, ma vie a été littéraire ; depuis la restauration jusqu'aujourd'hui, ma vie a été politique.

Dans mes trois carrières successives, je me suis toujours proposé une grande tâche : voyageur, j'ai aspiré à la découverte du monde polaire ; littérateur, j'ai essayé de rétablir la religion sur ses ruines ; homme d'état, je me suis efforcé de donner aux peuples le vrai système monarchique représentatif avec ses diverses libertés : j'ai du moins aidé à conquérir celle qui les vaut, les remplace, et tient lieu de toute constitution, la liberté de la presse. Si j'ai souvent échoué dans mes entreprises, il y a eu chez moi faillance de destinée. Les étrangers qui ont succédé dans leurs desseins furent servis par la fortune ; ils avaient derrière eux des amis puissants et une patrie tranquille : je n'ai pas eu ce bonheur.

Des auteurs modernes français de ma date, je suis aussi le seul dont la vie ressemble à ses ouvrages : voyageur, soldat, poète, publiciste, c'est dans les bois que j'ai chanté les bois, sur les vaisseaux que j'ai peint la mer, dans les camps que j'ai parlé des armes, dans l'exil que j'ai appris l'exil, dans les cours, dans les affaires, dans les assemblées, que j'ai étudié les princes, la politique, les lois et l'histoire. Les orateurs de la Grèce et de Rome furent mêlés à la chose publique et en partagèrent le sort. Dans l'Italie et l'Espagne de la fin du moyen âge et de la Renaissance, les premiers génies des lettres et des arts participèrent au mouvement social. Quelles orageuses et belles vies que celles de Dante, de Tasse, de Camoëns, d'Ercilla, de Cervantes !

En France nos anciens poètes et nos anciens historiens chantaient et écrivaient au milieu des pèlerinages et des combats : Thibault, comte de Champagne, Villehardouin, Joinville, empruntent les félicités de leur style des aventures de leur carrière ; Froissart va chercher l'histoire sur les grands chemins, et l'apprend des chevaliers et des abbés, qu'il rencontre, avec lesquels il chevauche. Mais à compter du règne de François Ier, nos écrivains ont été des hommes isolés dont les talents pouvaient être l'expression de l'esprit, non des faits de leur époque. Si j'étais destiné à vivre, je représenterais dans ma personne, représentée dans mes mémoires, les principes, les idées, les événements, les catastrophes, l'épopée de mon temps, d'autant plus que j'ai vu finir et commencer un monde, et que les caractères opposés de cette fin et de ce commencement se trouvent mêlés dans mes opinions. Je me suis rencontré entre les deux siècles comme au confluent de deux fleuves ; j'ai plongé dans leurs eaux troublées, m'éloignant à regret du vieux rivage où j'étais né, et nageant avec espérance vers la rive inconnue où vont aborder les générations nouvelles.

Les *Mémoires*, divisés en livres et en parties, sont écrits à différentes dates et en différents lieux : ces sections amènent naturellement des espèces de prologues qui rappellent les accidents survenus depuis les dernières dates, et peignent les lieux où je reprends le fil de ma narration. Les événements variés et les formes changeantes de ma vie entrent ainsi les uns dans les autres : il arrive que, dans les instants de mes prospérités, j'ai à parler du temps de mes misères, et que, dans mes jours de tribulations, je retrace mes jours de bonheur. Les divers sentiments de mes âges divers, ma jeunesse pénétrant dans ma vieillesse, la gravité de mes années d'expérience attristant mes années légères ; les rayons de mon soleil, depuis son aurore jusqu'à son couchant, se croisant et se confondant comme les reflets épars de mon existence, donnent une sorte d'unité indéfinissable à mon travail : mon berceau a de ma tombe, ma tombe a de mon berceau ; mes souffrances deviennent des plaisirs, mes plaisirs des douleurs, et l'on ne sait si ces *Mémoires* sont l'ouvrage d'une tête brune ou chenue.

Je ne dis point ceci pour me louer, car je ne sais si cela est bon, je dis ce qui est, ce qui est arrivé, sans que j'y songeasse, par l'inconstance même des tempêtes déchaînées contre ma barque, et qui souvent ne m'ont laissé pour écrire tel ou tel fragment de ma vie que l'écueil de mon naufrage.

J'ai mis à composer ces *Mémoires* une prédilection toute paternelle ; je désirerais pouvoir ressusciter à l'heure des fantômes pour en corriger les épreuves : *les morts vont vite*.

Les notes qui accompagnent le texte sont de trois sortes : les premières, rejetées à la fin des volumes, comprennent les *éclaircissements et pièces justificatives* ; les secondes, au bas des pages, sont de l'époque même du texte ; les troisièmes, pareillement au bas des pages, ont été ajoutées depuis la composition de ce texte, et portent la date du temps et du lieu où elles ont été écrites. Un an ou deux de solitude dans un coin de la terre suffiraient à l'achèvement de mes *Mémoires* ; mais je n'ai eu de repos que durant les neuf mois où j'ai dormi la vie dans le sein de ma mère : il est probable que je ne retrouverai ce repos avant-naître, que dans les entrailles de notre mère commune après-mourir.

Plusieurs de mes amis m'ont pressé de publier à présent une partie de mon histoire ; je n'ai pu me rendre à leur vœu. D'abord je serais, malgré moi, moins franc et moins véridique ; ensuite j'ai toujours supposé que j'écrivais assis dans mon cercueil. L'ouvrage a pris de là un certain caractère religieux que je ne lui pourrais ôter sans préjudice ; il m'en coûterait d'étouffer cette voix lointaine qui sort de la tombe, et que l'on entend dans tout le cours du récit. On ne trouvera pas étrange que je garde quelques faiblesses, que je sois préoccupé de la fortune du pauvre orphelin, destiné à rester après moi sur la terre. Si j'ai assez souffert dans ce monde pour être dans l'autre une Ombre heureuse, un peu de lumière des Champs-Élysées, venant éclairer mon dernier tableau, servirait à rendre moins saillants les défauts du peintre : la vie me sied mal ; la mort m'ira peut-être mieux.

Mémoires d'outre-tombe, Gallimard,
Bibliothèque de la Pléiade, 1957,
tome I, pp. 1045-1047.

4. Stendhal

Je me suis assis sur les marches de San Pietro et là j'ai rêvé une heure ou deux à cette idée : Je vais avoir cinquante ans, il serait bien temps de me connaître. Qu'ai-je été, que suis-je, en vérité je serais bien embarrassé de le dire.

Je passe pour un homme de beaucoup d'es[prit] et fort insensible, roué même, et je vois que j'ai été constamment occupé par des amours malheureuses. J'ai aimé éperdument Madame Kubly, Mlle de Griesheim, Mme de Diphortz, Métilde, et je ne les ai point eues, et plusieurs de ces amours ont duré trois ou quatre ans. Métilde a occupé absolument ma vie de 1818 à 1824. Et je ne suis pas encore guéri, ai-je ajouté, après avoir rêvé à elle seule pendant un gros quart d'heure peut-être. M'aimait-elle ?

J'étais attendri et point en extase. Et Menti dans quel chagrin ne m'a-t-elle pas plongé quand elle m'a quitté ? Là j'ai eu un frisson en pensant au 15 septembre 1826 à Saint-Omer, à mon retour d'Angleterre. Quelle année ai-je passée du 15 sep[tembre] 1826 au 15 sep[tembre] 1827 ! Le jour de ce redoutable anniversaire j'étais à l'île d'Ischia ; et je remarquai un mieux sensible, au lieu de songer à mon malheur directement, comme quelques mois auparavant, je ne songeais plus qu'au *souvenir* de l'état malheureux où j'étais plongé en octobre 1826 par exemple. Cette observation me consola beaucoup.

Qu'ai-je donc été ? Je ne le saurais. À quel ami, quelque éclairé qu'il soit, puis-je le demander ? M. di Fior[i] lui-même ne pourrait me donner d'avis. À quel ami ai-je jamais dit un mot de mes chagrins d'amour ?

Et ce qu'il y a de singulier et de bien malheureux, me disais-je ce matin, c'est que mes *victoires* (comme je les appelais alors, la tête remplie de choses militaires) ne m'ont pas fait un plaisir qui fût la moitié seulement du profond malheur que me causèrent mes défaites.

La victoire étonnante sur Menti ne m'a pas fait un plaisir comparable à la centième partie de la peine qu'elle m'a faite en me quittant pour M. de Rospiec.

Avais-je donc un caractère triste ?

… Et là, comme je ne savais que dire, je me suis mis sans y songer à admirer de nouveau l'aspect sublime des ruines de Rome et de sa grandeur moderne ; le Colisée vis-à-vis de moi et sous mes pieds le palais Farnèse avec sa belle galerie de Charles Maderne ouverte en arceaux, le palais Corsini sous mes pieds.

Ai-je été un homme d'esprit ? Ai-je eu du talent pour quelque chose ? M. Daru disait que j'étais ignorant comme une carpe, oui mais c'est Besan[çon] qui m'a rapporté cela et la gaieté de mon caractère rendait fort jalouse la morosité de cet ancien secrétaire général de Besan[çon]. Mais ai-je eu le caractère gai ?

Enfin je ne suis descendu du Janicule que lorsque la légère brume du soir est venue m'avertir que bientôt je serais saisi par le froid subit et fort désagréable et malsain qui en ce pays suit immédiatement le coucher du soleil. Je me suis hâté de rentrer au Palazzo Conti (Piazza Minerva), j'étais harassé. J'étais en pantalon de… blanc anglais, j'ai écrit sur la ceinture en dedans : 16 octobre 1832, je vais avoir la cinquantaine, ainsi abrégé pour n'être pas compris : *J. vaisa voirla5*.

Le soir en rentrant assez ennuyé de la soirée de l'ambassadeur je me suis dit : je devrais écrire ma vie, je saurai peut-être enfin, quand cela sera fini dans deux ou trois ans, ce que j'ai été, gai ou triste, homme d'esprit ou sot, homme de courage ou peureux, et enfin au total heureux ou malheureux, je pourrai faire lire ce manuscrit à di Fiori.

Cette idée me sourit. Oui, mais cette effroyable quantité de *Je* et de *Moi* ! Il y a de quoi donner de l'humeur au lecteur le plus bénévole. *Je* et *Moi*, ce serait, au talent près, comme M. de Chateaubriand, ce roi des *égotistes*.

De *je* mis avec *moi* tu fais la récidive…

Je me dis ce vers à chaque fois que je lis une de ses pages.

On pourrait écrire, il est vrai, en se servant de la troisième personne, *il* fit, *il* dit. Oui, mais comment rendre compte des mouvements intérieurs de l'âme ? c'est là-dessus surtout que j'aimerais consulter di Fiori.

. . . .

Voici le raisonnement qui m'a rassuré à l'égard de ces Mémoires. Supposons que je continue ce manuscrit et qu'une fois écrit je ne le brûle pas ; je le léguerai non à un ami qui pourrait devenir dévot ou vendu à un parti comme ce jean-sucre de Thomas Moore, je le léguerai à un libraire, par exemple à M. Levavasseur (place Vendôme, Paris).

Voilà donc un libraire qui après moi reçoit un gros volume relié de cette détestable écriture. Il en fera copier quelque peu, et lira, si la chose lui semble ennuyeuse, si personne ne parle plus de M. de S[tendh]al, il laissera là le fatras qui sera peut-être retrouvé deux cents [ans] plus tard comme les mémoires de Benvenuto Cellini.

S'il imprime et que la chose semble ennuyeuse, on en parlera au bout de trente ans comme aujourd'hui l'on parle du poème de la *Navigation* de cet espion d'Esménard dont il était si souvent question aux déjeuners de M. Daru en 1802. Et encore cet espion était, ce me semble, censeur ou directeur de tous les journaux qui le *poffaient* (de *to puff*) à outrance toutes les semaines. C'était le Salvandy de ce temps-là, encore plus impudent, s'il se peut, mais avec bien plus *d'idées*.

Mes Confessions n'existeront donc plus trente ans après avoir été imprimées, si les *Je* et les *Moi* assomment trop les lecteurs ; et toutefois j'aurai eu le plaisir de les écrire, et de faire à fond mon examen de conscience. De plus, s'il y a succès, je cours la chance d'être lu en 1900 par les âmes que j'aime, les Madame Roland, les Mélanie Guilbert, les…

. . . .

N'étant bon à rien, pas même à écrire des lettres officielles pour mon métier, j'ai fait allumer du feu, et j'écris ceci, sans mentir j'espère, sans me faire illusion, avec plaisir comme une lettre à un ami. Quelles seront les idées de cet ami en 1880 ? Combien différentes des nôtres ! Aujourd'hui c'est une énorme imprudence, une énormité pour les trois quarts de mes connaissances que ces deux idées : le *plus fripon des Kings* et *Tartare hypocrite* appliqués à deux noms que je n'ose écrire ; en 1880 ces jugements seront des *truisms* que même les Kératry de l'époque n'oseront plus répéter. Ceci est nouveau pour moi ; parler à des gens dont on ignore absolument la tournure d'esprit, le genre d'éducation, les préjugés, la religion ! Quel encouragement à être *vrai*, et simplement *vrai,* il n'y a que cela qui tienne. Benvenuto a été *vrai* et on le suit avec plaisir, comme s'il était écrit d'hier, tandis qu'on saute les feuillets de ce jésuite de Marmontel qui pourtant prend toutes les précautions possibles pour ne pas déplaire, en véritable Académicien. J'ai refusé d'acheter ses mémoires à Livourne, à vingt sous le volume, moi qui adore ce genre d'écrits.

Vie de Henry Brulard, Folio, 1973,
pp. 28-30 et 31-33.

5. Edgar Quinet

Quelle règle suivrai-je en recueillant mes souvenirs ?

La réponse[1] que J.-J. Rousseau a faite à une question semblable a été pour moi une triste découverte. Quelle n'a pas été ma surprise lorsque je l'ai vu appliquer son génie à rechercher en combien de cas il lui a été permis de déguiser la vérité dans ses récits ! Et les cas où il admet ces déguisements comme licites sont si nombreux que l'on ne sait plus quelle place il laisse à la réalité. Il admet que l'on peut sans mentir donner comme vrai ce qui ne l'est pas dans tous les cas qui suivent :

Pour *broder les circonstances* ;
Pour les *exagérer,* les *amplifier*, les *outrer* ;
Pour *remplir par des faits controuvés les lacunes des souvenirs* ;
Pour prêter à la vérité des *ornements étrangers* ;
Pour *dire les choses oubliées comme il semble qu'elles ont dû être.*

Les raisons qu'il allègue contre un reste de scrupule sont : le *plaisir d'écrire*, le *délire de l'imagination*, ou ce qui s'appellerait plus exacte-

1. Quatrième promenade.

ment le besoin de produire de l'effet. Quant à la théorie dont il couvre ces motifs, elle se réduit à dire qu'il y a deux sortes de vérités, les utiles et les indifférentes.

Le devoir qui engage envers les premières n'engage nullement envers les secondes. Déguiser celles-ci n'est point mensonge, mais fiction, d'où la possibilité de rester vrai tout en débitant une foule de faits controuvés que l'on donne pour des réalités.

Où s'arrêter dans cette permission effrayante de mettre le faux à la place du vrai ? Sacrifier la vérité à l'effet ; que peut-il sortir de ce principe nouveau porté dans la société, dans la vie ? Je me le suis souvent demandé, au point de vue général. Il s'agit pour moi aujourd'hui de faire à cette singulière question une réponse pratique.

Userai-je de la permission de mêler le vrai et le faux, si bien qu'il n'y ait plus ni vérité, ni mensonge ? M'autoriserai-je d'un grand exemple pour inventer des détails, faire des additions, broder les circonstances ? Je ne ferai rien de cela parce que ce mélange me déconcerte et me glace d'avance. À peine si je conçois qu'on y puisse trouver le moindre contentement.

Je m'attachais aux choses que vous me racontiez en me les présentant comme véritables. Depuis que je sais qu'une partie est controuvée, je m'occupe de discerner le vrai du faux sans pouvoir trouver la limite de l'un et de l'autre ! Je crains d'être dupe. Je sens même que je le suis infailliblement. Cela m'ôte toute sécurité et la moitié au moins de mon plaisir.

Qui me dit que la broderie ne l'emporte pas sur le fond ? Dans une histoire privée je tiens aux circonstances autant qu'aux événements eux-mêmes. Ce sont elles qui donnent à ces faits leur caractère, leur esprit. Quand j'apprends que ces circonstances sont de pure invention, je ne sais plus à quoi me prendre. Il me semble que la vie et la nature même s'exhalent en rhétorique.

Je ne parle pas de la conscience si évidemment blessée par cette facilité ouverte au mensonge. Qui vous garantit, en effet, que ces vérités que vous me déguisez me sont indifférentes ? Y en a-t-il de telles dans le monde ? Vous vous croyez en droit de me mentir, parce que cela, pensez-vous, ne me nuit en rien. Qui vous l'assure ? N'est-ce pas me nuire que m'introduire dans un monde faux où je ne puis m'armer d'aucune défiance ?

Quand vous écrivez un roman et que vous me le présentez comme tel, je le lis dans l'esprit où vous l'avez conçu. J'ai sous les yeux une fiction ; je le sais et ne puis en être dupe que si je veux bien l'être ; il n'en est pas ainsi quand vous écrivez l'histoire de votre vie ; si vous y mêlez des faits controuvés que vous me donnez pour véritables, vous me faites un tort réel. Je vous suis avec confiance, les yeux fermés, et vous abusez de cette confiance pour me tromper. Vous aveuglez, vous altérez mon intelligence, en l'asservissant à des choses dont je n'ai aucun moyen de reconnaître la fausseté. Vous m'asservissez à vous-même. Je deviens votre jouet. Vous faussez en moi l'esprit, l'imagination, la raison. C'est le plus grand mal que vous me puissiez faire. Les seuls livres dangereux pour moi sont ceux où l'on me donne comme réel ce qui ne l'est pas.

Telle est la réponse que j'ai trouvée en moi en commençant ce récit. Je l'écrirai donc sans aucun ornement étranger, sans broder aucune circonstance, à bien plus forte raison sans en inventer une seule. Dans ces conditions, ce que nous appelons l'art est-il possible ? Nous avons contracté un tel besoin de faux, que nous voulons être trompés, même dans les choses qui n'ont de valeur que par la véracité. Est-il possible d'intéresser par un récit qui ne contienne que la vérité exacte sans aucune invention de détail ? Je l'ignore. Et qu'importe ? Je puis bien en faire l'essai, puisque je n'écris plus guère aujourd'hui que pour moi-même.

En quoi la fiction même la plus belle pourrait-elle me plaire dans un pareil sujet ? Ne vaudrait-il pas cent fois mieux se donner carrière dans un roman, un drame, un poème ? Si je reviens à ce passé, c'est pour revivre de ma propre vie. Veux-je donc me tromper moi-même pour le plaisir de me tromper ? Non, je veux me donner le plaisir de la vérité. Tout ce qu'on va lire sera d'une exactitude scrupuleuse. J'en écarterai même la forme du dialogue, car il est trop difficile de se souvenir de chaque parole après tant d'années, et je veux qu'ici les paroles soient aussi sincères que les choses.

Introduction de l'*Histoire de mes idées*, in *Œuvres complètes,* Germer Bailler, 1878, tome X, pp. 98-101.

6. George Sand

6.1. *La solidarité*

Je ne pense pas qu'il y ait de l'orgueil et de l'impertinence à écrire l'histoire de sa propre vie, encore moins à choisir, dans les souvenirs que cette vie a laissés en nous, ceux qui nous paraissent valoir la peine d'être conservés. Pour ma part, je crois accomplir un devoir, assez pénible même, car je ne connais rien de plus malaisé que de se définir et de se résumer en personne.

L'étude du cœur humain est de telle nature, que plus on s'y absorbe, moins on y voit clair ; et pour certains esprits actifs, se connaître est une étude fastidieuse et toujours incomplète. Pourtant je l'accomplirai, ce devoir ; je l'ai toujours eu devant les yeux ; je me suis toujours promis de ne pas mourir sans avoir fait ce que j'ai toujours conseillé aux autres de faire pour eux-mêmes : une étude sincère de ma propre nature et un examen attentif de ma propre existence.

. . . .

Il y a encore un genre de travail personnel qui a été plus rarement accompli, et qui, selon moi, a une utilité tout aussi grande, c'est celui qui consiste à raconter la vie intérieure, la vie de l'âme, c'est-à-dire l'histoire de son propre esprit et de son propre cœur, en vue d'un enseignement fraternel. Ces impressions personnelles, ces voyages ou ces essais de voyage dans le monde abstrait de l'intelligence ou du sentiment, racontés par un esprit sincère et sérieux, peuvent être un stimulant, un encouragement, et même un conseil et un guide pour les autres esprits engagés dans le labyrinthe de la vie.

. . . .

Le récit des souffrances et des luttes de la vie de chaque homme est donc l'enseignement de tous ; ce serait le salut de tous si chacun savait juger ce qui l'a fait souffrir et connaître ce qui l'a sauvé. C'est dans cette vue sublime et sous l'empire d'une foi ardente que saint Augustin écrivit ses *Confessions*, qui furent celles de son siècle et le secours efficace de plusieurs générations de chrétiens.

6.2. *L'humilité*

Un abîme sépare les *Confessions* de Jean-Jacques Rousseau de celles du Père de l'Église. Le but du philosophe du dix-huitième siècle semble plus personnel, partant moins sérieux et moins utile. Il s'accuse afin d'avoir l'occasion de se disculper, il révèle des fautes ignorées afin d'avoir le droit de repousser des calomnies publiques. Aussi c'est un monument confus d'orgueil et d'humilité qui parfois nous révolte par son affectation, et souvent nous charme et nous pénètre par sa sincérité. Tout défectueux et parfois coupable que peut être cet illustre écrit, il porte avec lui de graves enseignements, et plus le martyr s'abîme et s'égare à la poursuite de son idéal, plus ce même idéal nous frappe et nous attire.

Mais on a trop longtemps jugé les *Confessions* de Jean-Jacques au point de vue d'une apologie purement individuelle. Il s'est rendu complice de ce mauvais résultat en le provoquant par les préoccupations personnelles mêlées à son œuvre. Aujourd'hui que ses amis et ses ennemis personnels ne sont plus, nous jugeons l'œuvre de plus haut. Il ne s'agit plus guère pour nous de savoir jusqu'à quel point l'auteur des *Confessions* fut injuste ou malade, jusqu'à quel point ses détracteurs furent impies ou cruels. Ce qui nous intéresse, ce qui nous éclaire et nous influence, c'est le spectacle de cette âme inspirée aux prises avec les erreurs de son temps et les obstacles de sa destinée philosophique, c'est le combat de ce génie épris d'austérité, d'indépendance et de dignité, avec le milieu frivole, incrédule ou corrompu qu'il traversait, et qui, réagissant sur lui à toute heure, tantôt par la séduction, tantôt par la tyrannie, l'entraîna tantôt dans l'abîme du désespoir, et tantôt le poussa vers de sublimes protestations.

Si la pensée des *Confessions* était bonne, s'il y avait devoir à se chercher des torts puérils et à raconter des fautes inévitables, je ne suis pas de ceux qui reculeraient devant cette pénitence publique. Je crois que mes lecteurs me connaissent assez, en tant qu'écrivain, pour ne pas me taxer de couardise. Mais, à mon avis, cette manière de s'accuser n'est pas humble, et le sentiment public ne s'y est pas trompé. Il n'est pas utile, il n'est pas édifiant de savoir que Jean-Jacques a volé trois livres dix sous à mon grand-père, d'autant plus que le fait n'est pas certain*. Pour moi, je me souviens d'avoir pris dans mon enfance dix sous dans la bourse de ma grand-mère pour les donner à un pauvre, et même de l'avoir fait en cachette et avec plaisir. Je trouve qu'il n'y a point là sujet de se vanter ni de s'accuser. C'était tout simplement une bêtise, car, pour les avoir, je n'avais qu'à les demander.

Or, la plupart de nos fautes, à nous autres honnêtes gens, ne sont rien de plus que des bêtises, et nous serions bien bons de nous en accuser devant des gens malhonnêtes qui font le mal avec art et préméditation. Le public se compose des uns et des autres. C'est lui faire un peu trop la cour que de se montrer pire que l'on n'est, pour l'attendrir ou pour lui plaire.

Je souffre mortellement quand je vois le grand Rousseau s'humilier ainsi et s'imaginer qu'en exagérant, peut-être en inventant ces péchés-là, il se disculpe des vices de cœur que ses ennemis lui attribuaient. Il ne les désarma certainement pas par ses *Confessions* ; et ne suffit-il pas, pour le croire pur et bon, de lire les parties de sa vie où il oublie de s'accuser ? Ce n'est que là qu'il est naïf, on le sent bien.

Qu'on soit pur ou impur, petit ou grand, il y a toujours vanité, vanité puérile et malheureuse, à entreprendre sa propre justification. Je n'ai jamais compris qu'un accusé pût répondre quelque chose sur les bancs du crime. S'il est coupable, il le devient encore plus par le mensonge, et son mensonge dévoilé ajoute l'humiliation et la honte à la rigueur du châtiment. S'il est innocent, comment peut-il s'abaisser jusqu'à vouloir le prouver ?

---

* Voici le fait comme je l'ai trouvé dans les notes de ma grand-mère : « Francueil, mon mari, disoit un jour à Jean-Jacques : « Allons aux Français, voulez-vous ? – Allons, dit Rousseau, *cela nous fera toujours bâiller une heure ou deux.* » C'est peut-être la seule repartie qu'il ait eue en sa vie ; encore n'est-elle pas énormément spirituelle. C'est peut-être ce soir-là que Rousseau vola 3 livres 10 sols à mon mari. Il nous a toujours semblé qu'il y avoit eu de l'affectation à se vanter de cette escroquerie ; Francueil n'en a gardé aucun souvenir, et même il pensoit que Rousseau l'avoit inventée pour montrer les susceptibilités de sa conscience et pour empêcher qu'on ne crût aux fautes dont il ne se confesse pas. Et puis d'ailleurs, quand cela seroit, bon Jean-Jacques ! il vous faudroit aujourd'hui faire claquer votre fouet un peu plus fort pour nous faire seulement dresser les oreilles ! »

Et encore là il s'agit de l'honneur et de la vie. Dans le cours ordinaire de l'existence, il faut, ou s'aimer tendrement soi-même, ou avoir quelque projet sérieux à faire réussir, pour s'attacher passionnément à repousser la calomnie qui atteint tous les hommes, même les meilleurs, et pour vouloir absolument prouver l'excellence de soi. C'est parfois une nécessité de la vie publique ; mais dans la vie privée on ne prouve point sa loyauté par des discours ; et, comme nul ne peut prouver qu'il ait atteint à la perfection, il faut laisser à ceux qui nous connaissent le soin de nous absoudre de nos travers et d'apprécier nos qualités.

Enfin, comme nous sommes solidaires les uns des autres, il n'y a point de faute isolée. Il n'y a point d'erreur dont quelqu'un ne soit la cause ou le complice, et il est impossible de s'accuser sans accuser le prochain, non pas seulement l'ennemi qui nous attaque, mais encore parfois l'ami qui nous défend. C'est ce qui est arrivé à Rousseau, et cela est mal. Qui peut lui pardonner d'avoir confessé Mme de Warens en même temps que lui ?

Pardonne-moi, Jean-Jacques, de te blâmer en fermant ton admirable livre des *Confessions* ! Je te blâme, et c'est te rendre hommage encore, puisque ce blâme ne détruit pas mon respect et mon enthousiasme pour l'ensemble de ton œuvre.

6.3. *La spontanéité*

Je ne fais point ici un ouvrage d'art, je m'en défends même, car ces choses ne valent que par la spontanéité et l'abandon, et je ne voudrais pas raconter ma vie comme un roman. La forme emporterait le fond.

Je pourrai donc parler sans ordre et sans suite, tomber même dans beaucoup de contradictions. La nature humaine n'est qu'un tissu d'inconséquences, et je ne crois point du tout (mais du tout) à ceux qui prétendent s'être toujours trouvés d'accord avec le *moi* de la veille.

Mon ouvrage se ressentira donc par la forme de ce laisser-aller de mon esprit, et, pour commencer, je laisserai là l'exposé de ma conviction sur l'utilité de ces *Mémoires*, et je le compléterai par l'exemple du fait, au fur et à mesure du récit que je vais commencer.

Qu'aucun de ceux qui m'ont fait du mal ne s'effraie, je ne me souviens pas d'eux ; qu'aucun amateur de scandale ne se réjouisse, je n'écris pas pour lui.

Œuvres autobiographiques, Gallimard,
Bibliothèque de la Pléiade, 1970,
tome I, pp. 5-13.

7. Marie d'Agoult

7.1. *Préface de* Mes Souvenirs (1806-1833)

Le plaisir de parler de soi, si agréable à la plupart des gens, n'entre absolument pour rien, je puis le dire, dans le dessein que j'ai formé d'écrire mes mémoires. Avec Pascal, j'ai toujours trouvé le *moi haïssable*, et j'ai poussé à cet égard la pudeur de l'âme jusqu'à ce point que plusieurs entre mes amis les plus chers ignorent encore, à cette heure, un grand nombre des événements et des sentiments qui ont animé ou troublé ma vie intime.

Soit fierté, soit besoin impérieux de tenir debout mon courage, je n'ai non plus jamais cherché dans mes chagrins cette compassion attendrie qui nous invite, en quelque sorte, à nous plaindre des injustices du sort, la tendance de mon esprit étant de me considérer dans l'ensemble et non à part des communes tristesses.

Une telle manière de voir, lorsqu'elle nous devient familière, diminue beaucoup l'infatuation qui voudrait entretenir de soi ses proches ou le public.

Cependant, dès ma première jeunesse, un mouvement spontané me portait à écrire, pour en garder la mémoire, mes joies et mes peines. Mon âme était de sa nature recueillie. Elle répugnait à l'oubli et à la dissipation. Un secret instinct d'artiste, qui dès lors s'éveillait en moi, se plaisait aussi, sans doute, à fixer, comme en un tableau, les images fugitives qui se succédaient dans mes journées.

De là, une habitude, prise sans y songer, de me rendre témoignage de mes propres sentiments. De là, une conscience exercée à me juger moi-même ainsi que d'ordinaire on juge autrui. De là aussi, dans les heures tardives, en relisant cette longue suite de souvenirs, où se rencontraient tant de personnes et de choses qui me semblaient de nature à intéresser mes contemporains presque autant que moi, cette question qui m'a tenue longtemps incertaine :

Est-il bon, est-il sage d'ouvrir aux indifférents le livre de sa vie intime ? Est-il utile de dire à haute voix ce que nous ont dit tout bas les années ? Doit-on ou ne doit-on pas confier au public le dernier mot de son cœur et de son esprit ? Est-ce un acte de haute raison, est-ce chose inconsidérée que d'écrire et de publier ses mémoires ?

Je ne connais guère, pour ma part, de question plus délicate. Aussi l'ai-je portée en moi l'espace de dix années. Quand j'en avais l'esprit trop fatigué, je l'écartais brusquement. Revenait-elle, je la tranchais tantôt dans un sens, tantôt dans un autre. Mais rien ne pouvait m'en délivrer, et toujours, au bout d'un certain temps, la question obstinée reparaissait. Toutes les fois que je lisais des correspondances ou des confessions – et j'en lisais souvent, ayant un goût prononcé pour ces sortes d'ouvrages, – mes tentations renaissaient avec mes perplexités.

Hormis Goethe, et, dans un rang moindre, Alfieri, qui, tous deux, ont gardé, avec la sincérité, une bienséance parfaite, les plus illustres entre ces confesseurs d'eux-mêmes et du cœur humain m'inspiraient tout ensemble un vif attrait et des répulsions très vives. Le premier de tous, saint Augustin, en mêlant aux repentirs de l'homme les scrupules du casuiste, m'attendrissait ensemble et me faisait sourire. – Admirable, mais plein de bassesses, le livre de Rousseau étonnait tous mes instincts. – Dans les aveux de sa noble adepte, de cette femme d'une vertu antique, qui ne connut ni la peur ni le mensonge, j'aurais voulu effacer les pages trop semblables au maître. – Le grand style de Chateaubriand me causait, comme à celle qui lui fut si chère, des *frémissements d'amour*[1] ; mais aussitôt le souffle de ses vanités se levait et glaçait mon enthousiasme.

On le voit, c'était à mes yeux une tâche très difficile que celle d'écrire ses mémoires de manière à n'offenser ni le goût ni la morale. Et pourtant, s'agissait-il des autres, je trouvais pour les y exhorter des arguments qui me paraissaient sans réplique. Avec quelle vivacité, à l'occasion, je pressais l'abbé de Lamennais de nous retracer l'histoire de cette grande révolution de son âme, qui, de prêtre ultramontain et d'émigré royaliste, l'avait fait libre-penseur et républicain populaire ! C'était un devoir, lui disais-je, en ce temps d'ébranlement général, pour quiconque avait rompu avec l'ordre ancien, et, devançant le jour d'une société plus vraie et plus libre, avait osé conformer à son sentiment propre plutôt qu'à l'opinion établie les actes de sa vie extérieure, c'était une obligation morale de s'expliquer et de faire sortir une édification supérieure de ce qui avait pu être le scandale des âmes simples. C'était le plus signalé service que l'on pût rendre aux hommes, de leur faire voir, dans une conscience forte, le combat des opinions, des devoirs, des sentiments, des pensées, auquel, plus ou moins obscurément, la plupart ont été en proie à une époque la plus troublée, la plus profondément révolutionnaire qui fût peut-être jamais.

Mais, à mes affirmations positives lorsque je considérais le devoir d'autrui, succédaient, aussitôt que je reportais sur moi ma pensée, des incertitudes sans fin. Je découvrais, comme il arrive, des différences de condition et de situation qui mettaient des différences sensibles dans la morale. J'étais femme, et, comme telle, non obligée aux sincérités viriles. Ma naissance et mon sexe ne m'ayant point appelée à jouer un rôle actif dans la politique, je n'avais aucun compte à rendre à mes concitoyens, et je pouvais garder pour moi seule le douloureux secret de mes luttes intérieures. Je le devais, peut-être, par crainte d'offenser, en étant véridique, ce don de miséricordieux oubli naturel au cœur féminin, et qui semble, bien mieux que la sévère équité, convenir à sa douceur et à sa tendresse.

1. Expression de madame de Beaumont.

En d'autres moments la voix qui parlait à ma conscience changeait d'accent. Elle trouvait dans mon sexe même une raison décisive de parler.

Lorsqu'une femme s'est fait à elle-même sa vie, pensais-je alors, et que cette vie ne s'est pas gouvernée suivant la règle commune, elle en devient responsable, plus responsable qu'un homme, aux yeux de tous. Quand cette femme, par l'effet du hasard ou de quelque talent, est sortie de l'obscurité, elle a contracté, du même instant, des devoirs virils.

Ce serait une erreur aussi de croire que l'homme seul peut exercer une influence sérieuse en dehors de la vie privée. Ce n'est pas uniquement dans le maniement des armes ou des affaires publiques que se fait sentir l'ascendant d'une volonté forte. Telle femme, en s'emparant des imaginations, en passionnant les esprits, en suscitant dans les intelligences un examen nouveau des opinions reçues, agira sur son siècle, d'une autre façon mais autant peut-être que telle assemblée de législateurs ou tel capitaine d'armée. Il peut même arriver qu'une femme, aujourd'hui, ait plus à dire et mérite mieux d'être écoutée que beaucoup d'hommes ; car le mal dont nous nous plaignons tous, le mal qui nous inquiète et par qui semble menacée notre société tout entière, la femme l'a senti plus avant dans tout son être.

Soumise ou révoltée, humble ou illustre, la fille, la sœur, l'amante, l'épouse, la mère, a souffert bien plus que le fils, le frère, l'amant, l'époux, le père, dans sa fibre plus délicate et dans sa condition plus asservie, des discordances d'un monde qui n'a plus ni foi, ni traditions, ni mœurs respectées, et où rien ne se tient plus debout, pas même le mensonge.

C'est à cette dernière considération que je me suis à la fin rendue. C'est la raison qui m'a persuadée et qui, après de longues hésitations, m'a mis la plume à la main. Ai-je bien ou mal fait, le lecteur en jugera.

Mémoires, Souvenirs et journaux de la comtesse d'Agoult, Mercure de France, 1990, tome I, pp. 27-31.

7.2. *Avant-propos des* Mémoires (1833-1854)

Le titre exact de mes *Souvenirs*, et particulièrement de cette troisième partie, eût été le titre choisi par Goethe pour ses mémoires : *Wahrheit und Dichtung : Vérité et Poésie*.

L'auteur de *Werther* l'avait bien senti : le récit minutieux des faits tels que le hasard les amène, nos sentiments, nos pensées, nos paroles, servilement reproduits, sans ordre et sans choix, dans toute leur incohérence et leur inconséquence, ne donneraient qu'une impression vague de la vérité, une image d'autant moins fidèle qu'on aurait voulu n'en rien ôter ou n'en rien laisser dans l'ombre.

La vie est invraisemblable. À qui la regarde de près, elle se montre compliquée, irrationnelle à ce point qu'on n'y saurait voir ni plan ni loi. Mais à distance, vue de haut, ses grandes lignes se dégagent. Ce qui était surchargé, répété, diffus, s'éclaircit. Chaque chose, dans la perspective, prend sa place et sa valeur. Un ensemble apparaît : un caractère, une physionomie, un accent où l'on reconnaît l'ouvrier divin.

C'est par un procédé analogue, par élimination, par retranchement de tout ce qui, dans la nature, est redondance et prolixité ; c'est par le choix des lignes et des plans, par le juste accord des valeurs, par la distribution des ombres et de la lumière, que le poète ou l'artiste tirent de la banalité et de la complication l'expression typique, l'unité simple et forte qui frappe les sens, l'imagination, l'entendement, et se grave dans la mémoire.

C'est ainsi qu'ils créent, chacun selon son génie propre, cette vérité idéale qui sera autre dans Homère, dans Phidias ou dans Virgile, autre dans Léonard, Michel-Ange, Vélasquez ou Rembrandt, autre dans Calderon, Shakespeare, Corneille ou Molière, mais qui partout sera plus vraie dans sa beauté rare que la vérité du vulgaire.

En écrivant mes *Souvenirs* de la façon que j'ai cru devoir le faire, en pleine intégrité de cœur et d'esprit, sans toutefois me piquer d'une exactitude photographique, je n'ai pas eu, certes, la présomption de rivaliser avec les maîtres et de créer comme eux une œuvre durable, mais j'ai pensé qu'en écrivant l'un de ces livres où l'on parle constamment de soi, il serait sage, crainte de se laisser aller, comme il arrive, au superflu, à l'oiseux, à l'indiscret ou à pis encore, de prendre modèle sur les plus sobres et de ne pas prétendre tout dire, ce qui reviendrait à tout mal dire.

Une autre considération d'ailleurs m'engageait à suivre, en ce genre de confession où l'on ne voudrait risquer d'offenser ni le goût ni la bienséance, les traces d'un Goethe, d'un Alfieri, ou plus rapprochées de nous, celles d'un de Candolle, d'un Arago, d'un Quinet, plutôt que l'exemple d'un Jean-Jacques, c'est que je ne me sentais ni droit ni envie, en rappelant mes propres souvenirs, d'y mêler, mal à propos, ceux d'autrui, ma persuasion étant d'ailleurs que la plume d'une femme était tenue plus qu'une autre à ce choix dans la vérité qui n'est pas seulement la marque où se reconnaît l'art digne de ce nom, mais qui est un signe certain des mœurs polies.

C'est pourquoi, dans les pages qui suivent, il ne faudrait pas chercher cette représentation de la réalité telle que celle que l'on obtient à cette heure par les procédés photographiques.

Bien des choses, bien des personnes seront passées sous silence. Quelques traits épars seront rassemblés, d'autres effacés. Ni les faits ne seront mis toujours à leur date précise avec toutes leurs circonstances, ni les paroles ne seront rendues toujours avec la ponctualité du sténographe. Tout sera conforme à la vérité, mais tout sera comme un extrait de la vérité, à l'usage des méditatifs, bien plutôt qu'au goût des curieux.

Mémoires, Souvenirs et journaux de la comtesse d'Agoult, Mercure de France, 1990, tome I, p. 289-291.

8. Ernest Renan

Une des légendes les plus répandues en Bretagne est celle d'une prétendue ville d'Is, qui, à une époque inconnue, aurait été engloutie par la mer. On montre, à divers endroits de la côte, l'emplacement de cette cité fabuleuse, et les pêcheurs vous en font d'étranges récits. Les jours de tempête, assurent-ils, on voit, dans le creux des vagues, le sommet des flèches de ses églises ; les jours de calme, on entend monter de l'abîme le son de ses cloches, modulant l'hymne du jour. Il me semble souvent que j'ai au fond du cœur une ville d'Is qui sonne encore des cloches obstinées à convoquer aux offices sacrés des fidèles qui n'entendent plus. Parfois je m'arrête pour prêter l'oreille à ces tremblantes vibrations, qui me paraissent venir de profondeurs infinies, comme des voix d'un autre monde. Aux approches de la vieillesse surtout, j'ai pris plaisir, pendant le repos de l'été, à recueillir ces bruits lointains d'une Atlantide disparue.

De là sont sortis les six morceaux qui composent ce volume. Les *Souvenirs d'enfance* n'ont pas la prétention de former un récit complet et suivi. Ce sont, presque sans ordre, les images qui me sont apparues et les réflexions qui me sont venues à l'esprit, pendant que j'évoquais ainsi un passé vieux de cinquante ans. Goethe choisit, pour titre de ses Mémoires, *Vérité et Poésie*, montrant par là qu'on ne saurait faire sa propre biographie de la même manière qu'on fait celle des autres. Ce qu'on dit de soi est toujours poésie. S'imaginer que les menus détails sur sa propre vie valent la peine d'être fixés, c'est donner la preuve d'une bien mesquine vanité. On écrit de telles choses pour transmettre aux autres la théorie de l'univers qu'on porte en soi. La forme de *Souvenirs* m'a paru commode pour exprimer certaines nuances de pensée que mes autres écrits ne rendaient pas. Je ne me suis nullement proposé de fournir des renseignements par avance à ceux qui feront sur moi des notices ou des articles.

Début de la *Préface* des *Souvenirs d'enfance et de jeunesse*, édition du Livre de Poche, 1967, pp. 7-8.

9. Romain Rolland

Une longue vie réfléchie est une grande expérience. Elle est même parfois le terme des expériences d'une famille ou d'une race, la réponse donnée à l'énigme de sa marche séculaire, le fruit mûr de sa lente poussée, et qui porte la marque de ses erreurs, de ses succès, de ses vertus et de ses vices.

Je voudrais éclaircir l'énigme de la mienne. Je voudrais en dégager le sens, aux yeux des autres et aux miens. Car je suis arrivé à l'heure où, l'apaisement venu des désirs qui s'élancent, des espoirs qui se brisent, on embrasse l'ensemble de la route parcourue, d'un regard lavé et d'un cœur détaché. Et j'ai pris conscience, non pas de la valeur (infime) du résultat acquis, mais de l'immense effort de la mystérieuse nature, qui, par mille chemins, subtils, aigus, hardis ou contournés, s'exprime en tâtonnant, comme une liane aveugle et obstinée qui monte par les vrilles de la vigne d'une existence.

L'œuvre qu'ici j'esquisse m'a été dictée, en des jours sans lendemain de solitude heureuse, mais enfiévrée, où je rêvais, convalescent, dans ma chambre de Villeneuve-du-Léman, en face d'un grand noyer, confident de mes pensées. J'ai écrit sous l'élan de l'esprit de mes morts, des jours morts et des ombres aimées, venues me visiter. J'ai écrit sans savoir où l'élan me mènerait, et quand il s'arrêterait. Par le fait, à mi-chemin, il s'est interrompu. La vie est rentrée, troublant le dormeur éveillé ; et plutôt que de fausser le songe qu'il se disait tout haut, il en a brisé le cours[1], et il a passé la plume à l'homme de raison, au Mémorialiste.

Car c'est tout autre chose que mes *Mémoires*, écrits d'après les notes du *Journal* que je tiens depuis ma vingtième année[2], – et *Le Voyage intérieur*, qui forme une sorte de Prélude symphonique[3]. Dans cette musique de l'esprit qui rêve, enroulé sur lui-même, comme Kââ qui digère les siècles de la jungle, s'exprime, indépendant, le jeu des forces subconscientes ou conscientes qui, au cours d'une vie, ont agi, soit dans l'être que j'essaie de comprendre et de décrire, soit autour de cet être, dans sa famille, dans ses compagnons, dans son peuple, dans son temps, – dans tout cet organisme humain, infiniment complexe et vibrant qui, malgré

1. Pour dire vrai, le flot du *Voyage Intérieur* s'interrompt aux dernières lignes du chapitre intitulé : « *Le Sagittaire* ». – « *Le périple* », qui y fait suite, est déjà un morceau de transition entre le Rêve de l'esprit et le raisonnement discursif.

2. Il est à distinguer aussi entre le *Journal*, écrit au jour le jour, sous le coup immédiat des émotions, – et les *Mémoires*, qui, à distance, embrassent la suite des événements. Le premier reste trop souvent marqué par la passion, souvent injuste, du moment. On n'y doit point chercher ma vraie pensée durable, mais l'impression d'une heure. Il ne faut jamais oublier, si plus tard on l'étudie, que ces notes, écrites pour moi seul, étaient un *Memento* moral, dont je me réservais de vérifier, dans une période plus calme et plus mûre, les jugements provisoires, les prévisions, les soupçons, – et de modifier ou d'annuler les conclusions. – C'est ce que j'ai tâché de faire dans les *Mémoires*, entrepris en ces toutes dernières années, depuis mon établissement à Vézelay.

(Vézelay, 1942.)

(Ces deux notes avaient été éliminées par R. R. pour l'éd. de 1942).

3. Nous ne donnons ici qu'un Premier Livre de ce « *Songe d'une Vie* ». Si le lecteur y prend goût, nous poursuivrons peut-être notre récit.

son apparente multiplicité, n'est qu'une même substance. J'ai pris bien garde de ne pas les fausser, en les interprétant. Aucune arrière-pensée de sculpter sa propre statue, aucun système préconçu d'autoconstruction, n'ont dirigé ce *Voyage intérieur* ; c'est en le faisant que j'ai découvert ce que j'ai écrit, et que souvent je ne connaissais point, l'instant d'avant.

« L'invitation au Voyage », texte liminaire du *Voyage intérieur*, Albin Michel, 1959, pp. 13-14.

10. Julien Benda

Ces pages, comme toutes les pages où un auteur parle de lui-même, demandent de l'indulgence, voire de la sympathie. Je les livre aux quelques personnes qui éprouvent ces sentiments pour ma forme d'esprit. Mon vœu est que les autres ne les lisent point.

Un mot sur mon mobile. Il ne fut point le plaisir de traiter de ma personne, mais d'ordre plus généreux. Je crois que, dans une certaine famille humaine qui traverse toute l'histoire et y aura joué quelque rôle – disons schématiquement les tenants de l'idéalisme absolu – j'aurai été un exemplaire assez complet. C'est le désir d'offrir au psychologue une description un peu poussée de ce spécimen qui m'a fait faire ce livre. C'est un mouvement de savant. Je voudrais verser aux annales de la science de l'Homme une observation bien faite sur un certain type humain. Je lègue mon crâne au muséum, avec quelques observations sur sa structure. C'est avouer mon espoir d'être lu par certains hommes de science, même si leur cœur ne m'aime pas.

J'écris aussi pour vous, mon élève, jeune homme de ma famille morale. J'aimerais vous servir à reconnaître de bonne heure qui vous êtes et quelles disciplines vous conviennent, à ne point perdre votre temps à des fréquentations aimables, voire pathétiques, mais dont votre forme d'esprit n'a que faire pour sa perfection. J'aimerais, en vous passant le flambeau, vous porter aide pour en cueillir toute la lumière.

Avant-propos de *La Jeunesse d'un clerc*, Gallimard, 1968, p. 7.

11. André Gide

11.1. *Note terminale de la première partie de* Si le grain ne meurt

Roger Martin du Gard, à qui je donne à lire ces Mémoires, leur reproche de ne jamais dire assez, et de laisser le lecteur sur sa soif. Mon intention pourtant a toujours été de tout dire. Mais il est un degré dans la confidence que l'on ne peut dépasser sans artifice, sans se forcer ; et je cherche surtout le naturel. Sans doute un besoin de mon esprit m'amène, pour tracer plus purement chaque trait, à simplifier tout à l'excès ; on ne dessine pas sans choisir ; mais le plus gênant c'est de devoir présenter comme successifs des états de simultanéité confuse. Je suis un être de dialogue ; tout en moi combat et se contredit. Les Mémoires ne sont jamais qu'à demi sincères, si grand que soit le souci de vérité : tout est toujours plus compliqué qu'on ne le dit. Peut-être même approche-t-on de plus près la vérité dans le roman.

Journal 1939-1949, Souvenirs,
Gallimard, Bibliothèque de la Pléiade,
1954, p. 547.

11.2. *Projet de préface pour* Si le grain ne meurt

Pourquoi j'écrivis ces mémoires :

Par grand'peur des Berrichons et des Bazalgettes.

Pourquoi je les publie de mon vivant :

Parce que je n'ai pas confiance dans les publications posthumes. La dévotion des parents, des amis, s'entend à camoufler les morts, et je tiens qu'il en est bien peu qui, s'ils revenaient sur la terre, n'auraient à protester contre le zèle qui retouche et dissimule, ou prête à leurs traits. J'estime que mieux vaut encore être haï pour ce que l'on est, qu'aimé pour ce que l'on n'est pas. Ce dont j'ai le plus souffert durant ma vie, je crois bien que c'est le mensonge. Libre à certains de me blâmer si je n'ai pas su m'y complaire et en profiter. Certainement j'y eusse trouvé de confortables avantages. Je n'en veux point.

C'est parce qu'il se croyait unique que Rousseau dit avoir écrit ses confessions.

J'écris les miennes pour des raisons exactement contraires, et parce que je sais que grand est le nombre de ceux qui s'y reconnaîtront.

— Mais quelle utilité… ?

— Je crois que tout ce qui est vrai peut instruire.

Œuvres complètes, Gallimard, 1936,
tome X, pp. 453-454.

12. François Mauriac

J'ai naguère écrit le premier chapitre de mes souvenirs ; il m'a suffi de le relire pour décider de m'en tenir là. Est-ce bien moi cet enfant que je rappelais ainsi à la vie ? Sans doute, quand je m'appliquais à ce travail, n'avais-je pas l'intention de me confesser ; du moins étais-je résolu à ne rien dire qui ne fût vrai. Mais pour peu que l'art apparaisse dans ces sortes d'ouvrages, ils deviennent mensonge ; ou plutôt, l'humble et mouvante vérité d'un destin particulier se trouve dépassée, malgré l'auteur, qui atteint, sans l'avoir cherché, à une vérité plus générale. Il compose, après coup, ce qui n'était pas composé et ménage la lumière selon l'effet à produire : ainsi des régions immenses de sa vie se trouvent plongées dans les ténèbres et il éclaire ce qui en lui prête à de beaux développements.

Même un auteur, qui se couvre de boue et qui décèle ses actions les plus tristes, ne doute pas de gagner des cœurs par son audace. On vantera son courage, son humilité. On trouvera mille raisons de l'absoudre sans révéler la véritable : c'est que celui qui confesse tout aide au soulagement de ceux qui n'avouent rien.

Pour en revenir à ce premier – et dernier – chapitre de mes souvenirs, j'admire avec quelle audace j'y ai mis l'accent sur la solitude et sur la tristesse de mon enfance. Au vrai, j'avais beaucoup d'amis et nul n'a eu plus que moi le goût des palabres sans fin, des confidences, des lettres. Étais-je si désespéré ? Les jours de congé me paraissaient trop courts parce que je voulais à la fois les passer chez mes cousines, dévorer un livre, aller à la foire.

De tous mes plaisirs, le plus cher me venait de ce cœur mélancolique justement, que dans mes souvenirs je me suis plu à monter en épingle. Je me rappelle mon émerveillement lorsque à seize ans, je découvris dans *L'Homme libre*, de Barrès, la mirobolante formule : *sentir le plus possible en s'analysant le plus possible*. Cela me jeta dans des transports. C'était ce que je faisais depuis l'âge de raison. Un enfant jouait à être solitaire et méconnu ; et c'est le plus passionnant des jeux… Peut-être parce qu'un instinct l'avertit qu'il y a là beaucoup plus qu'un jeu : une préparation, un exercice pour devenir homme de lettres. Aimer à se regarder souffrir, signe évident de vocation ; mais il faut commencer par souffrir et je me souviens que je faisais flèche de tout bois…

Attention ! me voilà sur une piste qui, si je l'avais suivie, m'aurait fait découvrir un enfant encore plus étranger à moi-même que celui dont j'ai naguère tenté de reproduire les traits.

Est-ce à dire que les souvenirs d'un auteur nous égarent toujours sur son compte ? Bien loin de là : le tout est de savoir les lire. C'est ce qui y transparaît de lui-même malgré lui qui nous éclaire sur un écrivain. Les véritables visages de Rousseau, de Chateaubriand, de Gide se dessinent peu à peu dans le filigrane de leurs confessions et mémoires. Tout ce qu'ils escamotent (même si c'est le bien), tout ce sur quoi ils appuient (même si c'est le mal) nous aide à retrouver les traits qu'ils ont mis, parfois, beaucoup de soin à brouiller.

Surtout, gardons-nous de croire qu'un auteur retouche ses souvenirs avec l'intention délibérée de nous tromper. Au vrai, il obéit à une nécessité : il faut bien qu'il immobilise, qu'il fixe cette vie passée qui fut mouvante. Tel sentiment, telle passion qu'il éprouva, mais qui furent, dans la réalité, mêlés à beaucoup d'autres, imbriqués dans un ensemble, il faut bien qu'il les isole, qu'il les délimite, qu'il leur impose des contours, sans tenir compte de leur durée, de leur évolution insaisissable. C'est malgré lui qu'il découpe, dans son passé fourmillant, ces figures aussi arbitraires que les constellations dont nous avons peuplé la nuit.

Il ne faut pas non plus faire grief à un auteur de ce que ses mémoires sont, le plus souvent, une justification de sa vie. Même sans l'avoir voulu au départ, nous finissons toujours par nous justifier ; nous sommes toujours à la barre, dès que nous parlons de nous, – même si nous ne savons plus devant qui nous plaidons. Mémoires, confessions, souvenirs témoignent qu'à toute foi religieuse survit, dans la plupart des hommes, *cette angoisse du compte à rendre*. Tout auteur de mémoires, chacun à sa façon, et fût-ce en s'accusant, prépare sa défense... Devant la postérité ? peut-être ; mais inconsciemment ne cherche-t-il pas à fixer l'aspect qu'aura son âme aux yeux de Celui qui la lui donna et qui peut la lui redemander à chaque instant ?

. . . .

En somme, saint Augustin est peut-être le seul auteur de *Confessions* qui ait été conscient de l'instinct auquel cède un homme qui raconte sa vie. Et sans doute, celui qui est assuré d'écrire en présence de la Trinité redoute de mentir. Il parle à un Dieu qui connaît tout, qui lit au fond de notre cœur... Pourtant, du seul point de vue humain, de tels mémoires risquent de nous égarer pour de plus hautes raisons que ceux de Jean-Jacques. Chez un saint, l'objet de son étude, qui est lui-même, s'anéantit devant Dieu. Devant Celui qui est, il devient celui qui n'est pas.

Mais c'est chercher bien haut des excuses, pour m'en être tenu à un seul chapitre de mes mémoires. La vraie raison de ma paresse n'est-elle pas que nos romans expriment l'essentiel de nous-même ? Seule, la fiction ne ment pas ; elle entrouvre sur la vie d'un homme une porte dérobée par où se glisse, en dehors de tout contrôle, son âme inconnue.

Introduction de *Commencements d'une vie*, in *Œuvres autobiographiques*, Gallimard, Pléiade, 1990, pp. 65-67.

13. Michel Leiris

13.1. *L'Âge d'homme*

Dans *De la littérature considérée comme une tauromachie* (1945), Michel Leiris commente le « prière d'insérer » qu'il avait écrit en 1939 pour *L'Âge d'homme*. En 1939, il disait qu'en se confessant, il espérait courir des risques, et donner ainsi une certaine authenticité à son texte, comme en donne à l'art du torero la menace toujours présente de la corne acérée du taureau. Voici comment, six ans plus tard, il juge ce projet.

Donc, je rêvais corne de taureau. Je me résignais mal à n'être qu'un littérateur. Le matador qui tire du danger couru occasion d'être plus brillant que jamais et montre toute la qualité de son style à l'instant qu'il est le plus menacé : voilà ce qui m'émerveillait, voilà ce que je voulais être. Par le moyen d'une autobiographie portant sur un domaine pour lequel, d'ordinaire, la réserve est de rigueur – confession dont la publication me serait périlleuse dans la mesure où elle serait pour moi compromettante et susceptible de rendre plus difficile, en la faisant plus claire, ma vie privée – je visais à me débarrasser décidément de certaines représentations gênantes en même temps qu'à dégager avec le maximum de pureté mes traits, aussi bien à mon usage propre qu'afin de dissiper toute vue erronée de moi que pourrait prendre autrui. Pour qu'il y eût *catharsis* et que ma délivrance définitive s'opérât, il était nécessaire que cette autobiographie prît une certaine forme, capable de m'exalter moi-même et d'être entendue par les autres, autant qu'il serait possible. Je comptais pour cela sur un soin rigoureux apporté à l'écriture, sur la lueur tragique également dont serait éclairé l'ensemble de mon récit par les symboles mêmes que je mettais en œuvre : figures bibliques et de l'antiquité classique, héros de théâtre ou bien le Torero, – mythes psychologiques qui s'imposaient à moi en raison de la valeur révélatrice qu'ils avaient eue pour moi et constituaient, quant à la face littéraire de l'opération, en même temps que des thèmes directeurs les truchements par quoi s'immiscerait quelque grandeur apparente là où je ne savais que trop qu'il n'y en avait pas.

Faire le portrait le mieux exécuté et le plus ressemblant du personnage que j'étais (comme certains peignent avec éclat paysages ingrats ou ustensiles quotidiens), ne laisser un souci d'art intervenir que pour ce qui touchait au style et à la composition : voilà ce que je me proposais, comme si j'avais escompté que mon talent de peintre et la lucidité exemplaire dont je saurais faire preuve compenseraient ma médiocrité en tant que modèle et comme si, surtout, un accroissement d'ordre moral devait pour moi résulter de ce qu'il y avait d'ardu dans une telle entreprise puisque – à défaut même de l'élimination de quelques-unes de mes faiblesses – je me serais du moins montré capable de ce regard sans complaisance dirigé sur moi-même.

Ce que je méconnaissais, c'est qu'à la base de toute introspection il y a goût de se contempler et qu'au fond de toute confession il y a désir d'être absout. Me regarder sans complaisance, c'était encore me regarder, maintenir mes yeux fixés sur moi au lieu de les porter au-delà pour me dépasser vers quelque chose de plus largement humain. Me dévoiler devant les autres mais le faire dans un écrit dont je souhaitais qu'il fût bien rédigé et architecturé, riche d'aperçus et émouvant, c'était tenter de les séduire pour qu'ils me soient indulgents, limiter – de toutes façons – le scandale en lui donnant forme esthétique. Je crois donc que, si enjeu il y a eu et corne de taureau, ce n'est pas sans un peu de duplicité que je m'y suis aventuré : cédant, d'une part, encore une fois à ma tendance narcissique ; essayant, d'autre part, de trouver en autrui moins un juge qu'un complice. De même, le matador qui semble risquer le tout pour le tout soigne sa ligne et fait confiance, pour triompher du danger, à sa sagacité technique.

Toutefois, il y a pour le torero menace réelle de mort, ce qui n'existera jamais pour l'artiste, sinon de manière extérieure à son art (ainsi, pendant l'occupation allemande, la littérature clandestine, qui certes impliquait un danger mais dans la mesure où elle s'intégrait à une lutte beaucoup plus générale et, somme toute, indépendamment de l'écriture elle-même). Suis-je donc fondé à maintenir la comparaison et à regarder comme valable mon essai d'introduire « ne fût-ce que l'ombre d'une corne de taureau dans une œuvre littéraire » ? Le fait d'écrire peut-il jamais entraîner pour celui qui en fait profession un danger qui, pour n'être pas mortel, soit du moins positif ?

Faire un livre qui soit un acte, tel est, en gros, le but qui m'apparut comme celui que je devais poursuivre, quand j'écrivis *L'Âge d'homme* ; Acte par rapport à moi-même puisque j'entendais bien, le rédigeant, élucider, grâce à cette formulation même, certaines choses encore obscures sur lesquelles la psychanalyse, sans les rendre tout à fait claires, avait éveillé mon attention quand je l'avais expérimentée comme patient. Acte par rapport à autrui puisqu'il était évident qu'en dépit de mes précautions oratoires la façon dont je serais regardé par les autres ne serait plus ce qu'elle était avant publication de cette confession. Acte, enfin, sur le plan littéraire, consistant à montrer le dessous des cartes, à faire voir dans toute leur nudité peu excitante les réalités qui formaient la trame plus ou moins déguisée, sous des dehors voulus brillants, de mes autres écrits. Il s'agissait moins là de ce qu'il est convenu d'appeler « littérature engagée » que d'une littérature dans laquelle j'essayais de m'engager tout entier. Au-dedans comme au-dehors : attendant qu'elle me modifiât, en m'aidant à prendre conscience, et qu'elle introduisît également un élément nouveau dans mes rapports avec autrui, à commencer par mes rapports avec mes proches, qui ne pourraient plus être tout à fait pareils quand j'aurais mis au jour ce qu'on soupçonnait peut-être déjà, mais à coup sûr confusément. Il n'y avait pas là désir d'une brutalité cynique. Envie, plutôt, de tout avouer pour partir sur de nouvelles bases, entretenant avec ceux à l'affection ou à l'estime desquels j'attachais du prix des relations désormais sans tricherie.

Du point de vue strictement esthétique, il s'agissait pour moi de condenser, à l'état presque brut, un ensemble de faits et d'images que je me refusais à exploiter en laissant travailler dessus mon imagination ; en somme, la négation d'un roman. Rejeter toute affabulation et n'admettre pour matériaux que des faits véridiques (et non pas seulement des faits vraisemblables, comme dans le roman classique), rien que ces faits et tous ces faits, était la règle que je m'étais choisie. Déjà, une voie avait été ouverte dans ce sens par la *Nadja* d'André Breton, mais je rêvais surtout de reprendre à mon compte – autant que faire se pourrait – ce projet inspiré à Baudelaire par un passage des *Marginalia* d'Edgar Poe : mettre son cœur à nu, écrire ce livre sur soi-même où serait poussé à tel point le souci de sincérité que, sous les phrases de l'auteur, « le papier se riderait et flamberait à chaque touche de la plume de feu ».

Pour diverses raisons – divergences d'idées, mêlées à des questions de personnes, qu'il serait trop long d'exposer ici – j'avais rompu avec le surréalisme. Pourtant, il est de fait que j'en restais imprégné. Réceptivité à l'égard de ce qui apparaît comme nous étant donné sans que nous l'ayons cherché (sur le mode de la dictée intérieure ou de la rencontre de hasard), valeur poétique attachée aux rêves (considérés en même temps comme riches en révélations), large créance accordée à la psychologie freudienne (qui met en jeu un matériel séduisant d'images et, par ailleurs, offre à chacun un moyen commode de se hausser jusqu'au plan tragique en se prenant pour un nouvel Œdipe), répugnance à l'égard de tout ce qui est transposition ou arrangement, c'est-à-dire compromis fallacieux entre les faits réels et les produits purs de l'imagination, nécessité de mettre les pieds dans le plat (quant à l'amour, notamment, que l'hypocrisie bourgeoise traite trop aisément comme manière de vaudeville quand elle ne le relègue pas dans un secteur maudit) : telles sont quelques-unes des grandes lignes de force qui continuaient à me traverser, embarrassées de maintes scories et non sans quelques contradictions, quand j'eus l'idée de cet ouvrage où se trouvent confrontés souvenirs d'enfance, récits d'événements réels, rêves et impressions effectivement éprouvées, en une sorte de collage surréaliste ou plutôt de photo-montage puisque aucun élément n'y est utilisé qui ne soit d'une véracité rigoureuse ou n'ait valeur de document. Ce parti pris de réalisme – non pas feint comme dans l'ordinaire des romans, mais positif (puisqu'il s'agissait exclusivement de choses vécues et présentées sans le moindre travestissement) – m'était non seulement imposé par la nature de ce que je me proposais (faire le point en moi-même et me dévoiler publiquement) mais répondait aussi à une exigence esthétique : ne parler que de ce que je connaissais par expérience et qui me touchait du plus près, pour que fût assurée à chacune de mes phrases une densité particulière, une plénitude émouvante, en d'autres termes : la qualité propre à ce qu'on dit « authentique ». Être vrai, pour avoir chance d'atteindre cette résonance si difficile à définir et que le mot « authentique » (applicable à des choses si diverses et, notamment, à des créations purement poétiques) est fort loin d'avoir expliquée : voilà ce à quoi je tendais, ma conception quant à l'art d'écrire venant ici converger avec l'idée morale que j'avais quant à mon engagement dans l'écriture.

L'Âge d'homme, Folio, 1973, pp. 12-17.

13.2. *Biffures*

Dans la série de *La Règle du jeu*, Michel Leiris recommence sa quête autobiographique en suivant une nouvelle méthode. Le « jeu » dont il cherche la règle, c'est bien sûr avant tout le jeu autobiographique lui-même. À la fin de *Fibrilles*, Leiris s'assure que ses réflexions sur le langage l'auront au moins amené à constituer « quelque chose comme le gros œuvre d'un *art de l'autobiographie* » (*Fibrilles*, p. 255), et qu'à défaut d'avoir été poète, il sera devenu « l'auteur d'honnêtes essais autobiographiques qui feront peut-être figure de défense et illustration de ce genre littéraire » (*ibid.*, p. 256). Aussi le discours sur l'autobiographie tient-il une grande place dans *La Règle du jeu*. On trouvera ci-dessous des extraits du long développement dans lequel Leiris explique la genèse, la méthode et la signification de cette nouvelle autobiographie.

En écrivant *L'Âge d'homme*, aurais-je atteint l'extrême limite de mes possibilités ? Il y a une dizaine d'années de cela ; je n'ai pas fait grand-chose depuis lors et rien ne prouve que je ne suis pas déjà – littérairement comme pour le reste – engagé assez avant sur la voie du déclin. Cet ouvrage que maintenant j'écris ne serait-il qu'une resucée, en plus mou et plus délayé, de la confession à laquelle je m'étais un jour essayé, tentative qu'on ne peut effectuer peut-être qu'une seule fois dans sa vie, sauf aventures nouvelles et d'une importance assez grande pour fournir les matériaux d'un second Mémorial qui ne soit pas la simple reprise du premier sous un angle de vue légèrement différent ? Incapable de tirer de moi-même plus que des souvenirs et ne pouvant en exhumer que de moins en moins intéressants (puisque j'ai déjà rassemblé en un livre ceux qui me tenaient le plus à cœur), serais-je aujourd'hui dans un état voisin de la banqueroute mentale où vient sombrer cet « homme au cerveau d'or » dont l'histoire m'avait si fort impressionné quand, enfant, je l'avais lue, dans les *Lettres de mon Moulin*, je crois : fiction montrant un homme dont la cervelle est d'or pur et qui, vivant sur ce trésor, l'épuise peu à peu, si bien qu'un jour on le découvre mort, la tête vide et quelques dernières raclures aux ongles de ses doigts crispés ?

Biffures (1948), Gallimard,
L'Imaginaire, 1991, pp. 271-272.

Mais Leiris trouve le moyen de relancer l'inspiration défaillante en recourant à des procédés d'ordre poétique (groupement et organisation de mots fascinants), et d'ordre rituel (recours à des techniques matérielles de découpages et de collages de textes, constitution d'un corpus de fiches, etc.). Voici comment il évoque ces gestes rituels :

Gestes, à dire vrai, de parade, mais dont je subis néanmoins l'attrait, parce que je retrouve sans doute, quand je les effectue, quelque chose de permanent qui remonte à l'enfance : ce goût que j'avais, plus jeune, de me faire des albums ou des cahiers, de réunir en une quantité limitée de feuillets ou sous un nombre réduit de couvertures (à moins que ce ne fût dans des tiroirs ou dans des boîtes) ce qui pouvait me plaire ou m'intéresser, comme pour enclore ce par quoi j'étais sollicité à des titres divers dans un *compendium* toujours à ma disposition. Lorsque – par brefs fragments qui n'étaient guère que des pense-bêtes – je constituai pour mon unique usage une sorte de dossier dans lequel étaient notés, sur des feuilles volantes gardées ensuite sous une même enveloppe, ceux de mes souvenirs d'enfance ou de jeunesse que je tenais à ne pas oublier, c'est à un mouvement de ce genre que j'obéissais. De même quand j'eus, beaucoup plus tard, l'idée de mettre systématiquement sur fiches (rangées dans un même classeur de bois jaune et réparties en plusieurs séries au moyen de cartons plus épais et de couleur orangée correspondant chacun à une tête de chapitre) les matériaux que j'utilise ici : réalisation – sur un mode bureaucratique, en relation pourtant avec une ornière plus profonde que mon accoutumance (relativement récente) aux méthodes administratives et scientifiques – de ce « puzzle de faits » d'où j'avais rêvé de m'élancer, le choisissant pour tremplin.

Entre mon désir de renouveler sur une base plus terrestre l'opération tentée d'abord avec des mots et le rassemblement – tout empirique – que j'effectuai de notules relatives à des points de ma vie que je voulais fixer, les empruntant aux domaines les plus divers, il n'y eut au début aucun lien, si ce n'est le besoin diffus que j'ai toujours ressenti de confronter, grouper, unir entre eux des éléments distincts, comme par un obscur appétit de juxtaposition ou de combinaison, analogue sans doute à ce qui me faisait trouver si attirant, quand j'étais tout petit, un objet composite tel que le « tambour-trompette ». Pour qu'une habitude à laquelle, longtemps, je sacrifiai sans intention bien définie (cédant surtout à l'envie de me fabriquer sur moi-même des archives) se transformât un beau jour en procédé concerté, orienté vers des fins littéraires et, très précisément, vers cette opération souhaitée depuis plusieurs années, il fallut que la fascination exercée sur moi par le langage m'amenât à scruter de nouveau ses arcanes en m'attachant, cette fois, à certains faits qui tranchaient, à mes yeux, sur la masse des autres faits pour la raison, justement, qu'ils étaient des *faits de langage*, dont les ressorts premiers étaient des mots.

Biffures (1948), Gallimard,
L'Imaginaire, 1991, pp. 276-277.

Ces « faits de langage » sont les « bifurs ». Leiris analyse longuement la transformation de cette notion de « bifur » (ou de « biffures »), de la fourche qui se produit dans le langage jusqu'à la complexité du réseau mental, et jusqu'au foisonnement de l'écriture autobiographique elle-même :

Parallèlement – obéissant à mon désir de confronter, de rapprocher, d'établir des liaisons – je laissai de plus en plus s'aiguiller mon attention, non point tant sur ces expériences privilégiées que je me proposais d'analyser, que sur les ramifications diverses qui pouvaient s'y brancher, voies de parcours dans lesquelles il ne tenait qu'à moi de me lancer et dont les recoupements multiples devaient finir par les tresser en une sorte de réseau semblable à ceux qui mettent en communication toutes les régions distinctes composant un pays. Nœuds de faits, de sentiments, de notions se groupant autour d'une expérience colorée plus vivement que les autres et jouant le rôle d'un signe ou d'une illustration assez frappante pour me servir de repère, tels furent bientôt les « bifurs », ma démarche tendant d'autre part à substituer aux exposés statiques, faits après coup, quelque chose de plus mouvant, de plus abandonné, qui serait en soi-même une suite de bifurcations ou de « bifurs » au lieu d'être seulement la description de ce à quoi, pour commencer, j'avais donné ce nom. Le gros de mon travail finit donc par consister moins en la découverte, en l'*invention*, puis en l'examen de ces nœuds qu'en une méditation zigzaguant au fil de l'écriture et, « bifur » après « bifur », cheminant de thème en thème (ces derniers ordonnés peu à peu en faisceaux plus ou moins séparés mais juxtaposés en chapitres constituant, dans leur enchaînement, comme autant d'épisodes successifs d'une capricieuse course au clocher qu'il me faudrait mener à travers haies, ruisseaux, terres labourées et autres accidents sur un terrain des plus irréguliers).

. . . .

Si arbitraire et hasardeux qu'ait pu être mon point de départ, ce qui m'importe maintenant c'est de poursuivre la mise au jour et l'élucidation des thèmes qui transparaissent déjà dans mon fouillis de lignes et en font craquer çà et là le tissu, comme s'il avait été indispensable que je procédasse à la constitution de ce *corpus* (où entrent maintenant les faits les plus quelconques, illustratifs seulement de l'une ou l'autre de mes façons d'être), que j'en joignisse bout à bout les composants après m'être efforcé d'y introduire un minimum de classement (d'abord sommairement chronologique quant aux faits que je pourrais appeler les « faits premiers », entendant par là ceux autour desquels les autres se sont, chemin faisant, groupés, sans considération de date cette fois), comme s'il me fallait également unir ces faits entre eux par tous ces fils compliqués – auxquels se mêlent aussi (appels de trompe du monde vivant) certains événements survenus durant la période même où je rédige – et en user finalement, avec les figures qui s'esquissent ainsi par degrés, comme d'espèces de *leitmotiv* de composition musicale, pour que de tout cela il jaillisse quelque chose, encore très vacillant sans doute mais dont j'attends, quand ma tâche sera parvenue à son terme, qu'un peu de lumière s'en trouve apportée sur l'être que je suis en vérité et sur ce qu'il est en droit de retenir comme devant être le fondement de son activité. Autrement dit : que je sois éclairé – à la fin de ces bifurs (ou prospections tentées un peu dans tous les sens) et après de multiples biffures (ou éliminations successives de valeurs illusoires) – sur ma nature et mon but, sur ce que le plus profondément je veux et sur ce que je pourrais réaliser dans ma vie de plus valable et de plus ressemblant.

Biffures (1948), Gallimard,
L'Imaginaire, 1991, pp. 281-284.

14. Jean-Paul Sartre

Les Mots ne commencent pas par un classique pacte autobiographique ; mais on pourra trouver l'équivalent de ce pacte dans différentes interviews accordées par Sartre, en particulier dans la seule interview qu'il ait accordée au moment même de la publication des *Mots*, en 1964. On en lira ci-après le début.

Pour connaître l'ensemble des déclarations de Sartre, et les témoignages de ses proches, consulter le volume *Pourquoi et comment Sartre a écrit « Les Mots »*, sous la direction de Michel Contat, PUF, 1996 (« Sartre et quelques autres sur son autobiographie. Paratexte, documents et témoignages, présentés par Philippe Lejeune », pp. 445-473).

« Des contradictions, il y en a dans *Les Mots*, d'ordre chronologique. On a eu raison de les souligner. Elles viennent de ce que le gros de l'ouvrage a été écrit en 1954 puis retouché, nuancé dix ans plus tard dans les mois qui ont précédé sa publication. Je n'ai pas unifié les dates.

— *Quand vous dites : « Depuis dix ans je suis un homme qui s'éveille d'une longue, amère et douce folie », c'est bien à 1954 qu'il faut faire remonter ce changement ?*

— Oui. À ce moment-là, à la suite d'événements politiques, mes rapports avec le parti communiste m'ont vivement préoccupé. Jeté dans l'atmosphère de l'action j'ai soudain vu clair dans l'espèce de névrose qui dominait toute mon œuvre antérieure. Je n'avais pas pu la reconnaître auparavant : j'étais dedans. Simone de Beauvoir avait deviné ces raisons avant moi. Le propre de toute névrose c'est de se donner pour naturelle. J'envisageais tranquillement que j'étais fait pour écrire. Par besoin de justifier mon existence, j'avais fait de la littérature un absolu. Il m'a fallu trente ans pour me défaire de cet état d'esprit.

« Quand mes relations avec le parti communiste m'ont donné le recul nécessaire j'ai décidé d'écrire mon autobiographie. Je voulais montrer comment un homme peut passer de la littérature considérée comme sacrée à une action qui reste néanmoins celle d'un intellectuel.

« Dans *Les Mots* j'explique l'origine de ma folie, de ma névrose. Cette analyse peut aider les jeunes qui rêvent d'écrire. Cette aspiration est tout de même assez étrange et ne va pas sans une fêlure. Le gosse qui rêve d'être champion de boxe, ou amiral, ou astronaute, choisit le réel. Si l'écrivain choisit l'imaginaire c'est qu'il confond ces deux domaines.

— *On dirait, à vous lire, que vous regrettez d'avoir été contraint de choisir la littérature.*

— Le fait est qu'en 1954 j'étais très près de le regretter. J'étais néophyte dans un autre monde. J'avais rêvé ma vie pendant près de cinquante ans (je vais en avoir cinquante-neuf). Mais, voyez-vous, il y a deux tons dans *Les Mots* : l'écho de cette condamnation et une atténuation de cette sévérité. Si je n'ai pas publié cette autobiographie plus tôt et dans sa forme la plus radicale, c'est que je la jugeais excessive. Il n'y a pas de raison de traîner un malheureux dans la boue parce qu'il écrit. D'ailleurs, entre-temps, je m'étais rendu compte que l'action aussi a ses difficultés et qu'on peut y être conduit par la névrose.

« On n'est pas plus sauvé par la politique que par la littérature. »

Interview accordée à Jacqueline
Piatier, *Le Monde*, 18 avril 1964.

15. Simone de Beauvoir

15.1. *Préambule de* La Force des choses *(extrait)*

On m'a en général reconnu une qualité à laquelle je m'étais attachée : une sincérité aussi éloignée de la vantardise que du masochisme. J'espère l'avoir gardée. Je l'exerce depuis plus de trente ans dans mes conversations avec Sartre, me constatant au jour le jour sans vergogne ni vanité, comme je constate les choses qui m'entourent. Elle m'est naturelle, non par une grâce singulière, mais à cause de la manière dont j'envisage les gens, moi comprise. Notre liberté, notre responsabilité, j'y crois, mais, quelle qu'en soit l'importance, cette dimension de notre existence échappe à toute description ; ce qu'on peut atteindre, c'est seulement notre conditionnement ; je m'apparais à mes propres yeux comme un objet, un résultat, sans qu'interviennent dans cette saisie les notions de mérite ou de faute ; si par hasard, le recul aidant, un acte me semble plus ou moins heureux ou regrettable, il m'importe en tout cas beaucoup plus de le comprendre que de l'apprécier ; j'ai plus de plaisir à me dépister qu'à me flatter car mon goût de la vérité l'emporte, de loin, sur le souci que j'ai de ma figure : ce goût lui-même s'explique par mon histoire et je n'en tire aucune gloire. Bref, du fait que je ne porte aucun jugement sur moi, je n'éprouve nulle résistance à tirer au clair ma vie et moi-même ; du moins dans la mesure où je me situe dans mon propre univers : peut-être mon image projetée dans un monde autre – celui des psychanalystes par exemple – pourrait-elle me déconcerter ou me gêner. Mais si c'est moi qui me peins, rien ne m'effraie.

Il faut évidemment s'entendre sur mon impartialité. Un communiste, un gaulliste raconteraient autrement ces années ; et aussi un manœuvre, un paysan, un colonel, un musicien. Mais mes opinions, convictions, perspectives, intérêts, engagements sont déclarés : ils font partie du témoignage que je porte à partir d'eux. Je suis objective dans la mesure, bien entendu, où mon objectivité m'enveloppe.

La Force des choses (1963), Folio,
tome I, pp. 9-10.

15.2. La Force des choses, *fin de la première partie*

Plus je vais, plus le monde entre dans ma vie jusqu'à la faire éclater. Pour la raconter, il me faudrait douze portées ; et une pédale pour *tenir* les sentiments – mélancolie, joie, dégoût – qui en ont coloré des périodes entières, à travers les intermittences du cœur. Dans chaque moment se reflètent mon passé, mon corps, mes relations à autrui, mes entreprises, la société, toute la terre ; liées entre elles, et indépendantes, ces réalités parfois se renforcent et s'harmonisent, parfois interfèrent, se contrarient ou se neutralisent. Si la totalité ne demeure pas toujours présente, je ne dis rien d'exact. Même si je surmonte cette difficulté, j'achoppe à d'autres : une vie, c'est un drôle d'objet, d'instant en instant translucide et tout entier opaque, que je fabrique moi-même et qui m'est imposé, dont le monde me fournit la substance et qu'il me vole, pulvérisé par les événements, dispersé, brisé, hachuré et qui pourtant garde son unité ; ça pèse lourd et c'est inconsistant : cette contradiction favorise les malentendus. Je n'ai pas été aussi secouée par la guerre que je le prétends, a-t-on dit, puisqu'en 1941 je prenais plaisir à me promener ; on dira sans doute que la guerre d'Algérie m'a peu touchée puisque Rome, la musique, certains livres ont gardé pour moi leur attrait. Mais, tout le monde l'a éprouvé, on peut se divertir avec le cœur en deuil. L'émotion la plus violente et la plus sincère ne dure pas : quelquefois elle suscite des actes, elle engendre des manies, mais elle disparaît ; par contre un souci, provisoirement écarté, ne cesse pas d'exister : il est présent dans le soin même que je prends de l'éviter. Les paroles souvent ne sont que du silence et le silence a ses voix. Pendant la captivité de Sartre, étais-je malheureuse ou encore heureuse ? J'étais telle que je me suis peinte, avec mes gaietés, mes angoisses, mes découragements, mes espoirs, j'ai tenté de saisir la réalité dans sa diversité et sa fluidité ; résumer mon récit en mots définitifs, c'est aussi aberrant que de traduire en prose un bon poème.

Le fond, tragique ou serein, sur lequel mes expériences s'enlèvent leur donne leur vrai sens et en constitue l'unité ; j'ai évité de les lier par des transitions qui seraient univoques, donc artificielles. Alors puisque la totalisation me paraît si nécessaire, pourquoi me suis-je asservie à l'ordre chronologique au lieu de choisir une autre construction ? J'y ai réfléchi, j'ai hésité. Mais ce qui compte avant tout dans ma vie, c'est que le temps coule ; je vieillis, le monde change, mon rapport avec lui varie ; montrer les transformations, les mûrissements, les irréversibles dégradations des autres et de moi-même, rien ne m'importe davantage. Cela m'oblige à suivre docilement le fil des années.

La Force des choses (1963), Folio, tome I, pp. 374-376.

16. Claude Roy

« Raconte pas ta vie », dit la sagesse populaire. Elle a raison de le dire à ceux qui écrivent pour démontrer qu'ils ont toujours eu raison, surtout quand ils avaient tort, et en général à ceux qui prennent la parole pour se justifier plutôt que pour se tirer au clair. Mais si ta vie est comme la vie de tous, c'est-à-dire pas tellement facile, ni claire, ni maligne, pas tellement une *réussite*, somme toute, raconte-la. Ça pourra aider les autres. Et peut-être t'aider toi.

On est toujours tenté de croire qu'on est le seul : le seul à se trouver seul, le seul à être bête, malhabile, malheureux et un peu trop mal à l'aise.

J'ai toujours demandé deux choses à la parole des vivants et aux livres : m'enchanter, et m'aider à déchanter. Enchantement et désenchantement, *Poésie et Vérité* : c'est le titre que notre bon vieil oncle Goethe donnait à son autobiographie.

Je garde une reconnaissance sans fin à ceux qui m'ont aidé à découvrir qu'on n'est jamais le seul : aux confessions de saint Augustin et de Michel Leiris, de Montaigne et de Stendhal, de Scott Fitzgerald et de Sartre. À tous ceux qui m'ont rappelé que dire *Moi je* n'est pas poli, mais parfois utile pour apprendre enfin à dire *Nous*.

Ils m'ont « fait passer » quelques vérités pratiques. Avant d'être trop vieux, et peut-être fatigué, j'essaie ici de « faire passer ».

Moi je, Gallimard, 1969, p. 2 de couverture.

17. Pierre Emmanuel

Plus modestement aujourd'hui, je voudrais rassembler dans un faisceau les composantes de mon histoire ; me relier à ce passé toujours présent, tirer de lui cette image de moi qui peut-être m'anime encore, la juger dans son apport et dans ses manques ; prendre conscience par elle, pour la première fois, d'avoir vécu trop longtemps sur une figure imparfaite, arrêtée dans son mûrissement par d'étranges interdits ; mesurer l'écart que ces interdits ont creusé entre le monde vivant et moi-même ; tenter enfin de briser un douloureux soliloque, et d'amorcer, en homme, le dialogue que je ne sus engager, adolescent. Faire le point, oui : connaître mes limites, si l'on veut. Plutôt, connaître mon centre, et l'énergie qu'il soutient. L'énergie n'a point de limite absolue, si ce n'est son centre même. Tout procède de ce foyer : tout se ramène à lui. On verra, dans les pages qui suivront, si ce postulat m'est dicté par l'égoïsme, ou s'il est au seuil de la charité.

Autobiographies, Éd. du Seuil, 1970, p. 22.

18. François Nourissier

18.1. *Les sujets interdits*

Un certain nombre de sujets sont réservés à l'autobiographie, d'autres tolérés, d'autres enfin interdits. Je crains que la mort ne soit de ces derniers. Je veux dire : ma mort. Car si je raconte celle de mon grand-père ou de mon meilleur ami, chacun lira avec émotion ces récits mouillés de larmes et l'on saura sur quel rayon de la bibliothèque me classer. Mais ma mort, mon corps, tels de mes dégoûts, je l'ai remarqué dans les conversations, ne soulèvent que l'indignation, ou bien des encouragements courtois. Il m'est arrivé, par bravade, d'aborder ces thèmes de vive voix. Au bout de trois minutes je me sentais dans la peau d'un Anglais qui parlerait de ses intestins. On avait l'air offensé. La moindre des réactions était le cercle des visages de bois, incrédules. Cette incrédulité est importante. On a tendance à ne rien croire de ce qui est écrit sur un sujet interdit. Et sont interdits la plupart des sujets inconfortables. La manie psychanalytique aurait dû balayer tout cela. Il n'en a rien été. Les excès de zèle, les écarts de vocabulaire, l'insistance un peu primaire des analystes, cette rage publique de tout ranger dans leurs boîtes, leur façon de camper (en France surtout) dans un seul groupe social, tout cela leur a fait jouer un rôle inverse de celui qu'on pouvait espérer. Ils ont habitué les gens (enfin, pas tous les gens !) à parler et entendre parler du sexe, par exemple, avec une risible abondance. Et encore, même là, les chemins sont tracés et il n'est pas recommandé d'en sortir.

Un Petit Bourgeois, édition du Livre de Poche, 1969, p. 18.

18.2. *Une petite expérience*

Avant de m'aventurer à écrire certaines des pages de ce récit, je me suis imaginé entrant brusquement dans une pièce où, réunis, mes amis, mes ennemis, ma famille et les personnes que j'aime – étrange ménagerie – viendraient précisément de les lire, ces pages, et dans le silence lèveraient les yeux sur moi et me regarderaient. Je dois dire que le résultat de cette petite expérience promettait d'être catastrophique. Les années aidant, nos rapports avec les êtres prennent une opacité, une solidité tout à fait satisfaisantes et qui peuvent faire illusion. Les vérités que nous sommes amenés à formuler éclatent là-dedans et provoquent du dégât : des fissures, des passages de lumière. Je puis l'avouer : j'ai systématiquement cherché à fissurer ce bloc massif, mou, sans contours ni saveur. J'ai voulu aiguillonner le bœuf. Le regard qui finit par exister, rassurant, archi connu, comme une ficelle tendue entre nos yeux et les yeux de qui nous aimons (et la ficelle pourrait servir à « étendre » le linge sale, pourquoi pas ?) ce regard a besoin de chavirer un peu. Je sais telle personne dont les yeux, plus jamais, n'auront pour me voir, après ce livre, la même couleur. Vous me direz que vous vous fichez éperdument de cette intéressante affaire de couleur et que la création tout entière pourrait bien me faire de l'œil, ou l'œil noir, ou l'œil narquois, voire de vulgaires clins d'œil, sans que vous souhaitiez être mêlé à ces manèges de famille. C'est votre droit. Je ne fais pas le trottoir devant la librairie. Mais je crois que le destin général des textes dérive directement de leur destin particulier. La force de persuasion et de dissuasion exercée par un livre dépend d'un but étroit, précis, que l'auteur s'est fixé dans la discrétion de sa conscience. Destiné à rétablir dans leur vérité mes rapports avec des êtres proches, il me semble que ce livre pourrait ébranler d'autres conforts, dire à haute voix d'autres secrets, et finalement éclairer le comportement d'un certain type d'homme devant un certain paysage social. C'est parce que les corps, les mémoires, les rêves et les ruses se ressemblent que l'effort du roman, dispersé entre le particulier et le général, me semble moins fécond que l'exploration autobiographique. Celle-ci, farouchement attelée au particulier, et au seul particulier que l'honnêteté risque de nous faire jamais connaître, devient ainsi tout à fait utilisable par le commun des lecteurs.

Je ne veux pas, bien entendu, dire que je *préfère* l'autobiographie au roman. Mais je crois qu'un écrivain, une fois dans sa vie, doit prendre le taureau par les cornes. Ma pudeur restant inemployée dans le contenu de ces aveux, je l'ai mise dans le ton. J'espère n'être jamais larmoyant, et quand j'ai eu le choix entre émouvoir ou faire rire à mes dépens, on comprendra que j'ai systématiquement choisi de faire rire. Reste l'ennui ; il en faut. Je n'aime pas les livres composés seulement de temps forts. La vie, la réflexion, tout ce qui fonctionne avec naturel compte des temps faibles et monotones : il convient qu'un livre les respecte.

Et puis, à l'exclusion des auteurs de romans policiers – et encore ! – chacun n'écrit jamais que sur soi. Autant s'avancer à visage découvert.

Un Petit Bourgeois, édition du Livre de Poche, 1969, pp. 30-32.

2.
Textes critiques

1. Paul Valéry

La comédie de la sincérité

Paul Valéry a publié en 1927, en guise de préface à *Lucien Leuwen,* un *Essai sur Stendhal* dont une partie est consacrée à l'égotisme de Stendhal dans ses écrits autobiographiques. En voici deux extraits.

On voit bien d'ailleurs ce qu'il y a de divertissant à proclamer, à confesser la « nature » et le « naturel » comme une thèse, et dans les formes d'une théorie.

Ce système séduisant et naïf, qui se rattache à Rousseau, et qui reparaît aussi souvent que l'état civilisé fait sentir à quelqu'un des gênes et des lois plus que des avantages, enorgueillit assez ceux qui le réinventent et ceux qui le suivent. Il est à la fois une manière de morale intime, une règle de conduite dans le monde, une religion de la personnalité, un parti pris littéraire et une conséquence de ce tempérament de comédien-né que je trouve à Stendhal, et à tous ceux qui se confessent. Rien de plus intéressant, et rien peut-être, de plus comique ; rien de plus excitant, rien de plus ingénu que de prendre le parti d'être *soi*, ou celui d'être *vrai*. Cette simple et grande décision n'est pas rare en littérature. Les exemples abondent, car les attraits sont vifs. Un moyen court d'être *original* (superstition voisine), et de l'être en se bornant à *être*. L'assurance de trouver de belles facilités une fois accompli un certain coup d'audace initial ; la licence d'utiliser les moindres incidents d'une vie, les détails insignifiants qui donnent de la *vérité*. La liberté d'employer le langage immédiat et de créer des valeurs avec des riens généralement passés sous silence dans les livres ; les charmes certains d'un éclairage de nos mœurs qui fait nettement paraître ce que l'ombre abolit et couvre d'ordinaire, voilà de grands avantages.

Le cynisme dans les œuvres signifie généralement un certain point d'ambition désespérée. Quand on ne sait plus que faire pour étonner et survivre, on se prostitue, on livre ses *pudenda,* on les offre aux regards.

Après tout, il doit être assez agréable de se donner à soi-même, et de donner aux gens, par le seul fait de se déboutonner, la sensation de découvrir l'Amérique. Tout le monde sait bien ce que l'on verra ; mais il suffit d'ébaucher le geste, tout le monde est ému. C'est la magie de la littérature.

L'égotisme littéraire consiste finalement à jouer le rôle de *soi* ; à se faire un peu plus *nature* que nature ; un peu plus soi qu'on ne l'était quelques instants avant d'en avoir eu l'idée. Donnant à ses impulsions ou impressions un *suppôt* conscient qui, à force de différer, de s'attendre à soi-même, et surtout de *prendre des notes*, se dessine de plus en plus, et se *perfectionne* d'œuvre en œuvre *selon le progrès même de l'art de l'écrivain*, on se substitue un personnage d'invention que l'on arrive insensiblement à prendre pour modèle. Il ne faut jamais oublier que dans l'observation que nous faisons de nous, il entre infiniment d'arbitraire...

....

Mais c'est une loi de la nature que l'on ne se défende d'une affectation que par une autre.

Ce dessein, ces interdictions qu'il se prescrit se résument à faire entendre une voix réelle ; sa prétention à lui le conduit à vouloir accumuler dans une œuvre tous les symptômes les plus expressifs de la *sincérité*. Son invention en matière de style fut sans doute d'oser écrire selon son *caractère* qu'il connaissait, et même – qu'il *imitait* à merveille.

Je ne hais pas ce ton qu'il s'était fait. Il m'enchante parfois, il m'amuse toujours ; mais au contraire de l'intention de l'auteur, par l'effet de comédie que tant de sincérité et quelque peu trop de *vie* me produisent inévitablement. Je m'accuse de trouver ses intonations trois ou quatre fois trop sincères ; je perçois le projet d'être soi, d'être vrai jusqu'au faux. Le vrai que l'on favorise se change par là insensiblement sous la plume dans le vrai qui est fait pour paraître vrai. Vérité et volonté de vérité forment ensemble un instable mélange où fermente une contradiction et d'où ne manque jamais de sortir une production falsifiée.

Comment ne pas choisir le meilleur, dans ce *vrai* sur quoi l'on opère ? Comment ne pas souligner, arrondir, colorer, chercher à faire plus net, plus fort, plus troublant, plus intime, plus brutal que le modèle ? *En littérature, le vrai n'est pas concevable*. Tantôt par la simplicité, tantôt par la bizarrerie, tantôt par la précision trop poussée, tantôt par la négligence, tantôt par l'aveu de choses plus ou moins honteuses, mais toujours *choisies*, – aussi bien choisies que possible, – toujours, et par tous moyens, qu'il s'agisse de Pascal, de Diderot, de Rousseau ou de Beyle, et que la nudité qu'on nous exhibe soit d'un pécheur, d'un cynique, d'un moraliste ou d'un libertin, elle est inévitablement éclairée, colorée et fardée selon toutes les règles du théâtre mental. Nous savons bien qu'on ne se dévoile que pour quelque effet. Un grand saint le savait qui se dévêtit sur la place. Tout ce qui est contre l'usage est contre nature, implique l'effort, la conscience de l'effort, l'intention, et donc l'artifice. Une femme qui se met nue, c'est comme si elle entrait en scène.

Il y a donc deux manières de falsifier : l'une par le travail *d'embellir* ; l'autre, par l'application à *faire vrai*.

Ce dernier cas est peut-être celui qui révèle la plus pressante prétention. Il marque aussi un certain désespoir d'exciter l'intérêt public par les moyens purement littéraires. L'érotisme n'est jamais loin des véridiques.

D'ailleurs, les auteurs de confessions ou de souvenirs ou de journaux intimes sont invariablement les dupes de leur espoir de choquer ; et nous, dupes de ces dupes. Ce n'est jamais soi-même que l'on veut exhiber tel quel ; on sait bien qu'une personne réelle n'a pas grand-chose à nous apprendre sur ce qu'elle est. On écrit donc les aveux de quelque autre plus remarquable, plus pur, plus noir, plus vif, plus sensible, et même plus *soi* qu'il n'est permis, car le soi a des degrés. Qui se confesse ment, et fuit le véritable vrai, lequel est nul, ou informe, et, en général, indistinct. Mais la confidence toujours songe à la gloire, au scandale, à l'excuse, à la propagande.

Paul VALÉRY, « Stendhal », in *Œuvres*, Gallimard, Bibliothèque de la Pléiade, tome I, 1957, pp. 565-566 et pp. 570-571.

2. Albert Camus

Les ruses de la confession

Dans *La Chute* (1956), A. Camus met en scène un personnage, Jean-Baptiste Clamence, dont l'occupation est d'être « juge-pénitent » dans les cafés d'Amsterdam. Voici deux passages où le « juge-pénitent » expose à son confident-accusé en quoi consiste sa profession, et les merveilleux avantages de l'humilité.

Nous sommes tous des cas exceptionnels. Nous voulons tous faire appel de quelque chose ! Chacun exige d'être innocent, à tout prix, même si, pour cela, il faut accuser le genre humain et le ciel. Vous réjouirez médiocrement un homme en lui faisant compliment des efforts grâce auxquels il est devenu intelligent ou généreux. Il s'épanouira au contraire si vous admirez sa générosité naturelle. Inversement, si vous dites à un criminel que sa faute ne tient pas à sa nature ni à son caractère, mais à de malheureuses circonstances, il vous en sera violemment reconnaissant. Pendant la plaidoirie, il choisira même ce moment pour pleurer. Pourtant, il n'y a pas de mérite à être honnête, ni intelligent, de naissance. Comme on n'est sûrement pas plus responsable à être criminel de nature qu'à l'être de circonstance. Mais ces fripons veulent la grâce, c'est-à-dire l'irresponsabilité, et ils excipent sans vergogne des justifications de la nature ou des excuses des circonstances, même si elles sont contradictoires. L'essentiel est qu'ils soient innocents, que leurs vertus, par grâce de naissance, ne puissent être mises en doute, et que leurs fautes, nées d'un malheur passager, ne soient jamais que provisoires. Je vous l'ai dit, il s'agit de couper au jugement. Comme il est difficile d'y couper, délicat de faire en même temps admirer et excuser sa nature, ils cherchent tous à être riches. Pourquoi ? Vous l'êtes-vous demandé ? Pour la puissance, bien sûr. Mais surtout parce que la richesse soustrait au jugement immédiat, vous retire de la foule du métro pour vous enfermer dans une carrosserie nickelée, vous isole dans de vastes parcs, des wagons-lits, des cabines de luxe. La richesse, cher ami, ce n'est pas encore l'acquittement, mais le sursis, toujours bon à prendre…

Surtout, ne croyez pas vos amis, quand ils vous demanderont d'être sincère avec eux. Ils espèrent seulement que vous les entretiendrez dans la bonne idée qu'ils ont d'eux-mêmes, en les fournissant d'une certitude supplémentaire qu'ils puiseront dans votre promesse de sincérité. Comment la sincérité serait-elle une condition de l'amitié ? Le goût de la vérité à tout prix est une passion qui n'épargne rien et à quoi rien ne résiste. C'est un vice, un confort parfois, ou un égoïsme. Si, donc, vous vous trouvez dans ce cas, n'hésitez pas : promettez d'être vrai et mentez le mieux possible. Vous répondrez à leur désir profond et leur prouverez doublement votre affection.

C'est si vrai que nous nous confions rarement à ceux qui sont meilleurs que nous. Nous fuirions plutôt leur société. Le plus souvent, au contraire, nous nous confessons à ceux qui nous ressemblent et qui partagent nos faiblesses. Nous ne désirons donc pas nous corriger, ni être améliorés : il faudrait d'abord que nous fussions jugés défaillants. Nous souhaitons seulement être plaints et encouragés dans notre voie. En somme, nous voudrions, en même temps, ne plus être coupables et ne pas faire l'effort de nous purifier. Pas assez de cynisme et pas assez de vertu. Nous n'avons ni l'énergie du mal, ni celle du bien. Connaissez-vous Dante ? Vraiment ? diable. Vous savez donc que Dante admet des anges neutres dans la querelle entre Dieu et Satan. Et il les place dans les Limbes, une sorte de vestibule de son enfer. Nous sommes dans le vestibule, cher ami.

. . . .

J'exerce donc à *Mexico-City*, depuis quelque temps, mon utile profession. Elle consiste d'abord, vous en avez fait l'expérience, à pratiquer la confession publique aussi souvent que possible. Je m'accuse, en long et en large. Ce n'est pas difficile, j'ai maintenant de la mémoire. Mais attention, je ne m'accuse pas grossièrement, à grands coups sur la poitrine. Non, je navigue souplement, je multiplie les nuances, les digressions aussi, j'adapte enfin mon discours à l'auditeur, j'amène ce dernier à renchérir. Je mêle ce qui me concerne et ce qui regarde les autres. Je prends les traits communs, les expériences que nous avons ensemble souffertes, les faiblesses que nous partageons, le bon ton, l'homme du jour enfin, tel qu'il sévit en moi et chez les autres. Avec cela, je fabrique un portrait qui est celui de tous et de personne. Un masque, en somme, assez semblable à ceux du carnaval, à la fois fidèles et simplifiés, et devant lesquels on se dit : « Tiens, je l'ai rencontré, celui-là ! » Quand le portrait est terminé, comme ce soir, je le montre, plein de désolation : « Voilà, hélas ! ce que je suis. » Le réquisitoire est achevé. Mais, du même coup, le portrait que je tends à mes contemporains devient un miroir.

Couvert de cendres, m'arrachant lentement les cheveux, le visage labouré par les ongles, mais le regard perçant, je me tiens devant l'humanité entière, récapitulant mes hontes, sans perdre de vue l'effet que je produis, et disant : « J'étais le dernier des derniers. » Alors, insensiblement, je passe, dans mon discours, du « je » au « nous ». Quand j'arrive au « voilà ce que nous sommes », le tour est joué, je peux dire leurs vérités. Je suis comme eux, bien sûr, nous sommes dans le même bouillon. J'ai cependant une supériorité, celle de le savoir, qui me donne le droit de parler. Vous voyez l'avantage, j'en suis sûr. Plus je m'accuse et plus j'ai le droit de vous juger. Mieux, je vous provoque à vous juger vous-même, ce qui me soulage d'autant. Ah ! mon cher, nous sommes d'étranges, de misérables créatures et, pour peu que nous revenions sur nos vies, les occasions ne manquent pas de nous étonner et de nous scandaliser nous-même. Essayez. J'écouterai, soyez-en sûr, votre propre confession, avec un grand sentiment de fraternité.

Ne riez pas ! Oui, vous êtes un client difficile, je l'ai vu du premier coup. Mais vous y viendrez, c'est inévitable. La plupart des autres sont plus sentimentaux qu'intelligents ; on les désoriente tout de suite. Les intelligents, il faut y mettre le temps. Il suffit de leur expliquer la méthode à fond. Ils ne l'oublient pas, ils réfléchissent. Un jour ou l'autre, moitié par jeu, moitié par désarroi, ils se mettent à table. Vous, vous n'êtes pas seulement intelligent, vous avez l'air rodé. Avouez cependant que vous vous sentez, aujourd'hui, moins content de vous-même que vous ne l'étiez il y a cinq jours ? J'attendrai maintenant que vous m'écriviez ou que vous reveniez. Car vous reviendrez, j'en suis sûr ! Vous me trouverez inchangé. Et pourquoi changerais-je puisque j'ai trouvé le bonheur qui me convient ? J'ai accepté la duplicité au lieu de m'en désoler. Je m'y suis installé, au contraire, et j'y ai trouvé le confort que j'ai cherché toute ma vie. J'ai eu tort, au fond, de vous dire que l'essentiel était d'éviter le jugement. L'essentiel est de pouvoir tout se permettre, quitte à professer de temps en temps, à grands cris, sa propre indignité. Je me permets tout, à nouveau, et sans rire, cette fois. Je n'ai pas changé de vie, je continue de m'aimer et de me servir des autres. Seulement, la confession de mes fautes me permet de recommencer plus légèrement et de jouir deux fois, de ma nature d'abord, et ensuite d'un charmant repentir.

Depuis que j'ai trouvé ma solution, je m'abandonne à tout, aux femmes, à l'orgueil, à l'ennui, au ressentiment, et même à la fièvre qu'avec délices je sens monter en ce moment. Je règne enfin, mais pour toujours. J'ai encore trouvé un sommet, où je suis seul à grimper et d'où je peux juger tout le monde. Parfois, de loin en loin, quand la nuit est vraiment belle, j'entends un rire lointain, je doute à nouveau. Mais, vite, j'accable toutes choses, créatures et création, sous le poids de ma propre infirmité, et me voilà requinqué.

Albert CAMUS, *La Chute* (1956), Folio, 1998, pp. 86-89 et 145-148.

3. Jean-Paul Sartre

Vivre ou raconter

Antoine Roquentin, le héros de *La Nausée* (1938), est amené à réfléchir, en écrivant son journal, aux rapports de la vie et du récit.

Voici ce que j'ai pensé : pour que l'événement le plus banal devienne une aventure, il faut et il suffit qu'on se mette à le *raconter*. C'est ce qui dupe les gens : un homme, c'est toujours un conteur d'histoires, il vit entouré de ses histoires et des histoires d'autrui, il voit tout ce qui lui arrive à travers elles ; et il cherche à vivre sa vie comme s'il la racontait.

. . . .

Quand on vit, il n'arrive rien. Les décors changent, les gens entrent et sortent, voilà tout. Il n'y a jamais de commencements. Les jours s'ajoutent aux jours sans rime ni raison, c'est une addition interminable et monotone. De temps en temps, on fait un total partiel ; on dit : voilà trois ans que je voyage, trois ans que je suis à Bouville. Il n'y a pas de fin non plus : on ne quitte jamais une femme, un ami, une ville en une fois. Et puis tout se ressemble : Shanghai, Moscou, Alger, au bout d'une quinzaine, c'est tout pareil. Par moments – rarement – on fait le point, on s'aperçoit qu'on s'est collé avec une femme, engagé dans une sale histoire. Le temps d'un éclair. Après ça, le défilé recommence, on se remet à faire l'addition des heures et des jours. Lundi, mardi, mercredi. Avril, mai, juin. 1924, 1925, 1926.

Ça, c'est vivre. Mais quand on raconte la vie, tout change ; seulement c'est un changement que personne ne remarque : la preuve c'est qu'on parle d'histoires vraies. Comme s'il pouvait y avoir des histoires vraies ; les événements se produisent dans un sens et nous les racontons en sens inverse. On a l'air de débuter par le commencement : « C'était par un beau soir de l'automne de 1922. J'étais clerc de notaire à Marommes. »

Et en réalité c'est par la fin qu'on a commencé. Elle est là, invisible et présente, c'est elle qui donne à ces quelques mots la pompe et la valeur d'un commencement. « Je me promenais, j'étais sorti du village sans m'en apercevoir, je pensais à mes ennuis d'argent. » Cette phrase, prise simplement pour ce qu'elle est, veut dire que le type était absorbé, morose, à cent lieues d'une aventure, précisément dans ce genre d'humeur où on laisse passer les événements sans les voir. Mais la fin est là, qui transforme tout. Pour nous, le type est déjà le héros de l'histoire. Sa morosité, ses ennuis d'argent sont bien plus précieux que les nôtres, ils sont tout dorés par la lumière des passions futures. Et le récit se poursuit à l'envers : les instants ont cessé de s'empiler au petit bonheur les uns sur les autres, ils sont happés par la fin de l'histoire qui les attire et chacun d'eux attire à son tour l'instant qui le précède : « Il faisait nuit, la rue était déserte. » La phrase est jetée négligemment, elle a l'air superflue ; mais nous ne nous y laissons pas prendre et nous la mettons de côté : c'est un renseignement dont nous comprendrons la valeur par la suite. Et nous avons le sentiment que le héros a vécu tous les détails de cette nuit comme des annonciations, comme des promesses, ou même qu'il vivait seulement ceux qui étaient des promesses, aveugle et sourd pour tout ce qui n'annonçait pas l'aventure. Nous oublions que l'avenir n'était pas encore là ; le type se promenait dans une nuit sans présages, qui lui offrait pêle-mêle ses richesses monotones et il ne choisissait pas.

J'ai voulu que les moments de ma vie se suivent et s'ordonnent comme ceux d'une vie qu'on se rappelle. Autant vaudrait tenter d'attraper le temps par la queue.

Jean-Paul SARTRE, *La Nausée* (1938),
Folio, 1997, pp. 64-66.

4. Sigmund Freud

Souvenir d'enfance et mythologie

Dans *Un Souvenir d'enfance de Léonard de Vinci* (édité en allemand en 1910), Freud analyse un souvenir d'enfance de L. de Vinci. Celui-ci rapportait la scène évoquée à sa toute première enfance. Freud émet l'hypothèse qu'il ne s'agit pas vraiment d'un souvenir de Léonard, mais d'un fantasme qu'il s'est construit plus tard et qu'il a rejeté dans son enfance.

Nos souvenirs d'enfance n'ont souvent pas d'autre origine. À l'inverse des souvenirs conscients de l'âge adulte, ils ne se fixent, ne se produisent pas à partir de l'événement même, mais ne sont évoqués que tard, l'enfance déjà écoulée, et alors modifiés, faussés, mis au service de tendances ultérieures : de telle sorte qu'ils ne peuvent en général pas très bien se distinguer des fantasmes. Peut-être ne peut-on pas saisir leur nature mieux qu'en pensant à la façon dont, chez les peuples primitifs, est née l'historiographie. Tant que le peuple était petit et faible, il ne pensait pas à écrire son histoire, mais à travailler le sol, à défendre son existence contre les voisins, à leur prendre du pays et à s'enrichir. C'était un temps héroïque et sans histoire. Ensuite vint un autre temps où le peuple acquit la conscience de soi, se sentit riche et puissant, et alors naquit en lui le besoin de connaître ses origines et son développement. Alors l'histoire, qui avait commencé de suivre et de noter les événements du présent, jeta un regard aussi en arrière, rassembla traditions et légendes, interpréta les vestiges laissés par le lointain passé dans les mœurs et les coutumes, et édifia ainsi une histoire du passé préhistorique. Il était inévitable que cette préhistoire fût plutôt l'expression des opinions et des aspirations du présent que l'image fidèle du passé. Car la mémoire du peuple avait laissé tomber bien des choses dans l'oubli, et en avait déformé d'autres ; plus d'une trace du passé s'interprétait faussement dans l'esprit du présent ; de plus l'histoire ne s'écrivait pas sous l'influence de la curiosité objective, mais afin d'agir sur les contemporains, de les piquer d'émulation, de les exalter, de leur présenter un miroir. La mémoire consciente qu'un individu garde des événements de son âge adulte est entièrement comparable à cette façon d'écrire l'histoire, et ses souvenirs d'enfance correspondent, tant par leur origine que par leur authenticité, à l'histoire tardive et tendancieuse des temps primitifs des peuples.

Sigmund FREUD, *Un Souvenir d'enfance de Léonard de Vinci*, traduction par Marie Bonaparte, Paris, Gallimard, 1927, pp. 67-70.

5. J. Laplanche et J.-B. Pontalis

Définition de la psychanalyse

Le *Vocabulaire de la psychanalyse*, de J. Laplanche et J.-B. Pontalis, n'est pas un simple lexique ; chaque définition est accompagnée d'un commentaire à la fois rigoureux et clair. Nous donnons ci-dessous les articles *Psychanalyse* et *Auto-analyse*. On aura intérêt à se reporter à cet ouvrage pour les autres notions qui peuvent être utilisées dans l'étude de l'autobiographie (*Souvenir-écran, Rationalisation,* etc.).

Les mots suivis d'un astérisque sont ceux auxquels un article est consacré dans le *Vocabulaire*. Dans les références bibliographiques, l'abréviation G.W. désigne les *Gesammelte Werke* (18 vol., Londres, Imago, 1940-1952) et S.E. la *Standard Edition* des Œuvres de Freud éditée par J. Strachey (24 vol., Londres, Hogarth Press, 1953-1966), et Fr. renvoie à la traduction française quand elle existe. La traduction en français des passages cités de Freud a été faite par les auteurs du *Vocabulaire.*

Psychanalyse

Discipline fondée par Freud et dans laquelle, avec lui, on peut distinguer trois niveaux :

A) Une méthode d'investigation consistant essentiellement dans la mise en évidence de la signification inconsciente des paroles, des actions, des productions imaginaires (rêves, fantasmes, délires) d'un sujet. Cette méthode se fonde principalement sur les libres associations du sujet qui sont le garant de la validité de l'interprétation*. L'interprétation psychanalytique peut s'étendre à des productions humaines pour lesquelles on ne dispose pas de libres associations.*

B) Une méthode psychothérapique fondée sur cette investigation et spécifiée par l'interprétation contrôlée de la résistance, du transfert* et du désir*. À ce sens se rattache l'emploi de* psychanalyse *comme synonyme de* cure psychanalytique ; *exemple : entreprendre une psychanalyse (ou : une analyse).*

C) Un ensemble de théories psychologiques et psychopathologiques où sont systématisées les données apportées par la méthode psychanalytique d'investigation et de traitement.

▲ Freud a d'abord employé les termes *analyse*, *analyse psychique, analyse psychologique, analyse hypnotique*, dans son premier article *Les psychonévroses de défense (Die Abwehr-Neuropsychosen*, 1894[1]). C'est seulement plus tard qu'il a introduit le terme *psycho-analyse* dans un article sur l'étiologie des névroses, publié en français[2]. En allemand, *psycho-analyse* figure pour la première fois en 1896 dans *Nouvelles Observations sur les psychonévroses de défense (Weitere Bemerkungen über die Abwehr-Neuropsychosen*[3]). L'emploi du terme psychanalyse a consacré l'abandon de la catharsis* sous hypnose et de la suggestion, et le recours à la seule règle de libre association pour obtenir le matériel*.

Freud a donné plusieurs définitions de la psychanalyse. Une des plus explicites se trouve au début de l'article de l'*Encyclopédie* paru en 1922 : « Psychanalyse est le nom :

« 1° D'un procédé pour l'investigation de processus mentaux à peu près inaccessibles autrement ;

« 2° D'une méthode fondée sur cette investigation pour le traitement de désordres névrotiques ;

---

1. Cf. FREUD (S.), G.W., I, 59-74 ; S.E., III, 45-68.
2. Cf. FREUD (S.), *L'Hérédité et l'étiologie des névroses*, 1896. G.W., I, 407-22 ; S.E., III, 143-56.
3. Cf. FREUD (S.), G.Q., I, 379, 383 ; S.E., III, 162, 165-6.

« 3° D'une série de conceptions psychologiques acquises par ce moyen et qui s'accroissent ensemble pour former progressivement une nouvelle discipline scientifique[1]. »

La définition proposée en tête de l'article reproduit sous une forme plus détaillée celle donnée par Freud dans ce texte.

Sur le choix du terme *psychanalyse,* nous ne saurions mieux faire que de laisser la parole à celui qui forgea le terme dans le temps même où il dégageait sa découverte : « Nous avons nommé psychanalyse le travail par lequel nous amenons à la conscience du malade le psychique refoulé en lui. Pourquoi « analyse », qui signifie fractionnement, décomposition et suggère une analogie avec le travail qu'effectue le chimiste sur les substances qu'il trouve dans la nature et qu'il apporte dans son laboratoire ? Parce qu'une telle analogie est, sur un point important, effectivement fondée. Les symptômes et les manifestations pathologiques du patient sont, comme toutes ses activités psychiques, d'une nature hautement composée ; les éléments de cette composition sont en dernier ressort des motifs, des motions pulsionnelles. Mais le malade ne sait rien ou trop peu de ces motifs élémentaires. Nous lui apprenons donc à comprendre la composition de ces formations psychiques hautement compliquées, nous ramenons les symptômes aux motions pulsionnelles qui les motivent, nous désignons au malade dans ses symptômes des motifs pulsionnels jusqu'alors ignorés, comme le chimiste sépare la substance fondamentale, l'élément chimique, du sel dans lequel, en composition avec d'autres éléments, il était devenu méconnaissable. De la même façon nous montrons au malade, sur les manifestations psychiques tenues pour non pathologiques, qu'il n'était qu'imparfaitement conscient de leur motivation, que d'autres motifs pulsionnels qui lui étaient restés inconnus ont contribué à les produire.

« Nous avons aussi expliqué la tendance sexuelle à l'être humain en la fractionnant en ses composantes, et, lorsque nous interprétons un rêve, nous procédons de façon à négliger le rêve comme totalité et c'est de ses éléments isolés que nous faisons partir les associations.

« Cette comparaison justifiée de l'activité médicale psychanalytique avec un travail chimique pourrait suggérer une direction nouvelle à notre thérapie [...]. On nous a dit : à l'analyse du psychisme malade doit succéder sa synthèse ! Et bientôt on s'est montré inquiet de ce que le malade puisse recevoir trop d'analyse et pas assez de synthèse et soucieux de mettre le poids principal de l'action psychothérapique sur cette synthèse, sur une sorte de restauration de ce qui avait été pour ainsi dire détruit par la vivisection.

1. FREUD (S.), « *Psychoanalyse* » *und* « *Libidotheorie* », 1923, G.W., XIII, 211 ; S.E., XVIII, 235.

« [...] La comparaison avec l'analyse chimique trouve sa limite en ceci que dans la vie psychique nous avons affaire à des tendances soumises à une compulsion à l'unification et à la combinaison. Parvenons-nous à décomposer un symptôme, à libérer une motion pulsionnelle d'un ensemble de relations, celle-ci ne reste pas isolée mais entre aussitôt dans un nouvel ensemble.

« [...] Aussi chez le sujet en traitement analytique, la psychosynthèse s'accomplit sans notre intervention, automatiquement et inévitablement[1]. »

Une liste des principaux exposés généraux de la psychanalyse publiés par Freud se trouve dans la *Standard Edition*[2].

La vogue de la psychanalyse a amené de nombreux auteurs à désigner par ce terme des travaux dont le contenu, la méthode et les résultats n'ont plus que des rapports très lâches avec la psychanalyse proprement dite.

Jean LAPLANCHE et J.-B. PONTALIS,
Vocabulaire de la psychanalyse, Paris,
PUF, 1968 (2e édition revue),
pp. 350-352.

6. J. Laplanche et J.-B. Pontalis

Définition de l'auto-analyse

Investigation de soi par soi, conduite de façon plus ou moins systématique, et qui recourt à certains procédés de la méthode psychanalytique – associations libres, analyse de rêves, interprétation de conduites, etc.

▲ Freud n'a jamais consacré de texte à la question de l'auto-analyse mais il y fait allusion à plusieurs reprises, notamment en se référant à sa propre expérience. « Mon auto-analyse, dont la nécessité m'apparut bientôt en pleine clarté, fut accomplie à l'aide d'une série de mes propres rêves qui me conduisirent à travers tous les événements de mon enfance ; et je suis toujours d'avis aujourd'hui que cette sorte d'analyse peut suffire pour quiconque est un bon rêveur et n'est pas trop anormal[3]. » Une telle méthode lui paraît fondatrice : « Quand on me demande comment on peut devenir psychanalyste, je réponds : par l'étude de ses propres rêves[4]. »

Mais en bien d'autres passages, Freud se montre très réservé sur la portée d'une auto-analyse. Au cours même de sa propre expérience, il écrit à Fliess : « Mon auto-analyse reste interrompue. J'en ai maintenant

1. FREUD (S.), *Wege der Psychoanalytischen Therapie,* 1918. G.W., XII, 184-6 ; S.E., XVII, 159-61 ; Fr., 132-4.
2. S.E., XI, 56.
3. FREUD (S.), *Zur Geschichte der psychoanalytischen Bewegung,* 1914. G.W., X, 59 ; S.E., XIV, 20 ; Fr., 278.
4. FREUD (S.), *Über Psychoanalyse,* 1909. G.W., VIII, 32 ; S.E., XI, 33 ; Fr., 147.

compris la raison. C'est parce que je ne puis que m'analyser moi-même en me servant de connaissances objectivement acquises (comme un étranger). Une vraie auto-analyse est impossible, sans quoi il n'y aurait pas de maladie[1]. » Plus tard, l'auto-analyse paraît même franchement dépréciée en regard d'une analyse proprement dite : « On apprend d'abord la psychanalyse sur soi-même, par l'étude de sa propre personnalité [...] les progrès sur cette voie se heurtent à des limites définies. On avance beaucoup plus loin en se faisant analyser par un psychanalyste compétent[2]. »

Les réserves faites par Freud portent sur l'auto-analyse en tant qu'elle prétendrait se substituer à une psychanalyse. On tient généralement l'auto-analyse pour une forme particulière de résistance à la psychanalyse qui flatte le narcissisme et élimine le ressort essentiel de la cure, à savoir le transfert[3]. Même chez les auteurs qui, comme Karen Horney, en recommandent l'emploi, elle apparaît en fait comme complément du traitement, le préparant ou le continuant. Quant à l'auto-analyse de Freud, elle est éminemment singulière puisqu'elle fut en partie à l'origine de la découverte de la psychanalyse et non l'application d'un savoir.

En ce qui concerne les analystes, l'élucidation poursuivie de leur propre dynamique inconsciente est éminemment souhaitable. Freud le notait dès 1910 à propos du contre-transfert* : « [...] aucun psychanalyste ne peut aller plus loin que ne lui permettent ses propres complexes et ses résistances intérieures. C'est pourquoi nous exigeons qu'il commence son activité par une auto-analyse (α) et qu'il continue à approfondir celle-ci tandis qu'il apprend par la pratique avec ses patients. Celui qui n'accomplit pas une semblable auto-analyse fera bien de renoncer, sans hésitation, à traiter analytiquement des malades[4]. » L'institution de l'analyse didactique* n'élimine pas la nécessité d'une auto-analyse : celle-ci prolonge « indéfiniment » le processus déclenché par celle-là (ß).

Jean LAPLANCHE et J.-B. PONTALIS,
Vocabulaire de la psychanalyse, Paris,
PUF, 1968 (2e édition revue), pp. 41-42.

---

1. FREUD (S.), *Aus den Anfängen der Psychoanalyse*, 1887-1902, All., 249 ; Ang., 234 ; Fr., 207.
2. FREUD (S.), *Vorlesungen zur Einführung in die Psychoanalyse*, 1916-17. G.W., XI, 12 ; S.E., XV, 19 ; Fr., 30.
3. Cf. ABRAHAM (K), *Über eine besondere Form des neurotischen Widerstantes gegen die psychoanalytische Methodik*, 1919. Fr., II, 83-9.
4. FREUD (S.), *Die zukünfligen Chancen der psychoanalytishen Therapie*, 1910. G.W., VIII, 108 ; S.E., XI, 145 ; FR., 27.

(α) Et non, comme l'écrit Anne Berman dans sa traduction française : « par subir une analyse ».

(ß) Pour un traitement systématique de la question, cf. Anzieu (D.), *L'Auto-analyse*, Presses Universitaires de France, Paris, 1959.

7. Didier Anzieu

Du mauvais usage de l'auto-analyse

L'étude de Didier Anzieu sur l'auto-analyse comprend une reconstitution de l'auto-analyse de Freud ; une étude sur l'auto-analyse depuis Freud (avec en particulier une étude de « l'auto-analyse littéraire » de Breton à Leiris, pp. 175-196) ; et enfin un exposé général sur les possibilités et les limites de l'auto-analyse. Le passage ci-dessous est extrait de la *Conclusion* du livre.

La question : Comment une psychanalyse peut-elle changer quelqu'un, est du même ordre que d'autres questions encore peu étudiées : comment la vie commune avec un être aimé peut-elle transformer un sujet humain ? Comment une amitié ou la réalisation d'une œuvre peuvent-elles le modifier ?

5. Ces faits confirmeraient donc la conception phénoménologique de la conscience comme transcendante à ses objets, d'une conscience comme dit Sartre (1939) qui n'aurait pas de dedans, qui nous projetterait sans cesse dans le monde parmi les hommes. L'erreur de la plupart des pratiquants de l'auto-analyse est de la concevoir et de la tenter en dehors de cette relation aux siens et à ses œuvres qui lui donne sa valeur. Considérant la conscience comme un miroir où le sujet peut saisir la totalité de son reflet, ils ne font pas autre chose, sous un nom fallacieusement nouveau, que de réinventer l'introspection, que de se laisser prendre aux mêmes illusions que Narcisse. Ils méconnaissent la découverte freudienne dans ce qu'elle a d'essentiel et qui constitue une rupture avec l'introspection. En effet, l'introspection se veut connaissance de soi. Tel n'est pas le but de la psychanalyse, tel ne saurait être celui de l'auto-analyse, si l'on veut conserver dans cette expression le sens plein du mot analyse.

L'expérience vécue par les sujets psychanalysés coupe court à toute contestation sur ce point : ils ont le sentiment d'être modifiés, mais ils ne savent pas grand-chose sur eux-mêmes, ils n'ont rien appris de spectaculaire. Allport (1942), comparant les autobiographies de sujets psychanalysés et de sujets non psychanalysés (cf. *Symposium*, 1940), constate que les premières ne révèlent nulle supériorité dans la connaissance de soi. Le besoin de connaissance de soi relève d'ailleurs d'une explication psychanalytique ; il est le signe d'une rupture d'équilibre : d'où la fréquence de l'introspection et de l'auto-analyse narcissiques à un âge comme l'adolescence ; la connaissance de soi obtenue dans ces conditions est viciée par quelque mécanisme de défense qui trouve en elle la satisfaction nécessaire au maintien d'une sécurité illusoire : compensation de ses infériorités, idéalisation de ses désirs, intellectualisation qui permet de mieux s'en débarrasser, rationalisation de ses vrais motifs, justification de soi qui encourage à ne point changer, etc. Plus on en sait sur soi, plus cela sert à se méconnaître. Cette erreur se retrouve souvent dans la vocation psychologique : les étudiants sont volontiers attirés par les études de psychologie non pour l'accomplissement de soi dans les métiers qui en découlent, mais pour la connaissance de soi qu'ils espèrent en retirer. Nous avons rapporté ailleurs (Anzieu, 1956 *c*, pp. 150-157) une expérience de jeu du rôle qui met en évidence cette contradiction et la nécessité d'un entraînement des futurs psychologues à la reconversion d'une attitude centrée sur soi à une attitude centrée sur les tâches et sur les autres. L'idée selon laquelle chaque homme est le plus apte à se connaître lui-même représente un préjugé courant dans notre civilisation. Elle a pour contrepartie un véritable réflexe de défense contre toute tentative d'autrui pour nous connaître, tentative généralement ressentie comme une intrusion insoutenable. La leçon de la psychanalyse est sur ce point essentielle : la relation du patient à autrui (transfert) est plus importante que tout ce qu'il peut dire sur lui-même.

6. Dans sa critique de la connaissance de soi, la psychanalyse ne manque ni de précurseurs ni d'alliés parmi les philosophes et les écrivains. On pourrait multiplier les citations du genre suivant. « Il se trouve autant de différence de nous à nous-même comme de nous à autrui » (Montaigne). « On est quelquefois aussi différent de soi-même que des autres » (La Rochefoucauld). « Chacun est pour lui-même l'être le plus distant » (Nietzsche). « L'important n'est pas d'être différent des autres mais différent de soi » (Montherland). Nous voudrions plutôt mettre en évidence trois d'entre elles pour leur pertinence à notre sujet. Lorsque le concept du moi fait son apparition dans l'histoire de la pensée, avant que les doctrines de l'introspection ne l'hypostasient, c'est sous le coup d'une condamnation : « Le moi est haïssable » (Pascal). À l'énoncé psychologico-métaphysique de Descartes qui fonde l'introspection, Valéry répond : « Tantôt je pense, tantôt je suis. » Enfin le surréalisme est sorti, autant que de Freud, d'une affirmation de Rimbaud : « Car *Je* est un autre. Si le cuivre s'éveille clairon, il n'y a rien de sa faute. Cela m'est évident : j'assiste à l'éclosion de ma pensée : je la regarde, je l'écoute : je lance un coup d'archet : la symphonie fait son remuement dans les profondeurs, ou vient d'un bond sur la scène » (Lettre à P. Demeny du 15 mai 1871, citée *in* Nadeau, 1945, p. 65).

7. L'auto-analyse n'est pas une contemplation de soi. Elle est un travail, au sens hégélien du terme, qui transforme celui qui s'y livre et dont le détour représente pour la conscience la condition d'accès à son identité. Cette praxis s'oppose à l'aliénation psychologique qui fonde le narcissisme et la connaissance de soi.

Références des textes auxquels renvoie D. Anzieu :

– G.W. ALLPORT, « The use of personal documents in psychological science », *Soc. Sci. Res. Council Bull.*, 49, 1-120 (1942).
– Didier ANZIEU, *Le Psychodrame analytique chez l'enfant*, Paris, PUF, 1956.
– Maurice NADEAU, *Histoire du surréalisme*, Paris, Seuil, 1945.

– Jean-Paul SARTRE, « Une idée fondamentale de la « Phénoménologie » de HUSSERL : l'intentionnalité », *NRF*, janvier 1939, 129-132 (rééd. in *Situations I*, Paris, Gallimard, 1947, pp. 31-35).

Didier ANZIEU, *L'Auto-analyse*, Paris, PUF, 1959, pp. 246-247.

8. Bernard Pingaud

L'écriture et la cure

Dans « L'écriture et la cure », B. Pingaud commence par rapprocher la situation de l'écrivain et celle du patient dans la cure, pour pouvoir ensuite mieux cerner l'opposition fondamentale des deux démarches. On lira ci-dessous la conclusion de cette étude. Il s'agit ici, bien entendu, non de l'autobiographie, qui n'est qu'un cas particulier, mais de l'écriture en général.

Nous voici presque au but, si tant est que le but puisse jamais être atteint. Tous les écrivains, aujourd'hui, ont quelque teinture de psychanalyse. Certains la connaissent sans doute mieux que d'autres parce qu'ils la pratiquent, peu ou prou. Il ne peut manquer d'en résulter certains effets sur leur travail. L'écriture actuelle se déroule sur fond d'analyse, comme l'écriture ancienne se déroulait sur fond de psychologie, – avec tout ce que cela implique de « fantaisie » dans les deux cas. Il arrive même que l'écriture prenne pour sujet l'analyse, qu'elle s'efforce de dire, par exemple, le fantasme. Mais elle ne le dira jamais qu'en le redoublant. Non pas à titre de délivrance, mais à titre de consécration. « Écrire son fantasme, tel est ce nouveau type de fantasme, nouvelle forme issue de l'analyse elle-même », dit encore Catherine Backès. Alors, si quelque analyste bien intentionné, soucieux de me protéger moi-même[1], venait me mettre en garde, dans l'intérêt de mon œuvre, contre une cure qui risquerait d'atteindre mes « facultés créatrices », je n'aurais pas de peine à lui répondre : le fantasme de l'écriture sera toujours suffisant pour me stimuler, et ce sont plutôt les blocages intérieurs, les résistances, les souvenirs-écrans et autres mécanismes de défense que la cure m'aide à vaincre qui risquent de m'entraver. Je n'affirme pas que tout écrivain trouvera profit à une analyse. Je prétends seulement qu'elle ne saurait lui nuire si son mécanisme de fixation par l'écriture fonctionne bien.

Faut-il aller plus loin, et attribuer à l'écriture une véritable valeur thérapeutique ? Tout ce qui précède démontre le contraire. Écrire ne guérit pas, écrire entretient. L'impératif de la cure, c'est : « délivre-toi ». Celui

1. Mais infidèle à l'enseignement même de Freud, qui écrivait dans une lettre : « Si l'impulsion à créer est plus forte que les résistances intérieures, l'analyse ne peut qu'augmenter, jamais diminuer les facultés créatrices. »

de l'écriture, c'est : « continue, enfonce-toi ». Je vois bien qu'il y a quelque contradiction à soutenir successivement que la cure aide à écrire et que l'écriture tourne le dos à la cure. Mais j'accepte cette contradiction. L'écriture est un mécanisme de défense, sans doute plus perfectionné que d'autres, mais pas plus efficace. Car, en raison même de l'exclusion dont l'écrivain se trouve victime de la part de son œuvre, il lui faut toujours reprendre le travail à zéro. Il utilise, en somme, ce que lui fournit la cure, pour se défendre contre elle, quitte à soumettre ensuite cette défense à l'analyse. Ainsi ne cesse-t-il à la fois d'accéder à la « maturité psychique » et d'affirmer obstinément la valeur absolue, indépassable de ses fixations infantiles. C'est là sa ruse, dont il serait vain de le blâmer, car il y a toujours une mauvaise foi dans l'écriture, de quelque point de vue qu'on l'envisage. L'écriture proclame bien haut son désir de vérité, mais elle commence par mentir. Elle voudrait être utile aux autres, alors qu'elle se referme sur soi, contribuer au progrès alors qu'elle est pénétrée de nostalgie. Toutes ces contradictions, qui n'en font qu'une, on les retrouve dans son rapport hypocrite avec l'analyse et le fantasme. D'où résulte qu'écriture et cure peuvent, selon les cas, se nuire, se prêter main-forte, voir se substituer (apparemment) l'une à l'autre. Tel patient se met à écrire en cours d'analyse : c'est une façon de « contrer » son analyste. Tel autre trouve dans les interprétations qu'on lui donne de quoi nourrir ses poèmes, sans progresser pour autant : c'est une façon de fuir l'analyse. Tel autre, enfin, a le sentiment que la maturation personnelle va de pair avec un renouvellement de l'écriture ; mais on observe dans la prudence et l'esprit toujours critique de son discours une volonté de « limiter les dégâts » qui, pour ne pas perdre sur les deux tableaux, l'empêche de gagner beaucoup sur chacun. Il serait intéressant d'étudier ces diverses formes de ruse : on s'apercevrait sans doute que chaque écrivain pose à l'analyste un problème particulier, et qu'entre la cure et l'écriture bien des rapports peuvent s'établir, qui vont de l'exclusion radicale à une complicité équivoque. De toute manière, ces rapports font partie de la cure et relèvent comme tels de l'analyse. Si l'écrivain, pour une raison ou pour une autre, refuse de s'y engager – et nous savons que bien peu d'écrivains s'y engagent, – il lui reste toujours sa propre ressource : écrire. Certains disent que l'écriture aide à vivre. Je dirai plutôt qu'elle aide à survivre. Protection négative : aucun problème ne s'y trouve résolu, ni même posé. Mais tenus à distance, « fixés », les problèmes de l'écrivain cessent d'exercer sur lui leur pression quotidienne. L'étau se desserre, on se supporte mieux. Non, l'écriture ne guérit pas. Elle permet seulement d'*attendre*.

Bernard PINGAUD, « L'écriture et la cure »,
in *Nouvelle Revue Française*, octobre 1970,
18e année, n° 214, pp. 161-163.

Index

Cet index comprend les noms d'auteurs et de critiques mentionnés dans l'Étude, le Répertoire et la Bibliographie. Dans l'Anthologie nous n'avons retenu que les noms dont la mention offrait un intérêt pour l'étude du genre autobiographique.

Les chiffres en caractères gras renvoient aux textes de l'auteur reproduits dans l'Anthologie.

Table des matières

QUATRIÈME PARTIE

Anthologie

Carmen Fabre • 31340 La Magdelaine sur Tarn - tél. 05 61 35 37 00

Armand Colin
34 bis, rue de l'Université, 75007 Paris
N° 21890/1
Dépôt légal : octobre 1998

Achevé d'imprimer sur les presses de la
SNEL S.A.
rue Saint-Vincent 12 - B-4020 Liège
tél. 32(0)4 344 65 60 - fax 32(0)4 343 77 50
septembre 1998 - 10023